产业精准扶贫的
质量提升研究

Research on Quality Improvement of Targeted
Industrial Poverty Alleviation

贺林波 著

图书在版编目(CIP)数据

产业精准扶贫的质量提升研究/贺林波著. —合肥:安徽大学出版社,2023.3

ISBN 978-7-5664-2619-2

Ⅰ.①产… Ⅱ.①贺… Ⅲ.①扶贫-研究-湘西土家族苗族自治州 Ⅳ.①F127.642

中国国家版本馆CIP数据核字(2023)第070310号

产业精准扶贫的质量提升研究

贺林波 著

出版发行:	北京师范大学出版集团 安徽大学出版社 (安徽省合肥市肥西路3号 邮编230039) www.bnupg.com www.ahupress.com.cn
印 刷:	合肥远东印务有限责任公司
经 销:	全国新华书店
开 本:	710 mm×1010 mm 1/16
印 张:	18.75
字 数:	307千字
版 次:	2023年3月第1版
印 次:	2023年3月第1次印刷
定 价:	56.00元

ISBN 978-7-5664-2619-2

策划编辑:范文娟		装帧设计:李 军	
责任编辑:范文娟		美术编辑:李 军	
责任校对:汪 君		责任印制:陈 如 孟献辉	

版权所有 侵权必究

反盗版、侵权举报电话:0551-65106311
外埠邮购电话:0551-65107716
本书如有印装质量问题,请与印制管理部联系调换。
印制管理部电话:0551-65106311

国家社科基金后期资助项目
出版说明

后期资助项目是国家社科基金设立的一类重要项目,旨在鼓励广大社科研究者潜心治学,支持基础研究多出优秀成果。它是经过严格评审,从接近完成的科研成果中遴选立项的。为扩大后期资助项目的影响,更好地推动学术发展,促进成果转化,全国哲学社会科学工作办公室按照"统一设计、统一标识、统一版式、形成系列"的总体要求,组织出版国家社科基金后期资助项目成果。

全国哲学社会科学工作办公室

目 录

绪 论 ·· 1

 一、提升产业精准扶贫质量的重要意义 ······························ 1
 二、产业精准扶贫质量研究的文献综述 ······························ 2
 三、本书的主要创新之处 ··· 4
 四、本书的结构安排 ··· 5

第一章 产业精准扶贫质量、提升机制与影响因素 ················ 6

 第一节 产业扶贫、精准扶贫与产业精准扶贫质量 ············· 6
 第二节 政策内涵、影响因素与高质量发展理念 ············· 11
 第三节 提升机制、促进因素与阻碍因素 ······················· 20
 第四节 结论与讨论 ·· 26

第二章 产业精准扶贫、社会资本与开发质量 ····················· 29

 第一节 产业精准扶贫中社会资本与开发质量的关系假设 ······ 30
 第二节 产业精准扶贫中社会资本提升开发质量的实证研究 ······ 37
 第三节 产业精准扶贫中社会资本提升开发质量的分析论证 ······ 40
 第四节 结论与讨论 ·· 43

第三章 产业精准扶贫、连带关系与合作质量 ····················· 46

 第一节 产业精准扶贫中连带关系提升合作质量的关系假设 ······ 47
 第二节 产业精准扶贫中连带关系提升合作质量的实证研究 ······ 54
 第三节 产业精准扶贫中连带关系提升合作质量的分析论证 ······ 59

第四节 结论与讨论 …………………………………………… 63

第四章　产业精准扶贫、网络结构与开发绩效 …………… 66

第一节 产业精准扶贫开发绩效的研究框架 ………………… 67
第二节 产业精准扶贫开发绩效的研究假设 ………………… 70
第三节 产业精准扶贫开发绩效的案例描述 ………………… 74
第四节 产业精准扶贫开发绩效的实证分析 ………………… 79
第五节 结论与讨论 …………………………………………… 82

第五章　产业精准扶贫、三重因素与合作绩效 …………… 84

第一节 产业精准扶贫中三重因素与合作绩效的研究框架 … 85
第二节 产业精准扶贫中三重因素与合作绩效的实证研究 … 90
第三节 产业精准扶贫中三重因素与合作绩效的分析讨论 … 94
第四节 结论与讨论 …………………………………………… 98

第六章　产业精准扶贫、跨域治理与合作绩效 …………… 100

第一节 产业精准扶贫与跨域治理 …………………………… 100
第二节 产业精准扶贫跨域合作治理的主要模式 …………… 102
第三节 产业精准扶贫跨域合作治理的案例分析 …………… 108
第四节 产业精准扶贫跨域合作绩效的提升对策 …………… 110
第五节 结论与讨论 …………………………………………… 112

第七章　产业精准扶贫、多元因素与参与意愿 …………… 115

第一节 农户参与产业精准扶贫意愿的研究假设 …………… 117
第二节 农户参与产业精准扶贫意愿的实证分析 …………… 120
第三节 提高农户参与产业精准扶贫意愿的政策建议 ……… 124
第四节 结论与讨论 …………………………………………… 125

第八章　产业精准扶贫、冲突表现与治理对策 …………… 126

　　第一节　剩余控制权与产业精准扶贫 ………………… 128
　　第二节　产业精准扶贫剩余控制权冲突的具体表现 ……… 130
　　第三节　产业精准扶贫剩余控制权冲突的治理 …………… 136
　　第四节　结论与讨论 ………………………………… 138

第九章　产业精准扶贫、风险转化与治理对策 …………… 140

　　第一节　案例:湘西土家族苗族自治州黄金茶扶贫产业开发 … 142
　　第二节　政府治理行为与扶贫产业风险转化 ……………… 143
　　第三节　解释:剩余控制权争夺导致风险转化 …………… 147
　　第四节　结论与讨论 ………………………………… 152

第十章　产业精准扶贫、治理困境与治理对策 …………… 155

　　第一节　产业精准扶贫治理风险困境的表现 ……………… 157
　　第二节　产业精准扶贫治理风险困境的缘由 ……………… 161
　　第三节　产业精准扶贫治理风险困境的对策 ……………… 165
　　第四节　结论与讨论 ………………………………… 167

第十一章　产业精准扶贫、商标争议与治理对策 ………… 168

　　第一节　剩余控制权与地理标志商标制度 ……………… 169
　　第二节　产业精准扶贫中商标局与注册人的商标争议 …… 171
　　第三节　产业精准扶贫中注册人与使用人的商标争议 …… 175
　　第四节　完善地理标志制度提高产业精准扶贫质量的建议 … 180

第十二章　产业精准扶贫、品种困境与治理对策 ………… 183

　　第一节　乡土特色种植产业开发中的品种权 ……………… 185
　　第二节　品种权保护与乡土种植产业的特色困境 ………… 189
　　第三节　品种权保护与产业精准扶贫质量提升策略 ……… 193

第十三章　产业精准扶贫、府际争议与治理对策 …… 197

第一节　湖南保障黄金茶产业扶贫的实践困境 …… 199
第二节　产业扶贫府际竞争的主要策略 …… 200
第三节　产业扶贫府际竞争的约束机制 …… 205

第十四章　产业精准扶贫、监管博弈与治理对策 …… 211

第一节　产业精准扶贫政府监管的文献综述 …… 212
第二节　产业精准扶贫监管的主体关系 …… 214
第三节　产业精准扶贫监管的两两博弈 …… 215
第四节　产业精准扶贫监管的三方博弈 …… 217
第五节　结论与讨论 …… 221

第十五章　结论与政策建议 …… 223

第一节　全文主要结论 …… 223
第二节　提升产业精准扶贫质量的政策建议 …… 225

附录 …… 230

案例一：黄金村走出的黄金路：产业扶贫中的合作治理 …… 230
　　案例主体 …… 230
　　案例分析 …… 245
案例二：不完全契约理论下的产业扶贫委托 …… 261
　　案例主体 …… 261
　　案例分析 …… 267
产业精准扶贫质量提升研究调查问卷 …… 278
产业精准扶贫质量提升研究访谈提纲 …… 282

参考文献 …… 283

绪　论

2013年11月，国家主席习近平在湖南湘西"十八洞村"考察时，首次作出了"实事求是、因地制宜、分类指导、精准扶贫"的重要指示。2015年10月16日，国家主席习近平在减贫与发展高层论坛上强调，中国扶贫攻坚工作要实施精准扶贫方略，增加扶贫投入，出台优惠政策措施，坚持中国制度优势，注重六个精准，坚持分类施策，因人因地施策，因贫困原因施策，因贫困类型施策。首次提出了"五个一批"的脱贫措施，为打通脱贫"最后一公里"开出了破题药方。"五个一批"是指发展生产脱贫一批、易地搬迁脱贫一批、生态补偿脱贫一批、发展教育脱贫一批和社会保障兜底一批。其中，发展生产脱贫一批即为产业精准扶贫。

产业精准扶贫在"五个一批"的脱贫措施中具有最为重要的意义，是基础性和前提性的脱贫措施。易地搬迁、生态补偿、发展教育和社会保障兜底等脱贫措施，能够在短期内帮助贫困人口摆脱贫困。但是，如果脱贫地区缺乏产业支撑，一旦失去政府财政支持，上述脱贫措施的脱贫效果就无法持续，已经脱贫的人口返贫概率非常大。产业精准扶贫则不然，在国家产业扶贫项目的支持下，充分利用贫困地区的资源禀赋，开发特色扶贫产业，吸引贫困人口参与产业开发和经营，不仅有助于贫困地区的经济快速增长，而且能够培养贫困人口的工作经验和能力，使贫困人口真脱贫。

一、提升产业精准扶贫质量的重要意义

产业精准扶贫具有"造血"功能，不仅能够促进贫困地区经济发展，而且还能够扩大贫困人口就业，培养贫困人口就业技能，长效解决贫困地区贫困人口的贫困问题。但是，在贫困地区，因资本、人才等资源稀缺，即使拥有丰富的、极具特色的自然或人文资源，仅仅依赖市场机制，自发发展扶贫产业非常困难。只有发挥政府的积极作用，以产业扶贫项目为"抓手"，引导企业、新型农业经营主体和农户相互合作，共同投入参与开发扶贫产

业,才能有效驱动扶贫产业发展。

但是,由政府驱动的产业精准扶贫,在必须如期完成脱贫攻坚任务的压力之下,容易出现两类质量问题:一是增长质量问题。主要表现为政府投资同类扶贫产业过多,导致产能过剩,生产成本较高,缺乏市场竞争力,创新驱动能力不足,资源消耗比较严重,牺牲生态环境等;二是发展质量问题。主要表现为扶贫产业项目的"精英俘获",贫困农户参与意愿和程度低,利益联结机制不完善,收入分配不公平,贫困农户满意度低,不认同扶贫产业开发,不愿意与政府或企业保持合作关系等。

在此情况下,提升产业精准扶贫质量具有重要意义:首先,提升产业精准扶贫质量有助于提高投资效率。通过扶贫产业供给侧结构性改革,可以去产能,降成本,改善扶贫产业市场环境,提高政府投资扶贫产业的效率;其次,提升产业精准扶贫质量有助于改变经济增长方式。通过加强创新驱动,可以改善扶贫产业结构,促进扶贫产业升级,提高扶贫产业市场竞争力,改变贫困地区经济增长方式;再次,提升产业精准扶贫质量有助于提高利益分享程度。通过重构扶贫产业利益分配方式,完善利益联结机制,可以提高扶贫产业收益在政府、企业和贫困农户之间的分享程度,实现利益共享目标;再次,提升产业精准扶贫质量有助于提高贫困农户满意度。通过提高贫困农户参与扶贫产业的意愿和程度,可以培养贫困农户的就业技能,积累扶贫产业的社会资本,提升脱贫致富的信心和决心,提高贫困农户参与扶贫产业的满意度。

二、产业精准扶贫质量研究的文献综述

当前,产业精准扶贫质量研究集中在以下几个方面。

一是关于产业精准扶贫质量定义或标准的研究。国家"十三五"规划提出了"创新、协调、绿色、开放、共享"五大发展理念。许多研究将产业精准扶贫质量等同于产业质量,进而等同于经济发展质量,可以从有效性、协调性、创新性、持续性和分享性五个维度进行衡量或评价,而经济发展质量由人口质量、资源环境质量、资本积累质量、技术进步质量、对外贸易质量

和制度质量等因素决定①。有部分研究认为,产业精准扶贫质量不同于一般的产业质量,前者更强调扶贫功能,后者更强调经济增长功能。因此,产业精准扶贫质量应当从有效性、稳定性、持续性和福利性四个维度进行评价,创新性和协调性不是核心的评价维度②。

二是关于产业精准扶贫质量的影响因素研究。一些研究发现,扶贫产业出现了恶性竞争,贫困地区相互模仿开发扶贫产业,导致产能过剩,扶贫产业难以维持。解决这些问题,贫困地区要进行供给侧结构性改革,提升扶贫产业结构,加强宏观调控③。有些学者发现,产业精准扶贫质量不高的主要原因在于,地方政府选择扶贫产业时,不考虑地区资源禀赋,盲目跟风发展扶贫产业,没有充分利用本地区的比较优势,导致扶贫产业缺乏市场竞争力。还有学者发现,在落实产业精准扶贫项目时,在"发包""抓包"过程中,因程序不公开、不公正,存在"精英俘获"等现象,贫困农户参与率低,不能获得长期收益,产业精准扶贫缺乏持续性和稳定性④。

三是关于提升产业精准扶贫质量的政策建议研究。为提升产业精准扶贫质量,有研究提出,要跟随国家高质量发展战略,在供给侧实施结构性改革,采取"三去一降一补"的政策措施,去除扶贫产业的产能、库存和杠杆,降低扶贫产业开发成本,加强创新,补齐扶贫产业短板⑤;还有研究指出,为提升产业精准扶贫质量,重点在于选择培育有"特色"的扶贫产业,通过国家顶层设计,在贫困地区实施"一村一品""一乡一品"或"一县一品"的特色扶贫产业发展规划,避免各地区扶贫产业的无序竞争⑥;还有学者提出,要完善利益联结机制,创新扶贫产业合作方式,以土地入股、劳动就业

---

① 陈诗一,陈登科.雾霾污染、政府治理与经济高质量发展[J].经济研究,2018,53(02):20—34.魏敏,李书昊.新时代中国经济高质量发展水平的测度研究[J].数量经济技术经济研究,2018,35(11):3—20.任保平,文丰安.新时代中国高质量发展的判断标准、决定因素与实现途径[J].改革,2018(04):5—16.

② 吕开宇.2020年前后的高质量产业扶贫研究[J].人民论坛·学术前沿,2019(23):40—45,75.

③ 许汉泽,李小云.精准扶贫背景下农村产业扶贫的实践困境——对华北李村产业扶贫项目的考察[J].西北农林科技大学学报(社会科学版),2017,17(01):9—16.

④ 胡振光,向德平.参与式治理视角下产业扶贫的发展瓶颈及完善路径[J].学习与实践,2014(04):99—107.

⑤ 李博,左停.精准扶贫视角下农村产业化扶贫政策执行逻辑的探讨——以Y村大棚蔬菜产业扶贫为例[J].西南大学学报(社会科学版),2016,42(04):66—73+190.

⑥ 李雪,杨子刚."一村一品"农业产业化经营与对策优化[J].重庆社会科学,2018(11):92—99.

等方式加强利益公平分配,提高扶贫产业利益共享层次①。

已有的研究没有对产业精准扶贫质量进行分类,没有区分产业精准扶贫的增长质量和发展质量。大多数文献重点讨论的是产业精准扶贫的增长质量,影响因素分析和政策建议等都以如何提升产业精准扶贫增长质量为主。虽然也有部分研究涉及产业精准扶贫发展质量问题,但缺乏对产业精准扶贫发展质量的明确定义,也缺乏精深的影响因素分析,提出的政策建议也没有针对性和系统性。本书将产业精准扶贫质量限定为发展质量,主要探讨产业精准扶贫发展质量的提升机制、质量提升的影响因素和政策建议等问题。

三、本书的主要创新之处

本书有三个主要创新之处。

首先,将发展质量引入产业精准扶贫质量研究中有一定的创新。产业精准扶贫质量可以区分为增长质量和发展质量,增长质量主要研究扶贫产业的创新驱动、结构调整和绿色环保等问题,发展质量主要研究扶贫产业的共享问题。本书将产业精准扶贫质量限定为发展质量,研究发展质量的促进因素和阻碍因素,相对于已有研究集中在增长质量上而言,研究视角有一定的新意。

其次,从中观层次研究产业精准扶贫质量的促进因素有一定的创新。从网络结构、社会资本、资源依赖、项目激励、关联方式和参与意愿等社会中观因素研究与开发质量、合作质量、开发绩效和合作绩效的关系,以及开发质量、合作质量、开发绩效和合作绩效与产业精准扶贫质量提升的关系,相对于从社会阶层结构等宏观因素和社会个体决策等微观因素进行研究,有一定的创新性。

再次,从新制度经济学视角研究产业精准扶贫质量的阻碍因素有一定的创新。从不完全契约、剩余控制权、府际竞争和监管博弈等视角研究产业精准扶贫过程中地方政府、扶贫企业与贫困农户之间的冲突、扶贫产业发展困境与风险转化等影响产业精准扶贫质量提升的问题,与从行政体制、机制和职能等方面研究相比,有一定的创新性。

---

① 白丽,赵邦宏.产业化扶贫模式选择与利益联结机制研究——以河北省易县食用菌产业发展为例[J].河北学刊,2015,35(04):158-162.

四、本书的结构安排

本书的结构安排如下:第一章讨论产业精准扶贫质量的基本范畴,包括产业扶贫、精准扶贫和产业精准扶贫质量等,分析产业精准扶贫质量研究的理论和现实意义,概述产业精准扶贫质量的提升机制和影响因素;第二章至第七章探讨产业精准扶贫质量的促进因素,将产业精准扶贫质量区分为开发质量、合作质量、开发绩效、合作绩效和参与意愿等六个维度,研究社会资本、连带关系、网络结构、资源依赖和跨域治理等因素对产业精准扶贫质量的促进作用;第八章至第十四章研究产业精准扶贫质量的阻碍因素,研究剩余控制权、风险转化、治理困境、商标争议、品种困境、府际关系和监管博弈等因素对产业精准扶贫质量的阻碍作用;第十五章总结本书结论,提出产业精准扶贫质量提升的政策建议。

第一章　产业精准扶贫质量、提升机制与影响因素

在国家推进高质量发展的政策背景下,产业精准扶贫质量提升研究具有非常重要的理论和现实意义。不仅有助于促进乡村产业振兴,提高贫困地区经济发展水平,提升贫困人口脱贫致富的技能,而且有助于拓展国家高质量发展理念,丰富国家高质量发展的形式和内涵。为展开研究,本章首先界定产业精准扶贫质量提升研究中的基本范畴,然后分析产业精准扶贫质量提升研究的现实和理论必要性,在此基础上,概述产业精准扶贫质量的提升机制、促进因素和阻碍因素,提出产业精准扶贫质量提升研究的总体研究架构。

第一节　产业扶贫、精准扶贫与产业精准扶贫质量

产业精准扶贫质量提升研究涉及产业扶贫、精准扶贫和产业精准扶贫质量等多个基本范畴。每个基本范畴在不同语境下具有多种含义,为避免在研究过程中出现歧义,有必要精确界定其具体含义。

一、产业扶贫

贫困是一个严重的社会问题,涉及生存权等基本人权,任何国家都有责任采取各种政策措施减少或消除贫困。自中华人民共和国成立以来,中国政府高度重视扶贫工作,在不同阶段采取了不同的扶贫措施。中华人民共和国成立之初,国家处于全面贫困的状态,中国政府采取了有力措施,恢复了正常的生产、生活秩序。改革开放初期,中国政府主要采用救济式扶贫措施。所谓救济式扶贫是指根据政府提出的贫困标准,对认定为贫困的农户给予生活或生产上的直接救助,比如发放现金或福利物资,帮助贫困农户渡过生计难关的扶贫方式。救济式扶贫不以提高贫困农户谋取生计

的能力为目标,而以暂时性解决贫困农户的生计困难为目标,无法从根本上解决贫困农户的贫困问题,贫困农户返贫的可能性非常大。也就是说,救济式扶贫消耗了大量的国家资源,但无法获得持续有效的脱贫效果。但是,值得注意的是,在这个时期,国家通过推行家庭联产承包责任制,极大地激发了农民的劳动热情,解放了生产力,提高了农村土地产出率,从整体上提高了农民的生活水平,降低了贫困发生率。另外,随着农产品价格放开与大力发展乡镇企业等改革措施的推进,农村经济呈现出逐渐繁荣的景象,这在很大程度上消除了农民的整体贫困。

在这种背景下,国家提出要改变扶贫方式,力争探索出开发式扶贫的新路子。1984年9月,国务院发布《关于帮助贫困地区尽快改变面貌的通知》。在这份通知中明确指出:"过去国家为解决这类地区的困难,花了不少钱,但收效甚微。原因在于政策上未能完全从实际出发,将国家扶持的资金重点用于因地制宜发展生产,而是相当一部分被分散使用、挪用或单纯用于救济。为此,必须认真总结经验,明确改变贫困地区面貌的根本途径是依靠当地人民自己的力量,按照本地的特点,因地制宜,扬长避短,充分利用当地资源,发展商品生产,增强本地区经济的内部活力。"这意味着,国家虽然会继续对贫困地区进行财政支持,但是地方政府必须改变思想观念,善于使用国家扶贫资金,坚决纠正使用扶贫资金进行单纯救济的做法。这是中国开发式扶贫的起源点。

1986年5月,国务院成立了贫困地区经济开发领导小组(1993年改为国务院扶贫工作办公室)。第一次会议就明确提出,要改变单纯救济的扶贫办法,要实行新的经济开发方式进行扶贫。这是中国开发式扶贫的前称。1994年2月,在全国扶贫工作会议上通过了《国家"八七"扶贫攻坚计划(1994—2000)》。在这份计划中,首次明确提出了"开发式扶贫"的术语,并描述了其基本内涵:"鼓励贫困地区广大干部、群众发扬自力更生、艰苦奋斗的精神,在国家的扶持下,以市场需求为导向,依靠科技进步,开发利用当地资源,发展商品生产,解决温饱进而脱贫致富。"在《中国农村扶贫开发纲要(2001—2010年)》中,开发式扶贫的内涵被进一步拓展:"以经济建设为中心,引导贫困地区群众在国家必要的帮助和扶持下,以市场为导向,调整经济结构,开发当地资源,发展商品生产,改善生产条件,走出一条符合实际的、有自己特色的发展道路。通过发展生产力,提高贫困农户自我积累、自我发展能力。"

开发式扶贫即为产业扶贫。根据上述国家扶贫政策文件的精神,产业扶贫至少包括以下三个方面的内涵:一是产业扶贫是政府应当承担的职责之一。无论是"在国家的扶持下"还是"在国家必要的帮助和扶持下"等表述,都说明开发乡村产业实施扶贫是政府应尽的职责之一。这意味着产业扶贫必然有政府的参与,在当前国情下,政府不仅要参与产业扶贫,还需要主导产业扶贫;二是产业扶贫必须充分调动贫困农户的参与积极性。尽管政府是产业扶贫的主导者,但是贫困农户才是产业扶贫真正的参与者。为调动贫困农户参与产业扶贫的积极性,在国家扶贫文件中使用"鼓励"和"引导"等词语,表明国家不仅在精神上支持贫困农户参与产业扶贫,而且会在财政上予以支持;三是产业扶贫要充分利用当地资源禀赋,依靠科技进步解决产业开发过程中的技术问题,以市场为导向解决产品的销售问题。这说明产业扶贫要集合资源、科技和市场等要素,是具有"三位一体"特征的乡村产业开发活动,需要当地政府和贫困农户认真分析当地的资源条件,谨慎选择扶贫产业类型,尽力寻求科技部门的研发支持,打造独具特色的乡村扶贫产业,以保障产业扶贫的持续性;四是产业扶贫需要提高贫困农户参与产业开发的工作能力和资本能力。产业扶贫不仅仅是为了提高贫困农户的家庭收入,更重要的是,为了防止贫困农户返贫,也为了提升贫困农户自我实现的机会,产业扶贫还需要注重培养贫困农户的自我积累和自我发展意识。通过自我积累,帮助贫困农户积累生产资本,增加参与扶贫产业的资本能力;通过自我发展,帮助贫困农户积累工作经验,增加参与扶贫产业的工作能力。最终,帮助贫困农户彻底摆脱贫困,走向富裕,提高社会尊严感,在一定程度上实现自我价值。

二、精准扶贫

精准扶贫是开发式扶贫的承继和延续,是党中央、国务院在新时代根据贫困发生的新趋势和新环境提出的新的扶贫战略。2013年11月,国家主席习近平在湖南湘西"十八洞村"考察时,作出了"实事求是、因地制宜、分类指导、精准扶贫"的重要指示,首次提出了"精准扶贫"的表述。经过中共中央办公厅和国务院等相关机构的顶层设计和规划,2015年国家正式推出了"精准扶贫"的战略思想和具体工作措施,用于指导新时代的扶贫工作。至此,中国进入了精准扶贫的时代。

精准扶贫理念和具体工作措施是在特定历史背景下提出的。经过30

年的扶贫,中国扶贫工作取得了巨大进展。从改革开放初期10亿多人的整体贫困,到2012年底还剩下8000多万贫困人口,经过30余年持续的扶贫工作,中国已经从整体上摆脱了贫困。但是,剩下的贫困人口脱贫却是最困难的。他们大多身处交通不便的山区,大多不具备明显的资源禀赋优势,产业开发能力和基础较差,脱贫致富的积极性不高、意识也不强,基本上无法通过简单粗放的工作措施实现脱贫。在精准扶贫理念和工作措施提出之前的开发式扶贫中,扶贫实施主体是县级政府,国家对认定的贫困县予以财政支持,由县级政府决定采取何种措施实施扶贫,由上级政府对扶贫措施的效果进行监督检查。这种扶贫措施以县级政府为主没有精确到贫困农户的具体情况,也被称为"粗放式扶贫"。因扶贫目标模糊,上级政府的扶贫监督检查措施基本流于形式,县级政府完全掌控着国家扶贫资金的使用控制权,导致大量扶贫资金被县级政府挪用,贫困县不愿意摘除"贫困县帽子",希望国家和上级政府能够持续性地输入扶贫资源。在县级政府采取的扶贫措施中,低质、低效情况非常普遍。县级政府对贫困人口的底数不清,基本依靠估计;扶贫资金发放分散,扶贫措施缺乏针对性,以救济性措施为主,无法从根本上脱贫;人情扶贫、关系扶贫比较普遍,应扶不扶、扶富不扶贫等现象也比较突出,引发新的社会不公问题。

精准扶贫的内涵至少包含以下三个方面:一是精准识别贫困农户。精准识别贫困农户,既需要有统一的扶贫标准,也需要遵循公平、公正和公开的识别程序。一般情况下,扶贫标准由国家提供,地方政府只需要遵照执行即可。识别程序涉及问题较多。经过多年实践,地方政府逐步完善了识别程序,以减少精准识别过程中的纷争。根据实地调研,识别贫困农户首先需要由农户填写申请表,然后由村民小组讨论比较,再由村委会交由召开村民代表大会讨论表决。通过后,对识别出来的贫困农户进行公示,如果有公示意见,则需要进一步召开村民代表大会表决通过。最终,根据地方政府下达的贫困农户指标,按照序列确定优先需要扶贫的贫困农户。识别程序充分发挥了基层民主,发动基层群众参与,有利于减少因争当贫困农户而产生的纠纷或争议;二是精准帮扶贫困农户。依据国家扶贫标准,运用识别程序将贫困农户识别出来后,就需要分析贫困农户的致贫原因、脱贫的资源禀赋或工作能力等情况,依据不同情况分别采取不同的帮扶措施,把基础设施、产业扶持、教育培训、农村危房改造、生态移民和结对帮扶等扶贫措施或资源精准配置到村到户,严格落实干部帮扶责任制,贫困农户不脱贫,干部帮扶绝不脱钩。通过精准帮扶,可以有效提升国家扶贫资源的使用效率,防止资源浪费或无谓消耗。根据国家扶贫政策,精准帮扶措施为"五个一批",即发展生产脱贫一批、易地搬迁脱贫一批、生态补偿脱贫一批、发展教育脱贫一批和社会保障兜底一批;三是精准管理扶贫过程。为了实施精准管理,需要精准掌握贫困农户信息,精准掌握扶贫资源流向,精准掌握扶贫职责或职权分配等事项。为此,需要建立贫困农户信息动态管理系统,定时收集贫困农户的生产生活信息,以判断其脱贫趋势;需要建立扶贫资源流向等信息披露体系,将信息公布于阳光之下,方便干部群众查询监督;需要建立扶贫事项分配管理体系,明确省、市、县和乡等各级政府在精准扶贫过程中的相应职责,建立严格的目标责任制度。

产业扶贫与精准扶贫的概念并不一致,两者相互联系又存在关键区别:一是两者分别是国家扶贫工作不同阶段的扶贫战略。产业扶贫即开发式扶贫,是国家前三十年扶贫工作的基本方针或战略,强调以开发产业为主的"造血式扶贫"。精准扶贫是习近平新时代的扶贫战略,强调扶贫工作的"精准性",包括识别精准、帮扶精准和管理精准;二是两者在扶贫具体措施方面有差异。精准扶贫的措施更具有多样性,根据贫困农户的不同情况采取不同的扶贫措施,产业扶贫措施是精准扶贫的主要措施之一,而在开发式扶贫时代,产业扶贫几乎是唯一的扶贫措施,除此之外就是救济式扶贫,扶贫措施相对比较单一;三是两者在扶贫具体目标方面有差异。根据党的十九大精神,到2020年国家要全面完成脱贫任务,实现脱贫目标进入小康社会。精准扶贫面临着非常紧迫的目标任务,地方政府承担着如期脱贫的巨大压力。产业扶贫的目标任务相对宽松,国家也没有限定具体的脱贫期限,地方政府的扶贫压力相对较小。

三、产业精准扶贫质量

国家"十三五"规划确定的"创新、协调、绿色、开放、共享"新发展理念,是中国经济高质量发展的宏观目标。创新是指经济增长主要依靠技术创新驱动,协调是指地区经济平衡发展、产业结构合理,绿色是指经济增长资源节约、环境保护良好,开放是指国际经济交往顺畅,共享是指经济发展成果公平分配。按经济学家 Amartya Sen 的观点,中国经济高质量发展目标可区分两种基本类型:增长质量、发展质量。前者主要强调经济增长速度、方式和结构,后者主要强调经济增长成果的公平分配。

广义上,产业精准扶贫质量也属于中国经济高质量发展的范围,至少应当要考虑两个主要因素:扶贫产业开发状况、扶贫产业精准脱贫状况。其中,扶贫产业开发状态构成产业精准扶贫的增长质量,扶贫产业精准脱贫状况构成产业精准扶贫的发展质量。增长质量是产业精准扶贫的基础和动力,发展质量是产业精准扶贫的原则和方向,两者相互补充、相互制约,缺一不可。发展质量不佳的产业精准扶贫,即使扶贫产业开发非常成功,市场需求旺盛,可持续性强,但是可能仅会从整体上提高贫困地区的经济发展水平,或者让部分乡村精英受益,贫困农户则无法真正受益,导致国家产业精准扶贫政策的目标落空。增长质量不佳的产业精准扶贫,即使精准脱贫成效显著,贫困农户在短期内实现了脱贫,但是可能会存在扶贫产业基础不好,产业缺乏特色,难以在激烈的市场竞争中存活等诸多问题,可能导致快速脱贫之后再度返贫等情形出现,同样使国家产业精准扶贫政策的目标落空。

本书主要研究产业精准扶贫发展质量,不探讨产业精准扶贫的增长质量问题,也就是说,在本书中产业精准扶贫质量等同于产业精准扶贫发展质量。根据新发展理念,产业精准扶贫发展质量是指扶贫产业开发的共享水平。共享水平可以从共享结果、共享过程和共享主体等三个维度进行评价。共享结果强调产业精准扶贫中利益、信息和技术等要素的公平分配状态,根据是否与特定目标相关,可区分为开发质量和开发绩效来评价,开发质量由扶贫产业年度总产值和贫困农户参与度来衡量,开发绩效以开发目标的完成度来评价,开发目标包括扶贫产业的公共性、稳定性和有效性目标;共享过程强调产业精准扶贫中政府、扶贫企业和贫困农户的合作关系,根据是否与特定目标相关,可区分为合作质量和合作绩效来评价,合作质量由扶贫产业开发中政府、扶贫企业和贫困农户的问题共识、共享动机和参与能力来衡量,合作绩效以合作目标的达成度来评价,合作目标包括扶贫目标、扶贫满意和扶贫影响等;主体共享强调产业精准扶贫中政府、扶贫企业和贫困农户的合作意愿,其中贫困农户的参与意愿最为关键,有"志"才有可能高质量脱贫。

第二节　政策内涵、影响因素与高质量发展理念

2017年10月18日,习近平同志在《十九大报告》中指出,要"坚决打赢

脱贫攻坚战……确保到二〇二〇年我国现行标准下农村贫困人口实现脱贫,贫困县全部摘帽,解决区域性整体贫困,做到脱真贫、真脱贫"。这意味着,贫困地区不仅要在2020年全部实现脱贫目标,还要真正脱贫,确保脱贫农户不再返贫。要实现这个目标,必须努力提升产业精准扶贫质量,实现扶贫产业的可持续发展,保证产业脱贫的精准性。然而,在国家提出高质量发展政策目标的背景下,无论在理论上还是在实践中,对产业精准扶贫质量的概念、影响因素和政策措施等问题都有待研究。产业精准扶贫质量提升研究对全面认识产业精准扶贫政策内涵、判断产业精准扶贫质量的影响因素和拓展乡村产业高质量发展理念等方面都有重大意义。

一、产业精准扶贫质量与全面认识政策内涵

2015年11月,中共中央、国务院共同发布的《关于打赢脱贫攻坚战的决定》明确指出,要发展生产脱贫一批。在随后发布的《中华人民共和国国民经济和社会发展第十三个五年规划纲要》中,把产业扶贫放在脱贫攻坚八大重点工程之首。为落实中共中央、国务院关于"产业精准扶贫"的精神,农业部出台了《贫困地区发展特色产业促进精准脱贫指导意见》(以下简称《意见》),意图精准推进产业精准扶贫,助力打赢脱贫攻坚战。《意见》强调产业精准扶贫的重要意义和实施原则,规划推进产业精准扶贫的八个重点内容,提出多项实施产业精准扶贫的机制、体制和工作措施。自此,《意见》成为指导贫困地区实施产业精准扶贫的纲领性政策文件。

《意见》认为,发展特色产业是提高贫困地区自我发展能力的根本举措。在贫困地区普遍存在着生态环境脆弱、投入不足基础设施落后、产业链短组织化程度低、交通不便物流成本高和农业效益低增收困难等不利因素,只有发展特色农业,充分利用贫困地区的资源禀赋优势,才有利于实现产业精准扶贫的政策目标;《意见》以"创新、协调、绿色、开放、共享"发展理念为指导,紧扣中央精准扶贫、精准脱贫的基本方略,以建档立卡贫困户稳定、长期受益作为产业帮扶的出发点、落脚点和政策边界,改变了以往"大水漫灌"式的产业扶贫政策,强调产业扶贫的精准性;《意见》提出了实施产业精准扶贫需要重点推进的八个方面,包括科学确定特色扶贫产业、促进三产融合、发挥新型农业经营主体作用、完善利益联结机制、增强产业支撑保护能力、加大产业扶贫投入力度、创新金融扶持机制和加大保险支持力度等内容;为顺利推进产业精准扶贫工作,《意见》还提出要完善和建立一

系列机制、体制和工作措施，包括政府多部门协调工作机制、组织编制省县两级产业精准扶贫规划、建立调度机制实现精准化管理与考核以及加强督查考核建立产业扶贫县域考核指标体系等内容。

从内容上分析，《意见》构建了一个庞大的产业精准扶贫政策体系，从指导思想和实施原则，到重点内容和工作措施等，无所不包。但是，要顺利实施《意见》，还需要全面认识《意见》的内涵。从《意见》的文字表述来看，这份纲领性政策文件还有许多有待澄清的问题。首先，产业精准扶贫的政策目标不清晰。党的《十九大报告》提出了脱贫攻坚的总体目标，即2020年农村贫困人口必须实现脱贫，贫困县必须全部摘帽，必须解决区域性整体贫困问题。《意见》是根据中共中央、国务院关于"产业精准扶贫"的指示精神作出的，其总体目标必然是发展生产脱贫一批，确保被精准识别出来可以参与扶贫产业开发的贫困农户如期在2020年按现行标准实现脱贫。在这个意义上，《意见》的整体目标无疑是清晰无误的。但是，根据中共中央、国务院关于脱贫攻坚决定的精神，脱贫不仅仅是指在2020年之前贫困农户的收入超过特定标准，还要"真"脱贫，脱"真"贫。然而，对于什么是"真"脱贫或脱"真"贫等问题，除了使贫困农户"长期受益"的表述之外，相关决定或政策都语焉不详。从组织学或管理学的角度来看，产业精准扶贫就如同一种以结果为导向的目标管理制，只要政府发展了生产并按期使被精准识别出的贫困农户达到特定收入标准，就认定政府实现了产业精准扶贫的政策目标。至于政府采取了何种扶贫产业开发措施、如何安排利益联结方式或如何提高贫困农户的工作技能等对防止返贫至关重要影响的过程或环节，由于"真"脱贫或脱"真"贫的内涵并不清楚，可能就会被产业精准扶贫主导者、实施者或参与者等有意或无意地忽略。

其次，产业精准扶贫重点推进内容之间的逻辑关系不清晰。在《意见》中，重点推进产业精准扶贫的八个方面，即科学确定特色扶贫产业、促进三产融合、发挥新型农业经营主体作用、完善利益联结机制、增强产业支撑保护能力、加大产业扶贫投入力度、创新金融扶持机制和加大保险支持力度等，相互之间的内在逻辑关系并不清晰。地方政府在推进产业精准扶贫时，首先就会遇到如果正确理解相关政策的问题，比如，科学确定特色扶贫产业，至少可以从实体或程序上来理解这个问题。从实体上而言，就是确定最适合本地区的特色扶贫产业，从程序上而言，就是明确最优的确定程序，以限制政府官员滥用权力，浪费国家资源。即使对政策理解正确无误，还是会遇到八个方面如何平衡或协调的问题。比如，促进三产融合与发挥新型农业经营主体作用、利益联结机制、加大投入力度和创新金融扶持机制等之间，都有可能存在相互冲突或矛盾的情况，或者需要协调相互作用或优先次序的情况。如果对政府理解有误或出现偏差，那么就可能会造成相互之间的内耗或者资源堆积等各种无效率状况，严重影响产业精准扶贫质量的提升，影响政府产业精准扶贫的社会公信力。

再次，产业精准扶贫重点推进内容与工作措施之间的关系不清晰。为了推进产业精准扶贫的八个重点内容，《意见》还明确要推出政府多部门协调工作机制、组织编制省县两级产业精准扶贫规划、建立调度机制实现精准化管理与考核、加强督查考核建立产业扶贫县域考核指标体系等相关的政策或工作措施。但是，相关政策或工作措施的具体内容并不清晰，还处于规划阶段，详细内容只有在推进过程中才有可能逐步完善；更为重要的是，相关政策或工作措施与重点推进的八个工作内容之间的内在逻辑关系并不清楚。也就是说，哪一项政策或工作措施对应于哪一项需要重点推进的内容，两者对接的效果如何，以及两者如何对接等问题，都处于不确定的状态。这些问题的存在，对产业精准扶贫质量提升可能会产生重大影响。

产业精准扶贫质量研究有助于全面认识产业精准扶贫的政策内涵。产业精准扶贫质量研究从以下几个方面展开：一是产业精准扶贫质量标准。从扶贫产业的可持续性和脱贫精准性等两个维度来建构产业精准扶贫质量标准体系，有助于正确理解产业精准扶贫的政策目标、重点推进内容和工作措施的内涵。如果产生了两个或两个以上的不同理解，那么产业精准扶贫质量标准可以在一定程度上判断哪种理解更为正确；二是产业精准扶贫质量提升的影响因素。从产业精准扶贫质量提升的促进因素和阻碍因素等两个方面展开研究，有助于正确理解重点推进内容、政策或工作措施与产业精准扶贫质量的相关性或因果性，有助于发现不同推进内容或工作措施之间相互矛盾或冲突的根本原因，为厘清推进内容或工作措施之间的逻辑关系提供事实依据和理论基础；三是产业精准扶贫质量提升的政策建议。从产业精准扶贫质量标准和影响因素的研究中，可以发现阻碍产业精准扶贫质量提升的关键因素，提出有针对性的政策建议，避免产业精准扶贫政策使用的盲目性，提高产业精准扶贫政策的针对性和有效性。

二、产业精准扶贫质量与正确判断影响因素

产业精准扶贫对乡村振兴具有非常重要的意义，在很大程度上，乡村

振兴战略目标能否实现,取决于乡村产业能否振兴。唯有如此,才能为乡村振兴提供持续发展的动力基础。已有文献对产业精准扶贫的研究主要集中在绩效评价和影响因素等两个方面,从质量角度研究产业精准扶贫的比较少,研究产业精准扶贫质量影响因素的更少。在新时代全面完成脱贫攻坚任务的背景下,产业精准扶贫绩效评价及影响因素研究具有一定的局限性,不利于准确理解产业精准扶贫的政策内涵,也不利于精准选择产业精准扶贫的政策工具。

产业精准扶贫绩效研究主要集中在以下几个方面:一是研究产业精准扶贫的绩效评价目标体系。比如,钱力、倪修凤等从社会发展水平、经济发展水平、生产生活水平和生态环境水平等四个维度建构了产业精准扶贫的绩效评价指标体系,并对安徽大别山集中连片贫困地区的扶贫绩效进行了测量分析[1];还有学者从第三方评估、大数据分析、棱柱模型等不同角度探讨了产业精准扶贫绩效的评估、测量与应用等问题[2];二是研究产业精准扶贫绩效不佳的原因。比如,部分学者在未对产业精准扶贫绩效进行明确定义的前提下,讨论了产业精准扶贫过程中产业精准扶贫绩效不佳的现象,分析了原因并提出了一些政策建议[3]。除此之外,少量学者运用实证研究方法,分析了政府产业精准扶贫投入与产业精准扶贫绩效的关系,研究了影响产业精准扶贫绩效的主要因素[4]。

产业精准扶贫绩效研究存在着一些局限性,不利于全面认识产业精准扶贫的政策内涵和措施。首先,产业精准扶贫绩效目标体系的建构大多对产业精准扶贫要实现的效果进行评价,基本上不对产业精准扶贫过程进行评价。比如,无论是从社会发展水平、经济发展水平、生产生活水平和生态环境水平进行评价,还是从第三方评估、大数据分析和棱柱模型进行评价,

---

[1] 钱力,张陈,宋俊秀.安徽省大别山连片特困地区扶贫绩效评价——基于三阶段 DEA 模型和超效率 DEA 模型[J].江汉大学学报(社会科学版),2018,35(05):55−64,125.

[2] 吴雄周.精准扶贫绩效第三方评估模型与应用[J].求索,2018(02):76−84.杜永红.大数据背景下精准扶贫绩效评估研究[J].求实,2018(02):87−96,112.王继平,周娜,祝珊.基于绩效棱柱模型的职业院校教育扶贫绩效评价体系建构[J].职业技术教育,2018,39(25):59−62.

[3] 荀关玉.欠发达地区教育精准扶贫路径创新[J].中国成人教育,2018(19):155−158.徐孝勇,曾恒源.大数据驱动下精准扶贫运行机制创新研究[J].湖北经济学院学报(人文社会科学版),2019,16(01):12−15.

[4] 朱乾宇.政府扶贫资金投入方式与扶贫绩效的多元回归分析[J].中央财经大学学报,2004(07):11−15.姜爱华.我国政府开发式扶贫资金投放效果的实证分析[J].中央财经大学学报,2008(02):13−18.

本质上都是一种结果导向的评价，不注重产业精准扶贫过程的评价。结果导向的绩效评价容易诱发为实现绩效目标而"不择手段"实施的产业精准扶贫行为，不仅有可能违反法律、法规或国家政策，有损国家制度权威，还有可能引发大量短期投机行为，浪费消耗国家扶贫资源；其次，产业精准扶贫绩效影响因素的研究大多从产业扶贫政策执行阻碍或政府投入等方面展开，忽略了产业精准扶贫活动的复杂性，难以发现影响产业精准扶贫绩效的真实影响因素。比如，在未对产业精准扶贫绩效目标进行明确定义的前提下，判断产业扶贫政策执行过程中存在的阻碍因素会影响产业精准扶贫绩效，或者从实证角度直接判断政府投入与产业精准扶贫绩效之间的相关性等研究，都是忽略了产业精准扶贫复杂性而简化过程作出的研究成果，研究的实用性和理论性都存在一些疑问。

事实上，根据《意见》的规定，产业精准扶贫在过程上至少应当考虑三个阶段：一是扶贫产业的选择阶段；二是扶贫产业的培育阶段；三是扶贫产业的发展阶段。每一个不同阶段的产业精准扶贫政策拥有不同的内涵和要求，需要有针对性地采取不同的政策工具或措施。因此，在产业精准扶贫的每一个不同阶段，都有不同因素会影响产业精准扶贫质量的提升。只有分阶段展开产业精准扶贫质量影响因素的研究，才能较为准确地把握产业精准扶贫质量的真正影响因素。

在扶贫产业选择方面，产业精准扶贫质量提升研究有利于从整体上认识扶贫产业选择与产业精准扶贫质量的关系。习近平总书记在考察湘西十八洞村和安徽金寨的扶贫工作时指出，开发扶贫产业要"因地制宜"，要选准"特色产业"。许多研究者认为，扶贫产业选择要充分利用贫困地区的资源禀赋，扶贫产业要有比较优势，才会有较好的市场及发展前景[1]；有学者从产业链的角度分析，扶贫产业选择应当要注重贫困地区的产业基础和发展历史，才能降低扶贫产业开发成本，提升扶贫产业链的价值分配比例，形成产业发展优势[2]；胡伟斌等认为，产业精准扶贫只有以资源禀赋为前提、以市场需求为导向、以产业发展为抓手、以外部扶贫力量为依托，科学选择扶贫产业项目，

---

[1] 姜长云.推进产业兴旺是实施乡村振兴战略的首要任务[J].学术界,2018(07):5－14.刘大勇,刘登振,朱风华,翟丽潇.资源禀赋、产业扶贫与一体化制度安排研究[J].金融发展研究,2017(02):53－57.

[2] 马泽波,何卫平,闫振华.滇西边境山区产业易地集中式扶贫研究——基于云南省H县的调查[J].云南行政学院学报,2018,20(06):25－30.

才能保证扶贫产业项目的顺利实施[1];有学者研究指出,地方政府在推进产业扶贫项目时,存在着"精英俘获"和"弱者吸纳"等现象,扶贫产业项目选择不科学、不合理,为完成项目而选择项目的形式主义比较严重,不仅项目实施效果不佳,还影响政府扶贫公信力[2]。扶贫产业大多由政府主导选择,在产业精准扶贫过程中,除了要考虑资源禀赋、产业基础等实质条件之外,还需要考虑如何控制政府权力,保证扶贫产业选择科学公平合理等程序条件。上述研究基本未考虑新时代产业精准扶贫的新时代背景,又缺乏综合性考察,具有明显的"碎片化"特征,且考虑绩效问题较多,还需要对扶贫产业选择与产业精准扶贫质量提升的关系进行深入研究。

在扶贫产业培育方面,产业精准扶贫质量研究有利于厘清地方政府培育扶贫产业的方式与产业精准扶贫质量的关系。针对贫困地区的产业基础大多比较薄弱的现状,地方政府一般会整合产业扶贫项目资金培育扶贫产业。有研究者认为,根据产业扶贫项目的专有性程度不同,地方政府培育扶贫产业的模式不同,培育效果也千差万别,这是自上而下的压力传导与"晋升锦标赛"共同造成的结果[3];袁树卓等认为,政府主导的扶贫产业,难以在政府与市场逻辑之间保持平衡,容易造成主体脱嵌、扶贫主体与对象关系异化与利益联结机制松散,弱化产业扶贫效果[4];还有学者认为,政府干涉过多,一旦项目风险、生产风险、市场风险和收益风险失控,就会影响政府公信力,产生贫困对象参与扶贫产业更加保守等负面效应[5];还有研究者认为,政府应当减少对扶贫产业的干涉,以购买扶贫服务的方式培育扶贫产业,引入市场力量参与产业扶贫,政府主要提供支持扶贫产业发展的交通、能源和信息等公共服务,才能保证扶贫产业的可持续发展[6]。到目前为止,扶贫产业培育与扶贫质量研究集中在政府与市场的关系方面,未考虑乡村振兴的现实需要与

---

[1] 胡伟斌,黄祖辉,朋文欢.产业精准扶贫的作用机理、现实困境及破解路径[J].江淮论坛,2018(05):44-48.

[2] 朱战辉.精英俘获:村庄结构变迁背景下扶贫项目"内卷化"分析——基于黔西南N村产业扶贫的调查研究[J].天津行政学院学报,2017,19(05):55-62.

[3] 周雪光.项目制:一个"控制权"理论视角[J].开放时代,2015(02):82-102,5.赵晓峰.精准扶贫政策的分级落实机制及其基层实践困境[J].西北农林科技大学学报(社会科学版),2018,18(06):34-43.

[4] 袁树卓,殷仲义,高宏伟,刘沐洋.精准扶贫中贫困的瞄准偏离研究——基于内蒙古Z县建档立卡案例[J].公共管理学报,2018,15(04):125-138,155-156.

[5] 常健,付丽媛.产业扶贫项目的风险管控[J].学习论坛,2018(10):47-55.

[6] 蒋永甫.贫困户发展:精准扶贫的价值目标与现实依归[J].云南大学学报(社会科学版),2018,17(05):112-121.

契机,对地方政府培育方式如何实现扶贫产业的发展稳定性与高效性、脱贫有效性与精准性等扶贫质量问题关注不多。

在扶贫产业发展方面,产业精准扶贫质量研究有利于验证利益联结方式与产业精准扶贫质量的关系。扶贫产业的特殊之处在于要实现经济发展和精准脱贫的双重目标。有研究者指出,地方政府以产业扶贫项目激励扶贫企业或大户带头人等扶贫主体自由开发扶贫产业,可能造成扶贫主体脱嵌,贫困农户无法享受产业发展带来的益处从而实现脱贫目标[①];地方政府采取简单的扶贫产业发展方式,比如,将补贴给贫困农户的扶贫资金入股扶贫企业,然后给贫困农户分红等,不仅无法提升贫困农户的工作能力,也可能会拖累扶贫企业,影响扶贫产业的可持续发展[②];还有学者认为,产业扶贫实践中龙头企业、带头大户或合作社带动贫困农户的发展模式,由于地方政府、扶贫主体和对象三者之间的契约关系不同,存在着土地流转、订单农业、劳务用工和共同参与等多种发展方式,其实施效果有待验证[③]。到目前为止,扶贫产业发展与扶贫质量研究主要集中在扶贫产业发展模式方面,基本没有涉及扶贫产业发展中的利益联结问题,对利益联结方式与产业精准扶贫质量之间的关系及作用机理等问题研究不多。

三、产业精准扶贫质量与拓展高质量发展理念

在国家提出乡村振兴战略和高质量发展战略的背景下,产业精准扶贫质量提升研究对深入拓展乡村产业高质量发展理念具有非常重要的意义。乡村振兴的关键在于乡村产业振兴,在 2020 年全面完成脱贫攻坚任务之后,国家要实现产业精准扶贫与乡村产业振兴的有效衔接,实现乡村产业的高质量发展。尽管产业精准扶贫质量与乡村产业高质量发展之间存在着一定的区别,但两者之间的联系非常紧密,产业精准扶贫质量提升研究无疑助于加强乡村产业高质量发展的认识。

---

① 孙兆霞.脱嵌的产业扶贫——以贵州为案例[J].中共福建省委党校学报,2015(03):14−21.

② 李博,左停.精细社会视角下中国农村精准扶贫的制度选择[J].中国延安干部学院学报,2016,9(03):124−129.

③ 修兴高.产业扶贫模式:运行成效、影响因素与政策建议——福建省产业扶贫模式典型案例分析[J].福建论坛(人文社会科学版),2018(04):188−194. 吴理财,瞿奴春.反贫困中的政府、企业与贫困户的利益耦合机制[J].西北农林科技大学学报(社会科学版),2018,18(03):115−122.

产业精准扶贫质量评价研究有助于拓展乡村产业高质量发展理念。产业精准扶贫质量评价研究一般基于扶贫产业的发展与脱贫的双重目标，从发展稳定性与高效性、脱贫有效性与精准性等角度分析产业精准扶贫质量，将其划分为稳定高效、稳定有效、稳定精准、高效有效和高效精准等五种类型，再对每一种类型进行高、中和低程度的划分，科学筛选产业精准扶贫质量的核心指标，建构产业精准扶贫质量的指标体系，精确划分产业精准扶贫的质量等级。乡村产业高质量发展与产业精准扶贫存在相似的问题情境，两者都需要充分利用本地资源优势，大力发展特色乡村产业，都需要维持产业的可持续发展，都需要帮助社会弱势群体，实现村集体组织成员的共同富裕。乡村产业高质量发展与产业精准扶贫存在相似的治理措施，两者基本上都采用项目式治理，有转移支付专项经费的支持，需要吸纳社会资本参与产业开发，需要鼓励村庄居民积极参与产业开发，等等。因此，产业精准扶贫质量评价的研究成果可以为乡村产业质量评价研究所借鉴，有助于拓展乡村产业高质量发展理念。

扶贫产业选择与产业精准扶贫质量的关系研究是产业精准扶贫质量提升研究的重要内容之一。扶贫产业选择一般从资源依赖和独立评估等维度分析扶贫产业选择问题。将贫困地区的资源比较优势、合作对象的资源互补程度等作为扶贫产业对接选择的实质条件，将扶贫产业对接的第三方独立评估作为扶贫产业选择的程序条件，将扶贫产业对接选择划分为资源依赖差和无第三方评估、资源依赖差和有第三方评估、资源依赖好和无第三方评估、资源依赖好和有第三方评估等四种不同类型。收集数据或选取典型案例，以实证研究方法，可以分析扶贫产业选择与产业精准扶贫质量提升的关系，可以判断最利于提升产业精准扶贫质量的扶贫产业选择组合。与产业精准扶贫质量提升研究类似，乡村产业振兴面临的首要问题就是选择适合本地区发展的乡村特色产业，扶贫产业选择与产业精准扶贫的关系研究无疑有助于拓展乡村产业高质量发展理念。

扶贫产业培育与产业精准扶贫质量的关系研究是产业精准扶贫质量提升研究的重要内容之一。扶贫产业培育研究一般基于政府与市场的关系模式分析扶贫产业培育问题。根据地方政府保护、干预或支持扶贫产业的方式或程度不同，结合地方政府培育扶贫产业的实际情况，将扶贫产业培育划分为自由竞争、政府补贴、政府服务和政府参与等四种基本类型。可以收集数据或选取典型案例，以实证研究方法，探讨扶贫产业培育与产业精准扶贫质量提升的关系,可以判断提升产业精准扶贫质量的最佳培育方式。乡村产业高质量发展的前提条件之一就是要塑造良好的营商环境,使乡村企业能够在公平、公正和公开的特色产品市场中竞争,持续吸引社会资本加入乡村产业开发进程中,保持乡村产业开发的市场活力等。产业精准扶贫过程中的扶贫产业培育与乡村产业振兴过程中的营商环境,在内涵和外延上有包含性,营商环境内涵和外延要大于扶贫产业培育,扶贫产业培育方式也是营商环境的一种。扶贫产业培育与产业精准扶贫质量的关系研究尽管不能完全替代乡村产业高质量发展研究,但是有很大的借鉴意义。

扶贫产业发展与产业精准扶贫质量的关系研究是产业精准扶贫质量提升研究的重要内容之一。扶贫产业发展研究一般从地方政府、扶贫企业与贫困农户之间社会资本的角度分析扶贫产业发展问题。根据产业扶贫过程中地方政府、扶贫企业和贫困农户之间社会网络结构的差异,结合产业扶贫实际情况,将扶贫产业发展划分为自主发展、订单农业、土地流转、劳务用工和共同参与等五种发展方式。可以收集数据或选取典型案例,以实证研究方法,研究扶贫产业发展与产业精准扶贫质量提升的关系,可以判断提升产业精准扶贫质量的最优发展方式。乡村产业高质量发展的内在条件之一就是乡村产业必须嵌入村庄的社会关系中,唯有如此,才能获得村庄居民的信任,才能吸引村庄居民积极参与乡村产业开发,也才能培养村庄居民参与乡村产业的商业或工作经验,提高村庄居民的专业能力素质,为实现共同富裕和乡村振兴打下坚实的人才基础。扶贫产业发展方式研究强调扶贫产业开发过程中地方政府、扶贫企业和贫困农户之间的利益联结方式,希望借助于良好的利益联结方式,带动贫困农户脱贫致富,同时起到培养贫困农户的社会资本和工作技能的作用,进而达到提升产业精准扶贫质量的根本目标。在很大程度上,扶贫产业培育方式研究与乡村产业振兴中的社会嵌入是相似的,只是后者并不需要精准选定乡村产业开发的参与对象。因此,扶贫产业发展研究无疑有助于拓展乡村产业高质量发展理念。

第三节　提升机制、促进因素与阻碍因素

产业精准扶贫质量提升研究是一项整体性、系统性和实用性很强的研究工作,涉及的理论和现实问题繁多且复杂,围绕着如何提升产业精准扶贫质量,需要建构相应的理论体系,探索产业精准扶贫质量的提升机制,发

现促进或阻碍产业精准扶贫质量提升的影响因素,解释产业精准扶贫过程中与质量提升相关的各种现象,提出有针对性的政策建议。

一、产业精准扶贫质量的提升机制

产业精准扶贫质量的提升机制是指在促进因素和阻碍因素的共同作用下,产业精准扶贫质量获得提升的过程和机理。从概念上分析,产业精准扶贫质量的提升机制至少包含三个必要部分:一是如何定义产业精准扶贫质量;二是如何提升产业精准扶贫质量;三是如何消除影响产业精准扶贫质量提升的不利因素。

如前所述,本书将产业精准扶贫质量限定为产业精准扶贫发展质量。产业精准扶贫质量是指扶贫产业开发的共享水平,可从共享结果、共享过程和共享主体等三个维度来评价,由开发质量、合作质量、开发绩效、合作绩效和参与意愿等六个要素构成。其中,开发质量是指扶贫产业年度总产值和贫困农户参与度,开发绩效是指扶贫产业的公共性、稳定性和有效性,合作质量是指扶贫产业的问题共识、共享动机和参与能力,合作绩效是指扶贫产业的扶贫目标、扶贫满意和社会影响,参与意愿是指贫困农户参与扶贫产业开发的意愿。

有学者认为,推动中国经济高质量发展,要从环境治理[1]、动力转换[2]和全要素生产率[3]等质量构成要素着手,加强质量建设。还可以从R&D经费投入、人均GDP、对外开放度、科技服务水平或劳动者素质[4]等质量环境因素着手,消除不利影响。

与中国经济高质量发展类似,提升产业精准扶贫质量一般也需要从两个方面着手:一是加强质量构成要素建设。主要从产业精准扶贫质量的构成要素入手,分析影响开发质量、开发绩效、合作质量、合作绩效和参与意愿的主要因素,改善这些因素就能提升产业精准扶贫质量。这一般可以称为产业精准扶贫质量提升的促进因素;二是消除影响质量的环境因素。主

---

[1] 陈诗一,陈登科.雾霾污染、政府治理与经济高质量发展[J].经济研究,2018,53(02):20—34.

[2] 陈昌兵.新时代我国经济高质量发展动力转换研究[J].上海经济研究,2018(05):16—24,41.

[3] 贺晓宇,沈坤荣.现代化经济体系、全要素生产率与高质量发展[J].上海经济研究,2018(06):25—34.

[4] 王慧艳,李新运,徐银良.科技创新驱动我国经济高质量发展绩效评价及影响因素研究[J].经济学家,2019(11):64—74.

要从影响产业精准扶贫质量的不利环境因素入手,分析剩余控制权冲突、风险转化、政府困境、商标争议、品种困境、府际争议、监管博弈等维度等环境因素对产业精准扶贫的不利影响,提出治理对策,可以提升产业精准扶贫质量。这一般可以称为产业精准扶贫质量提升的阻碍因素。具体提升机制如图 1-1 所示。

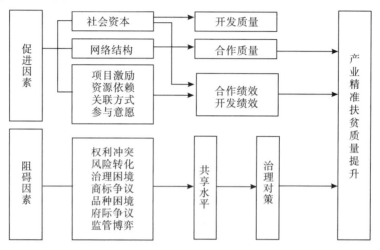

图 1-1 产业精准扶贫质量的形成机制

产业精准扶贫质量提升机制的上述判断,是笔者在湘西黄金茶产业扶贫长达五年多田野调查的基础上,结合定量和定性分析方法作出的。湖南省茶叶研究所与湘西土家族苗族自治州保靖县就黄金茶扶贫产业研究开发有过长达数十年的合作历史,后又与湘西土家族苗族自治州政府合作共同开发黄金茶扶贫产业。为加大黄金茶扶贫产业的合作开发力度,湖南省茶叶研究所向湘西土家族苗族自治州保靖县、吉首市和古丈县等县(市)派出多名科技副县(市)长,以协助湘西土家族苗族自治州各县(市)做好黄金茶扶贫产业开发工作。由于学缘、地缘和家缘背景,笔者不仅有机会跟踪调查黄金茶扶贫产业研究开发的全过程,还有机会深入了解政府官员、扶贫企业负责人、茶叶科研机构代表和贫困农户等主体参与开发黄金茶产业的心路历程和交往心态,可以在很大程度上保证田野调查研究的全面性、真实性和深入性。在此基础上展开的定量研究和定性分析,可以最大限度地保证研究结论或判断的可靠性。

二、产业精准扶贫质量的促进因素

在产业精准扶贫过程中,地方政府、扶贫企业、科研院所和贫困农户等主体间关系和谐,是促进产业精准扶贫质量提升的决定性因素。多主体间关系和谐一般使用社会资本、网络结构、关联方式和参与意愿等变量来衡量,这些变量通过开发质量、合作质量和合作绩效等中介变量,正向影响产业精准扶贫质量。下文将简要阐述产业精准扶贫过程中各主体间关系和谐要素变量通过中介变量影响产业精准扶贫质量的相关机制。

社会资本有多种不同的含义,可以指个人或组织在社会网络中的结构要素,如弱连带、强连带或"结构洞"等,这些结构要素与人力、财力和物质资本一样,有利于个人或组织提高经济生产或服务活动的效率,实现个人或组织的既定目标;也可以指个人或组织凭借其在社会网络中的结构位置而能够获取资源的机会或能力。比如,获取信息、权力或经济资源的机会或能力;还可以指个人或组织在社会网络中长期互动而形成的信任、规范,从而有利于个人或组织之间相互协调地行动,降低彼此间社会经济交往的交易成本,提高经济生产或服务活动的效率。本书采用最后一种定义,认为社会资本是政府、扶贫企业和贫困农户等主体间长期互动而形成的信任与规范。开发质量是指地方政府支持开发的扶贫产业的发展稳定性和扶贫有效性,一般通过产业年度总产值和贫困农户参与率等指标来测量。地方政府支持开发扶贫产业主要有专业协会型、龙头企业型和放任自由型等三种开发方式,不同开发方式对社会资本积累有不同的影响,社会资本通过开发质量的中介影响,最终能够促进产业精准扶贫质量的提升。

网络结构是指在自我中心网络中网络成员或合作主体间的连带关系,不包括整体社会网络的结构形态,在产业精准扶贫中指地方政府、扶贫企业或科研院所和贫困农户等主体间的连带关系。合作质量是指地方政府、扶贫企业或科研院所和农户等主体在产业精准扶贫合作过程中的问题共识、动机共享和参与能力三个维度上的综合水平。地方政府、扶贫企业或科研院所和贫困农户等主体在产业精准扶贫过程中存在着自由型、引导型和强制型等三种主要的网络结构类型,不同的合作网络结构对合作质量有不同的影响,合作质量最终会影响产业精准扶贫质量的提升。开发绩效是指地方政府与企业、科研院所和农户等主体合作实施产业精准扶贫实现预期目标的水平。在产业精准扶贫过程中,地方政府在扶贫产业网络中作为中介者和中心者、保持互惠性和可达性等自我中心网络位置结构与扶贫产业的共享型、领导组织型和协调组织型等整体网络结构对开发绩效有不同的影响,开发绩效最终会影响产业精准扶贫质量的提升。

项目治理是打破政府科层制的一种特定形式,是在常规财政体制分配渠道之外,为了实现上级政府的意图,以专项资金引导地方财政和社会资本配置的制度安排。资源依赖是跨组织或部门合作的重要原因,组织资源的某些特征会促进合作并产生良好的绩效。在大多数情况下,社会资本都是作为解释变量,用于解释组织绩效提升或知识资本创造的过程。跨部门或组织之间的合作绩效至少可以区分为组织、网络和社会三个层次。组织层次绩效是指实现合作组织自身目标的程度,网络层次是指实现合作组织共同目标的程度,社会层次是指实现合作组织影响社会政策或制度的程度。在产业精准扶贫过程中,地方政府、扶贫企业或科研院所与贫困农户等主体间的合作存在着自由型、强制型和混合型等三种不同的合作类型,项目治理、资源依赖和社会资本等三重因素对合作绩效有共同影响,合作绩效最终会影响产业精准扶贫质量的提升。

参与意愿是指在产业精准扶贫过程中贫困农户参与扶贫产业开发的意愿。参与意愿代表贫困农户参与扶贫产业开发的主观态度,大多数研究者认为,参与意愿对产业精准扶贫各主体间的合作绩效有重要影响。一般情况下,贫困农户的个体特征、家庭特征、扶贫产业市场价值认知和产业扶贫项目特征等因素对参与扶贫产业的意愿有显著影响,参与意愿影响合作绩效,合作绩效最终会影响产业精准扶贫质量的提升。

三、产业精准扶贫质量的阻碍因素

在产业精准扶贫过程中,地方政府、扶贫企业、科研院所和贫困农户等主体间关系不和谐,是阻碍产业精准扶贫质量提升的重要因素。在大多数情况下,关系不和谐是由主体间的权利义务关系不清晰导致的。根据来源不同,权利义务关系不清晰可能是法律规定模糊或契约约定模糊导致的。一旦权利义务关系不清晰,主体间就会因剩余控制权分配问题而产生争议,由此就会引发主体间关系不和谐,进而影响产业精准扶贫质量的提升。下文将简要概述在产业精准扶贫过程中,由于剩余控制权分配或争夺而产生的各种影响产业精准扶贫质量提升的问题。

在产业精准扶贫过程中,上下级政府间、地方政府与扶贫企业或科研院所间、扶贫企业或科研院所与贫困农户间,以实施扶贫产业项目为纽带,彼此间因产业扶贫政策或扶贫产业项目协议模糊而可能引发剩余控制权争议,直至发生冲突,影响产业精准扶贫中主体间关系和谐。只有针对性地解决主体间可能存在的剩余控制权争议,才能促进关系和谐,最终促进产业精准扶贫质量的提升。

在产业精准扶贫过程中,地方政府拥有实施产业扶贫项目的主导权。但是,在新时代背景下,地方政府面临着因剩余控制权分配不清晰而产生的风险困境。无论地方政府采取何种应对态度,都存在着一定的风险,积极推进面临着政治风险,消极无为面临着责任风险,动态干预面临着信任风险。产业扶贫项目实施过程中政策或协议不清晰,已经将地方政府置于三难的风险困境之中,只有解决剩余控制权争议,才能帮助地方政府脱困,全力推进产业精准扶贫工作,有效提升产业精准扶贫质量。除了扶贫产业项目实施过程中政策或协议不清晰导致风险困境之外,其他因素也会影响风险困境的形成。主要包括:行政绩效与市场效率的内在矛盾、政府治理与社会自治的边界不清、社会福利与程序正义的价值冲突等因素,都在一定程度上会影响风险困境的形成。只有建构产业精准扶贫绩效评价指标体系、制定政府权力清单制度和建立地方政策缓冲机制等措施,才能有效提升产业精准扶贫质量。

在产业精准扶贫过程中,地理标志商标对保护特色产业合法权益、免受不正当市场竞争和维持可持续发展等方面具有非常重要的意义。但是,现行地理标志商标保护制度存在着诸多模糊之处,致使商标局、注册人与使用人之间在管理和使用地理标志商标过程中经常发生剩余控制权冲突,进而引发较为严重的社会争议,影响扶贫产业的可持续发展。只有修改地理标志商标制度,明确分配地理标志商标的剩余控制权,才能解决彼此间的争议,有效提升产业精准扶贫质量。

种养业是产业精准扶贫中的主导性扶贫产业。种养业有利于充分利用贫困地区的资源禀赋,降低扶贫产业的开发成本,发挥贫困农户参与扶贫产业开发的主观能动性。地方品种是特色种养业的"特色"基础,对维持特色种养业的"特色"至关重要。然而,根据现行品种法律制度,地方品种的适种区域、繁殖利用、权利结构等制度,对品种管理者、所有人和使用人之间的权利义务关系规定比较模糊,容易引发剩余控制权争议,对特色产业选择、培育和保护都会产生不利影响。只有修订地方品种相关法律制度,明确品种管理者、所有人和使用人之间的权利义务关系,才有可能最大限度地解决品种争议问题,有效提升产业精准扶贫质量。

产业精准扶贫以扶贫产业项目为着力点,促进政府、扶贫企业或科研院所和贫困农户等主体间的合作。中央或上级政府负责扶贫产业项目的"发包",地方政府负责"抓包"或实施,政府之间的关系对产业精准扶贫质量的影响极大。政府间关系包括上下级政府间的纵向关系和地方政府间的横向关系。在产业精准扶贫中,纵向政府关系一般为监管与被监管关系,中央或上级政府不同的监管策略,会引发地方政府不同的应对策略,为实现地方政府实施扶贫产业项目的约束与激励均衡,需要明确中央或上级政府与地方政府之间的权力责任关系,减少剩余控制权争议。横向政府关系一般为竞争与合作关系,为在产业扶贫竞争中获得优势,地方政府间在缺乏产权约束、宏观调控和监督约束机制的前提下,可能会采取模仿跟随、不计成本和搭便车等策略参与竞争,使产业扶贫在地方政府主导下出现恶性竞争,致使扶贫产业发展缺乏可持续性。只有加强产业精准扶贫的产权约束、宏观调控和监督约束等体制机制建设,才能促进地方政府间的良性竞争,有效提升产业精准扶贫质量。

第四节　结论与讨论

开发式扶贫是我国长期坚持的基本扶贫方针。在新时代,扶贫工作面临着新的政治、经济、社会和文化环境,开发式扶贫的方式迫切需要从数量型、漫灌型和短期型向质量型、精准型和持续型转变。在脱贫攻坚向乡村振兴战略转变的背景下,进行产业精准扶贫质量提升研究,对有效衔接产业精准扶贫和乡村产业振兴具有非常重要的理论和现实意义。为此,本章首先阐述了产业精准扶贫质量提升研究中涉及的三个基本范畴,即产业扶贫、精准扶贫和产业精准扶贫质量。研究认为,产业扶贫即为开发式扶贫,是我国长期坚持的基本扶贫方针之一,即通过开发乡村产业来达到脱贫目标的扶贫方式;精准扶贫是新时代党中央、国务院提出的扶贫战略,是在新的时代背景下,为精准解决贫困地区贫困人口的贫困问题而提出的扶贫方式,要求做到从识别、帮扶到监督的全过程精准;产业精准扶贫质量是指产业精准扶贫的标准化结果,是为了考核产业精准扶贫工作而设立的标准化考核标准,本书从结构性和环境性等两个维度进行评价。在概念外延上,精准扶贫包含产业扶贫,产业扶贫是精准扶贫中"六个一批"精准扶贫措施中的首要措施。

本章讨论了产业精准扶贫质量提升研究的重要意义。研究认为,产业精准扶贫质量提升研究有助于全面认识产业精准扶贫的政策内涵,树立正确的产业精准扶贫质量观;在以往的研究中,研究者将焦点聚集在产业精准扶贫的绩效目标体系建构上,注重结果导向的研究,忽略产业精准扶贫活动的复杂性和多样性。通过将产业精准扶贫分解为扶贫产业选择、培育和发展等三个阶段,分阶段建构产业精准扶贫质量影响因素,有利于正确判断产业精准扶贫质量的影响因素;乡村产业振兴与产业精准扶贫在政策背景和体制机制上存在诸多类似之处,在国家高质量发展战略的背景下,产业精准扶贫质量提升研究有助于深入拓展乡村产业高质量发展理念。

本章还重点讨论了产业精准扶贫质量的提升机制、促进因素和阻碍因素,主要观点如下,后文各章将加以详细论证。

1.产业精准扶贫质量应当从产业开发质量和精准脱贫质量等两个维度进行评价。扶贫产业开发质量,可以通过扶贫产业年度总产值和贫困农户产业参与率等两个指标来测量。在专业协会型、龙头企业型和放任自由型等扶贫产业开发方式中,专业协会型生成的社会资本最优,龙头企业型次之。社会资本对扶贫产业开发质量有直接正向影响,扶贫产业开发质量对产业精准扶贫质量有正向影响。

2.合作质量是指地方政府、科研院校、扶贫企业、合作社和种养大户等产业精准扶贫合作主体在问题共识、共享动机和参与能力等三个维度上的合作水平。互动频率、非零关系、互惠关系和内聚程度等自我中心网络结构变量对合作质量提升有显著正向影响。合作质量对产业精准扶贫质量有直接正向影响。

3.合作绩效是指地方政府、科研院校、扶贫企业、合作社和种养大户等主体合作实施产业精准扶贫实现特定目标的程度。合作绩效可以在直接目标、网络目标和社会目标等三个不同层次进行评价。网络结构、项目激励、资源依赖、社会资本、跨域治理和关联方式等因素都对产业精准扶贫合作绩效提升有显著正向影响。在网络目标和社会目标层次上,合作绩效对产业精准扶贫质量有直接正向影响。

4.贫困农户积极参与产业精准扶贫对提升产业精准扶贫质量有至关重要的意义。贫困农户参与产业精准扶贫的意愿受自身社会特征、扶贫产业认知水平、扶贫产业项目激励程度等因素的影响。其中,扶贫产业技术认知、市场认知和激励强度对参与意愿有显著正向影响,参与意愿对合作绩效与产业精准扶贫质量有直接正向影响。

5.产业精准扶贫中上下级政府、地方政府与项目承包者、项目承包者与贫困农户之间没有明确约定或模糊不清的"剩余控制权"争夺,导致扶贫产业选择合理性与紧迫性、扶贫产业开发盈利性与行政性、扶贫产业发展嵌入性与挤出性之间的冲突。明确更多的"特定权利",尽量消除"剩余控制权",有利于提升产业精准扶贫质量。

6.产业精准扶贫中"剩余控制权"冲突与随之而来的争议解决机制失效,可能导致扶贫产业开发的市场风险转化为影响社会稳定的政治风险、被追责的责任风险或撤出产业的信任风险。明确更多的"特定权利",尽量消除"剩余控制权",建立有效的争议解决机制,有利于提升产业精准扶贫质量。

7.产业精准扶贫中行政绩效与市场效率的内在矛盾、政府治理与社会自治的边界不清、社会福利与程序正义的价值冲突等因素,也会造成扶贫产业开发的市场风险转化为影响社会稳定的政治风险、被追责的责任风险或撤出产业的信任风险。通过建立产业精准扶贫绩效评价指标体系、制定产业精准扶贫政府权力清单制度和产业精准扶贫地方政策缓冲机制等,有利于提升产业精准扶贫质量。

8.产业精准扶贫中,由于缺乏产权约束机制、调控约束机制和监管约束机制,府际竞争经常采用模仿跟随、不计成本、搭便车和抢占等策略,导致扶贫产业发展可持续性差等实践困境。通过建立产权责任、上级政府补位调控、提供公共品补偿和公共资源产权等制度,有利于提升产业精准扶贫质量。

第二章　产业精准扶贫、社会资本与开发质量

产业扶贫即开发式扶贫,是我国扶贫工作的基本方针[①]。为弥补扶贫能力不足,地方政府寻求与扶贫企业、科研院校和农户等主体合作逐渐成为实施产业扶贫的新方式[②]。与此同时,扶贫企业、科研院校和农户也在积极寻求合作伙伴发现新利润增长点、转化科研成果或脱贫致富。在新时代背景下,由于面临着巨大的扶贫压力,为完成扶贫任务,贫困地区地方政府利用各种扶贫项目资金支持开发了大量的扶贫产业,对经济增长和扶贫起到了一定的积极作用。但是,有资料表明,地方政府支持开发的扶贫产业,开发质量参差不齐,部分扶贫产业昙花一现,不仅消耗大量自然和社会资源,而且参与产业开发的贫困农户满意度极低[③]。在产业扶贫的研究中,学界广泛关注扶贫项目、资源优势和产业特色等要素对扶贫产业开发质量的影响,对地方政府支持扶贫产业的开发方式如何影响扶贫产业开发质量的研究还十分有限。

当前,比较优势、资源依赖和交易成本是解释扶贫产业开发质量的主要理论[④]。比较优势理论主要解释如何利用差异化优势维持扶贫产业的可持续发展问题,资源依赖主要解释地方政府寻求产业扶贫合作的原因、过程与结果,而交易成本理论则主要解释产业扶贫中各种合作方式的选择

[①] 王春萍,郑烨.21世纪以来中国产业扶贫研究脉络与主题谱系[J].中国人口·资源与环境,2017,27(06):145—154.

[②] 胡振光,向德平.参与式治理视角下产业扶贫的发展瓶颈及完善路径[J].学习与实践,2014(04):99—107.

[③] 闫东东,付华.龙头企业参与产业扶贫的进化博弈分析[J].农村经济,2015(02):82—85.

[④] 温涛,王小华,杨丹,朱炯.新形势下农户参与合作经济组织的行为特征、利益机制及决策效果[J].管理世界,2015(07):82—97.

过程①。但是,在地方政府支持开发扶贫产业的情境下,三种理论对地方政府支持开发扶贫产业的方式如何影响扶贫产业开发质量都缺乏解释力。开发质量是指在扶贫企业、科研院校和农户等主体共同参与下,地方政府支持开发的扶贫产业的发展稳定性和扶贫有效性。在本书中,笔者试图从社会资本的理论视角,探讨地方政府产业扶贫开发方式与开发质量的关系,从微观视角回答以下问题:为了提高产业扶贫开发质量,地方政府、扶贫企业、科研院校和农户等主体都需要理解,地方政府的不同开发方式会形成不同的社会资本,进而影响扶贫产业的开发质量。

为此,本章在深入分析社会资本、经济发展和开发质量等相关文献的基础上,构建出地方政府产业扶贫开发质量的研究框架,阐述适合本书的相关理论与分析指标,并选择三个地方政府产业扶贫合作的案例,在实验分组的基础上,测量不同产业扶贫开发方式的社会资本,对社会资本与开发质量之间的相互关系进行实证分析。

第一节 产业精准扶贫中社会资本与开发质量的关系假设

一、开发质量

地方政府支持开发扶贫产业的主要目标是实现经济发展和产业脱贫,扶贫产业的开发质量取决于经济发展质量和产业脱贫质量。就经济发展质量而言,国家"十三五"规划提出了"创新、协调、绿色、开放、共享"五大发展理念,引领经济发展重点从经济增长速度向经济发展质量转变。经济发展质量可以从有效性、协调性、创新性、持续性和分享性五个维度进行衡量或评价,经济发展质量由人口质量、资源环境质量、资本积累质量、技术进步质量、对外贸易质量和制度质量等因素决定②。地方政府支持开发扶贫产业也是发展经济的方式之一,但是,由于扶贫产业受国家资助较多且包含扶贫等政治功能,有学者认为,扶贫产业的经济发展质量应当从有效性、稳定性、持续性和福利性四个维度进行评价,创新性和协调性不是核心的

---

① 范永茂,殷玉敏.跨界环境问题的合作治理模式选择——理论讨论和三个案例[J].公共管理学报,2016,13(02):63-75,155-156.
② 徐瑞慧.高质量发展指标及其影响因素[J].金融发展研究,2018(10):36-45.

评价维度①。

对于经济发展质量的有效性维度,GDP总量、人均GDP和年度增长率等是常用的评价指标,一般使用三产结构比重、全要素生产率等指标来衡量经济发展质量的协调性,使用研发投入占GDP比重、专利数量和科技成果转化率等指标来评价经济发展质量的创新性,使用GDP增长水平变异系数、增长行业构成和需求构成等来衡量经济发展质量的持续性,在经济发展质量的分享性方面,则大多使用基尼系数、地区收入比和社会保障水平等指标来衡量②。除此之外,还有一些经济发展质量影响因素方面的研究。有学者使用PM2.5的数据,以GDP增长率作为经济发展质量的衡量指标,并以空气流动指数和政策干预作为中介变量,探讨空气污染对经济发展质量的影响机制③。还有学者使用全要素生产率作为经济发展质量的衡量指标,探讨研发投入、技术进步等因素对经济发展质量的作用机理等。对农村经济发展质量,有学者运用熵权法,建构农村经济发展质量指标体系,研究农村经济发展质量的减贫效应④。

由于市场机制存在"市场失灵"现象,导致贫者愈贫、富者愈富的"马太效应",不能自动实现产业扶贫的政治功能⑤。地方政府支持开发扶贫产业,需要利用市场机制促进经济快速发展,也需要对市场进行调控,提高经济发展的共享水平,提高贫困农户的产业脱贫率⑥。产业脱贫质量可以从有效性、稳定性和持续性三个维度进行衡量或评价。产业脱贫质量的有效性维度可以使用贫困识别率、脱贫率等指标进行评价,稳定性维度可以使用返贫率进行测量,而持续性维度则可以使用劳动就业率、产业从业率等指标进行评价。从产业扶贫对象的角度而言,扶贫产业的参与度、参与满

---

① 李思蓓,游新彩.民族地区经济发展质量评价——以湘西土家族苗族自治州为例[J].吉首大学学报(自然科学版),2018,39(02):81−85.

② 蔡玉胜,吕静韦.基于熵值法的京津冀区域发展质量评价研究[J].工业技术经济,2018,37(11):67−74.

③ 陈诗一,陈登科.雾霾污染、政府治理与经济高质量发展[J].经济研究,2018,53(02):20−34.

④ 李石新,陈泓杰.农村经济发展质量的减贫杠杆效应研究[J].山东工商学院学报,2018,32(04):116−124.

⑤ 杨爱平.我国省内区域发展马太效应的制度探源——"国家的简单化"的理论视角[J].中山大学学报(社会科学版),2005(05):68−72,126.

⑥ 包先康.全面质量管理视域下的精准扶贫[J].安徽农业大学学报(社会科学版),2018,27(02):1−7.

意度等指标是衡量产业扶贫质量的重要依据①。

综上所述,考虑到地方政府产业扶贫经济发展与产业脱贫的两大目标,本章认为至少应当使用两个关键指标来评价扶贫产业开发质量:一是扶贫产业年度总产值,用于衡量扶贫产业的经济发展质量;二是贫困农户产业参与率,用于衡量产业扶贫的质量。只有将两个关键指标结合起来,才能正确评价地方政府产业扶贫的开发质量。

二、社会资本

社会资本从经济学中的"资本"概念演变而来,尽管目前没有统一定义,但是与典型意义上的资本具有相似的功能,即作为经济生产或服务活动的投入要素,有助于提升经济发展速度或水平。作为经济生产或服务活动的投入要素,社会资本可以从不同的角度进行界定:首先,有学者认为,社会资本是个人或组织在社会网络中的结构要素,如弱连带、强连带或"结构洞"等,这些结构要素与人力、财力和物质资本一样,有利于个人或组织提高经济生产或服务活动的效率,实现个人或组织的既定目标②。网络结构特指在自我中心网络中网络成员或主体间的连带关系,不包括整体社会网络的结构形态。格兰诺维特首先提出了连带关系强度的概念。他认为,连带关系强度可以使用互动频率、认识时间长短、亲密程度和互惠内容等四个构面来测量③。后来,马斯登、坎贝尔与博特在此基础上设计出一套测量连带强度的调查问卷,包括互动频率、认识时间长短和亲密程度等三个构面,成为美国一般社会调查中的标准调查问卷。除此之外,还有学者提出了连带关系结构的概念,包括关系的方向、路径和可传达性等,方向是指网络成员间互动的方向(单向还是双向),路径表示网络成员间互动的路线(经过几个成员到达),可达性表示网络成员间互动的多重路径。比如,如果 A 与 B 和 C 有联系,那么 B 和 C 之间也可能有联系,A、B 和 C 之间会形成三角结构(triad closure),A 到达 B 或 C 至少存在两种不同的路径④。

其次,有学者认为,社会资本是个人或组织凭借其在社会网中结构位

---

① 包先康.区域内生发展下连片贫困区精准扶贫的质量提升[J].湖南科技大学学报(社会科学版),2018,21(01):105−111.
② Coleman, James. *Foundations of Social Theory*[M]. Cambridge, MA: Belknap,1990.
③ 罗家德,叶勇助.中国人的信任游戏[M].北京:社会科学文献出版社,2007:27−35.
④ 邵云飞,欧阳青燕,孙雷.社会网络分析方法及其在创新研究中的运用[J].管理学报,2009,6(09):1188−1193,1203.

置而能够获取资源的机会或能力。比如,获取信息、权力或经济资源的机会或能力[1]。这种意义上的社会资本在实质上与典型意义上的资本是相同的,不过其强调的是个人或组织动员或调用资本的机会或能力,这种机会或能力对提升经济生产或服务活动的效率具有重要意义,有助于动员关系人的稀缺资源以支持其社会行动,企业间的强连带关系,有助于在资金短缺时相互拆借资金以渡过难关[2];社会资本能够为个人或组织带来信息等社会资源,有助于全面掌握决策信息。比如,个人丰富的社会关系,有助于获得较多的商业或工作机会信息[3]。

再次,有学者认为,社会资本是个人或组织在社会网络中长期互动而形成的信任、规范,从而有利于个人或组织之间相互协调的行动,降低彼此间社会经济交往的交易成本,提高经济生产或服务活动的效率[4]。这个意义上的社会资本与交易成本理论结合在一起,随着个人或组织在社会网络中信任程度或水平的提升,以及互惠规范的形成,有利于降低沟通、谈判的费用,有利于减少欺诈行为的发生,最终降低彼此间社会经济交往的交易成本,达到提升经济生产或服务活动效率的目的。比如,企业间的信任与互惠规范的形成,有利于企业结成产业同盟,进行横向或纵向整合,提高企业的市场竞争力。

本书认为,社会资本的三种定义都有一定的合理性。但是,在地方政府产业扶贫治理中,将社会资本定义为地方政府、扶贫企业和贫困农户之间的信任与互惠程度比较合适。地方政府使用的公共资源引导扶贫产业开发,要保证项目资源在扶贫企业和贫困农户间公平分配,任何与地方政府有特殊关系而带来更多资源分配的社会资本,不仅是违法的,也是极不公平的。

三、关系假设

在地方政府支持开发的扶贫产业中,为实现乡村振兴战略中产业兴旺

---

[1] Lin, Nan, Karen S. Cook, and Ronald S. Burt, eds. *Social capital: Theory and Research*[M]. New Brunswick, NJ: Transaction Publishers, 2001.

[2] 廖文伟,王丽云.寻找工作与寻找员工 将雇主引入劳动力供求市场的分析[J].社会,2005(02):137-156.

[3] 黄洁,蔡根女,买忆媛.谁对返乡农民工创业机会识别更具影响力:强连带还是弱连带[J].农业技术经济,2010(04):28-35.

[4] Putnam, Robert, Robert Leonardi, Raffaella Y. Nanetti. *Making Democracy Work: Civic Traditions in Modern Italy*[M]. Princeton, NJ: Princeton Univ. Press, 1993.

和产业脱贫的政策目标,地方政府一般会因地制宜采用不同的产业扶贫开发方式。扶贫产业开发方式不同,地方政府、扶贫企业、科研院校和贫困农户等主体之间的社会交往方式也不同,形成多种多样且复杂多变的社会网络结构,积累不同的社会资本。社会资本价值量的差异,可能会对产业产值增长速度和参与扶贫产业比例等评价指标的扶贫产业开发质量产生重要影响。当然,除此之外,地区间的社会、经济和文化等诸多因素也可能会对开发质量产生一定的影响。

(一)开发方式与社会资本

地方政府开发扶贫产业的方式大致可以区分为三种类型,即龙头企业型、专业协会型和放任自由型。在龙头企业型开发方式中,通过落实扶贫项目,地方政府重点扶持或支持一家或几家中大型企业,通过做大做强中大型企业来引领贫困农户参与扶贫产业开发,走"政府+龙头企业+农户"的扶贫产业开发路径;在专业协会型开发方式中,通过落实扶贫项目,地方政府支持企业之间的自由竞争,并主导建立企业协会或产业联盟等专业协调机构,引导企业良性竞争,通过壮大中小企业来带领贫困农户口参与扶贫产业开发,走"政府+公司+协会+农户"的扶贫产业开发路径;在放任自由型开发方式中,通过落实扶贫项目,地方政府对贫困农户参与扶贫产业进行补贴或支持,对参与扶贫产业的企业仅进行市场监督,不进行引导或支持,走"政府+农户"的扶贫产业开发路径。

在龙头企业型开发方式中,政府与龙头企业通过扶贫项目相互交流、沟通,有利于提高信任水平,培养互惠规范,也容易结成利益共同体。龙头企业通过雇佣、收购农副产品与贫困农户沟通交流,是正常的市场交往关系,交往频率也能提升信任水平和形成互惠规范。但是,政府容易忽视与贫困农户的交流沟通,且与龙头企业在利益上有一致性,不利于提升信任水平和养成互惠规范;在专业协会型开发方式中,政府通过企业协会或产业联盟与中小企业进行沟通交流,有利于保持政府在扶贫产业开发过程中的中立性,提高政府在中小企业和贫困农户中的公信水平。中小企业间的市场竞争,使任何企业都难以形成垄断优势,更有利于培养与贫困农户之间的互惠规范,提升信任水平;在放任自由型开发方式中,政府与贫困农户之间的非平等沟通交流关系,会加深贫困农户对政府的依赖程度,不利于培养互惠规范。缺乏政府引导或支持的企业,与政府间的信任水平较低,且不会形成互惠规范,与贫困农户之间则会保持正常的市场交往关系。因

此,可以假设:

H1:专业协会型比龙头企业型、龙头企业型比放任自由型开发方式更有利于提升社会资本。

(二)社会资本与开发质量

社会资本的含义具有多样性,至少包含信任、关系与参与、利他、非正式互动和共享规范等意义①。社会资本促进经济发展的研究,大多集中在社区成员的非正式互动提升信任水平和形成互惠规范从而促进经济增长方面。有学者认为,公私合作的制度能力、克服集体行为困境的能力、获取稀缺资源的能力和获得新信息或资源的能力等四种社会资本有助于经济增长②。为了进行经验研究,社会资本被区分为桥接社会资本(Bridging social capital)和连带社会资本(bonding social capital)两种基本类型。桥接社会资本用来衡量一个人或组织的社会关系的宽度和多样性,在经济活动中,帮助提供更多的消费者和合作者,促进经济增长③;连带社会资本用来衡量一个人或组织社会关系的强度或质量,连带社会资本能够带来高强度或质量的信任,培养互惠性规范,帮助企业家克服合作障碍,带来组织需要的稀缺资源等④。但是,也有学者认为,连带社会资本集中于少数精英群体,不利于组织的经济发展,尤其是在组织开发新的产品或进入新的领域时⑤。社会资本通过降低交易成本⑥、增加就业率⑦和提高资本收益⑧等方式促进经济快速增长。

---

① Engbers, Trent A, Michael F Thompson, Timothy F Slaper. Theory and Measurement in Social Capital Research[J]. *Social Indicators Research*,2016,132(02):537—558.

② Woolcock, Michael. 1998. Social Capital and Economic Development: Toward a Theoretical Synthesis and Policy Framework[J]. *Theory and Society*,1998,27(02):151—208.

③ Kim, Phillip H, Howard E Aldrich. Social Capital and Entrepreneurship[J]. *Foundations and Trends in Entrepreneurship*,2005,1(02):55—104.

④ Blair, John P, Michael Carroll. *Social Capital in Local Economic Development*[M]. In Theories of Local Economic Development: Linking Theory to Practice, edited by James E Rowe, 2009:265—281. New York: Routledge.

⑤ Safford, Sean. *Why the Garden Club Couldn't Save Youngstown: The Transformation of the Rust Belt*[M]. Cambridge, MA: Harvard University Press, 2009.

⑥ Field, John. *Social Capital*. New York: Routledge, 2008.

⑦ Engbers, Trent A, Barry M Rubin, Craig Aubuchon. The Currency of Connections: An Analysis of the Urban Economic Impact of Social Capital[J]. *Economic Development Quarterly*,2016,31(01):37—49.

⑧ Woodhouse, Andrew. Social Capital and Economic Development in Regional Australia: A Case Study[J]. *Journal of Rural Studies*,2006,22(01):83—94.

地方政府产业扶贫的开发质量可以从产业产值增长速度和产业参与比例等两个方面进行衡量,通过分别考察,可以确定社会资本与开发质量之间的关系机制。在扶贫产业开发过程中,地方政府、扶贫企业、科研院校和贫困农户等主体之间存在复杂多样的社会关系。在三种主要的开发方式中,专业协会型扶贫产业开发参与者拥有的平均桥接社会资本多,放任自由型次之,龙头企业型最少。因此,专业协会型开发方式促进就业的能力最强,龙头企业型最弱;专业协会型扶贫开发中地方政府的中立性和企业的竞争性均优于其他两种开发方式,其拥有的平均连带社会资本也相对较优。龙头企业型开发中,龙头企业与地方政府、地方政府与贫困农户联系紧密且存在共同利益,其拥有平均连带社会资本优于放任自由型。据此可以推断,在降低交易成本和提高资本收益率方面,专业协会型优于龙头企业型,龙头企业型则优于放任自由型。总体而言,三种扶贫产业开发方式中,社会资本越多越丰富,促进经济增长的能力越强。因此,可以假设:

H2:在地方政府支持开发的扶贫产业中,积累社会资本越多的开发方式,产业产值增长速度越快。

在三种扶贫产业开发方式中,专业协会型拥有平均最高的桥接和连带社会资本,龙头企业次之。这意味着贫困农户可以接触更多的扶贫产业信息,更容易获得政府、企业和科研院校等机构的帮助,掌握开发扶贫产业所需要的技能。在参与扶贫产业过程中,可以在一定程度上摆脱对单一扶贫企业的依赖,也可以在一定程度上突破放任自由型开发方式容易形成的产业小社会关系网,获得较大的自主经营权,提升参与扶贫产业的积极性。更重要的是,随着社会资本的积累,贫困农户更容易信任地方政府的扶贫产业开发政策,提升其参与扶贫产业的信心。从地方政府扶贫的角度而言,社会资本的积累,也有利于地方政府更精准地识别贫困农户,为其参与扶贫产业提供有针对性的支持或帮助。因此,可以假设:

H3:在地方政府支持开发的扶贫产业中,积累社会资本越多的开发方式,贫困农户产业参与比例越高。

第二节 产业精准扶贫中
社会资本提升开发质量的实证研究

本章研究地方政府产业扶贫的开发方式、社会资本与开发质量的关系,研究目的是从社会资本的视角来寻求提升地方政府产业扶贫开发质量的有效途径。依据研究对象和目的,笔者选取了湘西土家族苗族自治州三个相邻县(市)黄金茶产业扶贫案例,界定相关变量,收集数据资料,进行实证研究。

一、研究方法

笔者调研的三个相邻县(市)黄金茶产业扶贫案例,来源于湘西土家族苗族自治州下属的县(市),在湘西州政府的统一部署下实施黄金茶产业扶贫,三县(市)不仅在行政体制上具有一致性,而且经济、社会、文化和地理条件也非常相似,同处于国家集中连片贫困地区的武陵源山区。在湘西州政府发文要求各县(市)开发黄金茶实施产业扶贫之后,三县(市)分别采取了不同的扶贫产业开发方式,经过近10年的开发,三县(市)黄金茶产业的发展规模及趋势出现了较大的差异。基于以上事实,本章采用分组研究的实验设计,来判断地方政府扶贫产业开发方式对社会资本积累的影响,以替代基于抽样调查的统计分析方法,理由如下:其一,三县(市)的政治、经济、社会、文化和地理条件极其相似,可以控制这些因素对社会资本积累的影响;其二,三县(市)地方政府在同一个黄金茶扶贫产业开发中采取了不同的开发方式,可以凸显开发方式对社会资本的影响。具体而言,将三县(市)的黄金茶扶贫产业开发区分为专业协会型、龙头企业型和放任自由型等三个组别,在不同的组别分别测量各自10年的社会资本和开发质量数据,对组间和组内的社会资本数据进行方差分析,判断组间和组内的社会资本数据是否存在统计上显著的差异,最终判断不同开发方式对社会资本积累的影响方式和程度。

二、样本概况

地方政府主持或支持扶贫产业一般以实施扶贫项目的方式推进。中央政府将扶贫项目"打包"给地方政府,地方政府组织扶贫企业、科研院所和贫困农户"抓包",项目"承包"方按照政府要求实施扶贫项目,政府提供政治、经济和智力等各方面的支持,并对项目实施过程和结果进行监督和验收。在扶贫项目中,一般都包含了中央政府或地方政府要达到的目标。为了实现这种目标,政府会对扶贫项目的专有性和参与选择权作出不同程度的限制,由此形成四种不同类型的项目治理方式,即科层制、上级指定、双边契约和即时市场[1]。在不同的扶贫项目治理方式中,扶贫产业参与者的自由度各不相同,自由度最高的是放任自由型,地方政府只负责发包,对承包方及其实施过程不负责监管;自由度最低的是龙头企业型,地方政府不仅指定扶贫产业参与者,还要监管整个实施过程;专业协会型的自由度中等。

在研究团队调研的一个地级市中,A、B和C三个县(市)在地理位置上相邻,A县率先开始黄金茶产业开发,B市和C县随后跟进开发。三个地区黄金茶产业的开发方式不同,可以为研究地方政府扶贫产业开发、社会资本和开发质量的关系提供非常好的素材。

A县的黄金茶产业采取专业协会型开发方式。自2008年起,地方政府开始介入开发过程,计划通过黄金茶产业开发来带动农民脱贫致富。但A县地方政府面临着几个困难:一是没有茶产业扶贫专项,缺少专门项目资金支持,但是有一些自由度较高的扶贫项目,可以整合项目资金支持茶产业开发;二是没有茶产业开发科研力量,品种选育方法和生产加工技术落后;三是缺少茶产业开发商业资源,中小茶企较多,没有龙头企业;四是农户种植和加工技能水平低。2012年,A县地方政府与省茶叶研究所自愿达成合作协议,共同开发A县黄金茶产业。省茶叶研究所申请了国家"星火计划"项目,支持黄金茶产业开发,A县地方政府"捆绑"涉农扶贫项目资金鼓励农户扩充茶园,两者共同投资设立了茶产业开发企业,成立A县茶产业协会,鼓励中小茶企和贫困农户参与茶产业开发。

B市(县级市)的黄金茶产业采取龙头企业型开发方式。B市紧邻A县,地理和气候环境类似,也具备开发黄金茶产业的基础条件,但是采用了完全不同的黄金茶产业开发路径。上级政府作出决策,决定开发黄金茶产业,指定黄金茶产业扶贫专项由B市地方政府负责。在接受扶贫专项之初,B市面临着与A县地方政府相同的困难。在省委组织部的协调下,省茶叶研究所的一名科技人员被派往B市,担任主管科技的副市长,协助B

---

[1] 周雪光.项目制:一个"控制权"的理论视角[J].开放时代,2015(02):82—105,5.

市的黄金茶产业扶贫开发工作。在上级政府的协助下,一家著名上市公司下属的茶叶公司入驻 B 市,作为黄金茶产业开发的龙头企业。B 市政府向相关乡镇(只有这些乡镇适合种植茶树)下达种植指标,要求每年必须完成一定规模的茶园扩充任务,对种植良种茶的农户进行补贴。上级政府专门制定黄金茶产业发展的五年规划,确定茶产业发展的年度目标,并每年对 B 市的产业扶贫专项进行检查验收。

C 县的黄金茶产业采取放任自由型开发方式。上级政府决定,在 C 县与 A 县相邻的乡镇,推广种植 A 县的黄金茶树品种,以扩大黄金茶产业的生产规模,形成规模和品牌效应。上级政府没有为 C 县指定扶贫专项,但允许其整合相关扶贫项目资金用于支持黄金茶产业开发。为完成上级政府指定的产业开发任务,C 县政府整合了大量扶贫项目资金,对自愿种植引进黄金茶树品种的农户进行补贴,对自愿生产加工和销售黄金茶的大型茶企业进行引导,鼓励其在生产销售原有茶叶类型的基础上,增加黄金茶的生产销售,以带动相关乡镇农户种植黄金茶树品种,但没有对茶企业进行补贴。

三、数据描述

在基准回归模型的两个变量中,社会资本 it 表示 i 地区在 t 年的扶贫产业参与者的社会资本。考虑到本章所采用信任和互惠规范作为衡量或评价社会资本的指标,笔者通过 2008—2017 年暑期"三下乡"带领学生下乡的机会,对样本地区扶贫产业参与者进行持续性抽样调查来获取数据,每个地区每年发放 100 份调查问卷,经过整理,删除无效问卷,共收集 2649 份有效问卷,数据的描述性统计如表 2-1 如所示。

表 2-1　黄金茶扶贫产业参与者个体特征的描述性统计

个体特征	特征类别	频数	百分比	个体特征	特征类别	频数	百分比
性别	男性	2554	96.4	职业	务农	2548	92.8
	女性	95	3.6		非农	191	7.2
年龄	18 周岁以下	0	0	学历	初中	98	3.7
	18—60 周岁	2559	96.6		高中	2493	94.1
	60 周岁以上	90	3.4		专科以上	58	2.2
政治面貌	中共党员	1838	69.4	地区	A 县	773	29.2
	非中共党员	811	30.6		B 市	1071	40.4
					C 县	805	30.4

向扶贫产业参与者调查的三个问题是：(1)在扶贫产业开发过程中，地方政府、扶贫企业或农户是否信守承诺？(2)在扶贫产业开发过程中，您是否信任地方政府、扶贫企业或农户？(3)在扶贫产业开发过程中，您认为地方政府、扶贫企业或农户之间相互的资源交换是否公平？采用五分量表进行测量，对三个问题的回答进行加总平均，计算出每一个被调查样本的社会资本数据。

开发质量 it 表示 i 地区在 t 年的扶贫产业开发质量，包括产业产值增长速度和贫困农户产业从业度等两个维度。其中，产业产值增长速度使用扶贫产业年度总产值作为评价指标，而贫困农户产业从业度则使用贫困农户参与产业数与总贫困农户数的比值作为评价指标。具体情况详见表 2-2。

表 2-2　三县(市)黄金茶产业扶贫开发的变量与数据描述

变量名称	度量指标或说明	单位	数据来源	均值	最大值	最小值	标准差
年度总产值	扶贫产业年度总产值	万元	统计年鉴	6333.73	26500	1510	6760.12
产业从业度	贫困农户参与产业占比	%	政府工作报告	9.38	24.51	3.50	4.69
社会资本	信任程度五度量表	数字	社会调查	7.27	15	1	1.87

注：统计年鉴数据来源于湘西土家族苗族自治州统计局网站，政府工作报告来源于湘西土家族苗族自治州三县(市)政府网站。

第三节　产业精准扶贫中社会资本提升开发质量的分析论证

一、产业扶贫开发方式与社会资本积累

为了检验地方政府产业扶贫开发方式对社会资本积累的影响方式和程度，本章对每年获取的社会资本数据进行两两方差分析，共形成 10 组两两比较的社会资本组间差异数据，具体数值如表 2-3 所示。从数据上观察，在 2008 年，三个地区社会资本两两组间差异都不显著；2009—2013 年，专业协会型和龙头企业型社会资本均呈增长趋势，组间社会资本差异显著但差距较小。尽管放任自由型社会资本也有所增长，但是与专业协会型和龙头企业型社会资本的组间差异在统计上都是显著的，且差异有逐渐扩大的趋势；2014—2017 年，专业协会型社会资本呈现进一步增长趋势，

龙头企业型社会资本基本保持不变,两者的组间差异显著且有逐渐扩大的趋势。专业协会型与放任自由型社会资本组间差异显著且进一步扩大,龙头企业型与放任自由型社会组间差异显著但没有持续扩大的趋势。

2008年的社会资本组间差异数据说明,在地级市(州)政府下文要求各县(市)开发黄金茶产业扶贫的首年,笔者选取的三个县(市)不仅社会资本初始值无显著差异,而且具有很高的相似性,适合进行分组实验研究。2009—2013年差异数据说明,在A县未成立黄金茶产业协会之前,专业协会型与龙头企业型社会资本积累差异不太显著,但与放任自由型社会资本积累拉开了差距。2014—2017年差异数据说明,在A县地方政府主持下成立黄金茶产业协会之后,由于专门协调机构的正式运转,专业协会型与龙头企业型社会资本积累的差异逐渐显著且有持续扩大的趋势。龙头企业型社会资本在经过一段时期的快速增长之后,增长处于停滞状态,与放任自由型社会资本差异维持不变。这说明,专业协会型比龙头企业型、龙头企业型比放任自由型开发方式更有利于积累社会资本的假设(H1)获得了证实。

表2-3　三县(市)黄金茶产业扶贫开发方式的社会资本两两方差分析

测量年度	专业协会型A－龙头企业型B			龙头企业型B－放任自由型C			专业协会型A－放任自由型C		
	均值A	均值B	均方	均值B	均值C	均方	均值A	均值B	均方
2008	5.69	5.52	1.91	5.52	5.14	4.05	5.69	5.14	5.96*
2009	5.75	5.65	1.14*	5.65	5.27	4.15**	5.75	5.27	5.29*
2010	6.34	6.21	1.63**	6.21	5.52	8.09*	6.34	5.52	9.73**
2011	6.91	6.34	7.55*	6.34	5.67	8.05***	6.91	5.67	15.60***
2012	7.84	7.37	7.15*	7.37	5.75	21.25**	7.84	5.75	28.40*
2013	7.92	7.41	7.82***	7.41	6.21	16.34*	7.92	6.21	24.16**
2014	9.35	8.12	21.49*	8.12	6.43	24.59**	9.35	6.43	46.08*
2015	10.34	8.36	37.03*	8.36	6.78	23.92**	10.34	6.78	60.95**
2016	11.56	8.41	62.91*	8.41	7.18	19.18**	11.56	7.18	82.08*
2017	12.71	9.28	75.43*	9.28	7.23	33.85*	12.71	7.23	109.27*

注:***$p<0.01$,**$p<0.05$,*$p<0.1$。

二、扶贫产业开发方式与开发质量提升

扶贫产业不同开发方式下开发质量提升状况如表2-4所示。从扶贫产业总产值和产业从业数占比的时间序列数据来分析,专业协会型、龙头

企业型和放任自由型开发质量随时间推移都有所提升。从绝对值来观察,专业协会型的开发质量提升最快,龙头企业型次之,放任自由型最慢。从数据上分析,开发质量的提升与社会资本的积累具有同步性,但无法确定两者的相关性。

表2-4 三县(市)黄金茶产业扶贫开发方式的开发质量提升状况

测量年度	专业协会型		龙头企业型		放任自由型	
	扶贫产业总产值(万元)	产业从业数占比(%)	扶贫产业总产值(万元)	产业从业数占比(%)	扶贫产业总产值(万元)	产业从业数占比(%)
2008	1630	4.5	1521	3.5	1510	5.5
2009	1850	6.3	1653	4.2	1552	5.7
2010	3200	8.7	2895	6.4	1563	6.1
2011	5400	9.2	3465	6.7	1548	5.4
2012	8500	9.5	4430	7.5	1584	6.7
2013	10000	10.7	4533	8.4	1711	7.7
2014	11000	14.5	5643	9.5	3645	7.5
2015	22000	17.3	5234	10.2	3532	8.9
2016	24500	19.3	9342	11.5	3754	8.3
2017	26500	24.5	9450	14.9	6987	9.5

三、社会资本积累与开发质量提升

为了检验社会资本对开发质量的影响方式和程度,本章分组对社会资本当年度均值与扶贫产业总产值和产业从业占比分别进行回归分析,并对社会资本变量的回归参数运用交叉乘项进行组间比较,具体数值如表2-5所示。在专业协会型和龙头企业型开发方式中,社会资本对扶贫产业总产值和产业从业数的影响都是正向的,即社会资本越丰富,扶贫产业总产值和产业从业数占比越高,而且在 $p<0.01$ 的水平上都是显著的。在放任自由型开发方式中,社会资本对扶贫产业总产值和产业从业占比的影响是正向且显著的。从回归参数的绝对数值来分析,专业协会型大于龙头企业型,龙头企业型大于放任自由型。对三者的回归参数引入交叉乘项进行两两比较,专业协会型的回归参数大于龙头企业型且在统计上是显著的,龙头企业型回归参数大于放任自由型且在统计上是显著的。

这说明,专业协会型和龙头企业型开发方式的社会资本积累对开发质量提升有正向影响,放任自由型开发方式的社会资本积累对开发质量有正向影响,但影响程度不大。回归参数交叉乘项两两比较的数据说明,地方政府对扶贫产业开发进行适度干预比放任不管更有利于提升开发质量。同时,在地方政府对扶贫产业进行适度干预时,可以成立产业协会,通过产业协会对扶贫产业开发进行引导或支持,比引入或建立龙头企业,人为制造扶贫产业垄断,更有利于积累社会资本,也更有利于提升扶贫产业的开发质量。由此,社会资本积累有利于提升产业开发质量的两个假设(H1和H2)都获得了证实。

表2-5 三县(市)黄金茶产业扶贫社会资本影响开发质量回归系数及差异分析

	专业协会型	龙头企业型	放任自由型
开发质量			
扶贫产业总产值	0.981***	0.923***	0.845***
产业从业数占比	0.987***	0.969***	0.943***
调整的R方			
扶贫产业总产值	0.957	0.833	0.678
产业从业数占比	0.971	0.931	0.876
参数差异显著性			
专业协会型/龙头企业型	0.055**		
专业协会型/放任自由型	0.078***		

注:*** $p<0.01$,** $p<0.05$,* $p<0.1$。

第四节 结论与讨论

本章以地方政府产业扶贫开发方式为研究对象,运用分组实验设计、方差分析、回归分析和CHOW检验等方法,探讨了不同开发方式下社会资本积累与开发质量提升的关系。研究发现:(1)地方政府产业扶贫开发方式包括专业协会型、龙头企业型和放任自由型等三种类型。在不同的开发方式中,地方政府充当的开发角色存在较大差异。在专业协会型开发方式中,地方政府以扶贫项目引导扶贫企业和贫困农户积极参与,并且建立产业协会协助沟通,开发质量最高;在龙头企业型开发方式中,地方政府重点扶持或建立大企业,引导贫困农户参与,开发质量次之;在放任自由型开发方式中,地方政府允许扶贫产业自由发展,并对符合条件的扶贫项目申报者给予支持,开发质量最差;(2)地方政府产业扶贫的开发方式不同、从业者的参与意愿和行为不同、从业者之间的信任水平和互惠规范形成程度不同,导致社会资本积累程度不同;(3)社会资本积累水平越高,扶贫产业从业者之间的交往宽度和强度(桥拉和连带的社会资本)也随之增加,促进扶贫产业快速增长和贫困农户积极参与产业开发,从而有利于提升扶贫产业开发质量;(4)放任自由型开发方式会形成自发的产业从业圈,不利于贫困农户的参与,因此很难提升扶贫产业从业占比的开发质量。

在理论层面,本章运用社会资本理论,对经济发展质量的理论研究进行了扩展。(1)界定扶贫产业开发质量,丰富了经济发展质量的研究框架;(2)将地方政府产业扶贫开发方式区分为专业协会型、龙头企业型和放任自由型,弥补了以往社会资本理论研究中忽视政府作用的缺憾;(3)深入分析中国产业扶贫情境,研究不同开发方式中社会资本与开发质量的关系,在研究视角上进行了创新。

在实践层面,本章对提高我国地方政府产业扶贫开发质量具有实践上的指导意义。(1)专业协会型开发方式拥有最好的开发质量,但需要保持一定的竞争性。因此,在开发过程中地方政府要保持相对中立;(2)龙头企业型开发方式拥有中等的开发质量,但贫困农户和其他企业参与意愿较低。因此,地方政府要鼓励其他企业参与,增加市场竞争性;(3)放任自由型开发方式拥有最低的开发质量,且不利于贫困农户参与扶贫产业。因此,地方政府应当尽量避免这种扶贫产业开发方式。

在研究方法上,分组实验设计、方差和回归分析尽管对地方政府产业扶贫开发质量研究有一定贡献,但是受社会科学实验研究局限性的影响,研究对象的控制程度不如实验室研究,对结论的普适性有一定的负面影响,在后续的研究中可以通过增加样本数量进行大样本统计分析予以完善。

值得注意的是,开发质量不等同于产业精准扶贫质量,两者联系紧密又相互区别,开发质量的提高有助于提升产业精准扶贫质量。开发质量的测量指标为扶贫产业年度总产值增长趋势和贫困农户参与率增长趋势,产业精准扶贫质量的评价维度为扶贫产业的可持续性和脱贫精准性。从理论上分析,开发质量基本上能够衡量产业精准扶贫质量的可持续性维度,扶贫产业年度总产值增长趋势能够代表扶贫产业的发展潜力和趋势,贫困农户参与率增长趋势能够代表贫困农户参与扶贫产业开发的积极性。贫困农户参与扶贫产业开发的积极性在很大程度上构成了产业精准扶贫可持续发展的内生动力,扶贫产业产值连续增长从结果上说明产业精准扶贫的持续性发展。但是,开发质量不能完全衡量产业精准扶贫质量的目标性维度。贫困农户参与率增长趋势只能证明贫困农户参与比例越来越高,无法证明贫困农户脱贫致富的工作能力越来越强,或工作经验越来越丰富。也就是说,贫困农户参与扶贫产业的方式多种多样,有些方式对贫困农户的工作能力提升或工作经验积累毫无帮助。比如,入股分红的参与方式,贫困农户虽然有参与,但基本上只分享收益,不参与实际经营,提升工作能力或积累工作经验的机会非常有限。除此之外,贫困农户参与率增长趋势与产业精准扶贫质量目标性维度中的识别精准和脱贫效果等指标具有一致性,贫困农户参与率增长意味着被精准识别出来的贫困农户参与扶贫产业的比例增加,扶贫产业年度总产值增长和贫困农户参与率增长意味着脱贫效果较好。因此,从整体上而言,尽管开发质量与产业精准扶贫质量存在一些细微区别。但是,开发质量还是可以在很大程度上代表产业精准扶贫质量,开发质量的提升通常意味着产业精准扶贫质量的提升。

第三章 产业精准扶贫、连带关系与合作质量

在项目制治理体制下,中央或上级政府以"发包"产业扶贫项目为抓手,以目标责任管理为手段,驱动地方政府主导扶贫产业开发,引导扶贫企业或科研院所等扶贫主体投入社会资本参与扶贫产业开发,与合作社或贫困农户等主体保持合作关系,共同推进实施产业精准扶贫工作。从实施过程来分析,产业精准扶贫实质上是一种合作行动,只有解决了合作主体间的冲突,激发了合作动力,才能有效促进合作。在产业扶贫合作中,目标、价值、文化和管理风格等方面都存在着广泛的冲突,相对于政府内部(上级政府与下级政府、政府部门与政府部门)的产业扶贫合作受到广泛关注而言,学术界对地方政府与中大型企业、科研院所和农户等主体产业扶贫合作的研究还十分有限。

当前,资源依赖理论和社会资本理论是解释产业扶贫合作的主要理论[1]。资源依赖理论主要解释产业扶贫合作的原因、过程与结果,社会资本理论主要解释产业扶贫合作的互动过程[2],但是,两者对产业扶贫合作的结构、质量等缺乏解释力。合作质量一般是指地方政府与企业、科研院所和农户等主体在产业扶贫合作过程中的问题共识、动机共享和参与能力三个维度上的综合水平。在本章的研究中,笔者试图从自我中心网的理论视角,探讨地方政府产业扶贫过程中连带关系与合作质量的关系,从微观视角回答以下问题:为了提高产业扶贫合作质量,地方政府、中大型企业、科研院所和农户等主体都需要理解不同类型的产业扶贫合作具有何种合作质量,以及不同连带关系与产业扶贫合作质量的影响方式。

---

[1] 温涛,王小华,杨丹,朱炯.新形势下农户参与合作经济组织的行为特征、利益机制及决策效果[J].管理世界,2015(07):82—97.

[2] 范永茂,殷玉敏.跨界环境问题的合作治理模式选择——理论讨论和三个案例[J].公共管理学报,2016,13(02):63—75,155—156.

为此,本章在深入分析连带关系、合作质量等相关文献的基础上,构建出地方政府产业扶贫合作的研究框架,阐述适合本书的相关理论和与分析指标,并选择三个地方政府产业扶贫合作的案例,测量不同类型产业扶贫的合作质量,对连带关系与合作质量之间的相互关系进行随机指数图分析。

第一节 产业精准扶贫中连带关系提升合作质量的关系假设

一、合作质量

合作质量是指合作主体之间的合作水平,一般从三个维度进行评价,即问题共识、共享动机和参与能力[1]。三个维度之间相互联系、相互作用和相互促进,构成合作持续稳定进行的动力系统,能够促进提升合作水平,是评价合作质量的必要构件。问题共识是指通过发现、定义、商议和决定等四个动态社会学习过程[2],发展出对合作目标和实现目标所需要之行动的共同理解,包括面临问题或挑战的大小、可供选择的行动方案或干扰等。发现一般是指对个人或共同利益、关注点或价值的揭示,也包括对相关信息的识别和分析[3];定义一般是指建立合作目标的共享意义,统一讨论问题的术语和概念,澄清彼此间的任务和期待,以及设定信息与替代方案的共享标准[4];商议一般是指对问题的共同讨论,听取其他人的意见,对何为公共善达成共同判断;决定是指对问题的程序性和实质性决定,程序性决定包括设定会议日程或安排工作群体等,实质性决定主要是指对共同行动

---

[1] Emerson, Kirk, Tina Nabatchi, Stephen Balogh. An Integrative Framework for Collaborative Governance[J]. *Journal of Public Administration Research and Theory*, 2012(22)1−29.

[2] Bandura, Albert. *Social Learning Theory*[M]. Englewood Cliffs, NJ: Prentice Hall, 1977.

[3] Ehrmann, John R, Barbara Stinson. *Joint Fact-finding and the Use of Technical Experts*[M]. In TheConsensus Building Handbook: A Comprehensive Guide to Reaching Agreement// eds. L Susskind, S McKearnan, and J Thomas-Larmer, 1999:375−399. Thousand Oaks, CA: Sage.

[4] Pahl-Wostl, Claudia. Transitions Toward Adaptive Management of Water Facing Climate and GlobalChange[J]. *Water Resources Management*, 2007(21):49−62.

措施达成共识。

共享动机是指通过信任、理解、内部合法性和承诺等循环过程而在合作主体间形成的行为可预期性[1]。信任是指合作主体通过长期的共同工作、相互了解,相互证明彼此是合理、可预测和可靠的,被认为是合作的必要条件之一,有助于减少交易成本,改善关系稳定性,激发学习、知识交换和创新等[2];信任能够帮助人们明白和领会他人的观念,也能够帮助他人明白或领会自己的观念,提高理解和尊重他人境遇和利益的能力[3];相互理解可以创造人际的有效感,提升内部合法性,即在集体行动中值得信任和可靠的感觉,激励持续的合作[4];最后,能够在合作主体间形成共享承诺的联结,使合作主体能够跨越组织或管辖边界,承诺共同行动的路径[5]。

参与能力是指合作之前不存在的,为实现合作目标而形成的新能力,包括制度安排、领导力、知识和资源等四个方面的能力。所谓制度安排是指管理合作主体间反复互动的过程协议和组织结构。比如,基本规则、操作协议、决定规则和非正式规则等;领导力是合作主体间共同行动必备的要素,根据合作需要的不同,需要不同类型的领导力。比如,发起者、召集者、调解者、科技专家、地区代表和公众人物等;知识是合作主体间共享的信息与数据,能够显著加强合作主体间的行动的协调性或传导性,是保障合作顺利进行的关键要素;资源是合作主体间能够分享的稀缺资源,包括资金、时间、技术和后勤支持,行政与组织支持,必要的分析执行技能和权力支持等。

合作质量可以使用量表进行测量。有学者以合作质量的三个维度为基础,开发出合作质量的调查问卷,每个维度由五个问题构成,以五点量表

---

[1] Dukes, E Franklin. What We Know about Environmental Conflict Resolution: An Analysis Based on Research[J]. *Conflict Resolution Quarterly*, 2004(22):191-220.

[2] Koontz, Tomas M, Toddi A Steelman, JoAnn Carmin, Katrina Smith Kormacher, Cassandra Moseley, Craig W Thomas. *Collaborative Environmental Management: What Roles for Government?* [M]. Washington, DC: Resources for the Future Press, 2004.

[3] Daniels, Steven E, Gregg Walker. *Working Through Environmental Conflict: The Collaborative Approach*[M]. Westport, CT: Praeger, 2001.

[4] Provan, Keith G, and H Brinton Milward. A Preliminary Theory of Interorganizational Effectiveness: A Comparative Study of Four Community Mental Health Systems[J]. *Administrative Science Quarterly*, 1995(40):1-33.

[5] Ansell, Chris, and Alison Gash. Collaborative Governance in Theory and Practice[J]. *Journal of Public Administration Research and Theory*, 2008(18):543-571.

来测量合作质量,将合作质量转化为定量数据①。高质量的合作,有助于公共部门解决长期冲突,促进公众接受公共政策②,提供资源支持合作③,整合相关信息作出决策④,提高公共政策或项目实施的资源配置效率⑤。

二、连带关系

连带关系特指在自我中心网中网络成员或合作主体间的关系,不包括整体社会网的结构形态。格兰诺维特首先提出了连带关系强度的概念。他认为,连带关系强度可以使用互动频率、认识时间长短、亲密程度和互惠内容等四个构面来测量⑥。后来,马斯登、坎贝尔与博特在此基础上设计出一套测量连带强度的调查问卷,包括互动频率、认识时间长短和亲密程度等三个构面,成为美国一般社会调查中的标准调查问卷。除此之外,还有学者提出了连带关系结构的概念,包括关系的方向、路径和可传达性等,方向是指网络成员间互动的方向(单向还是双向),路径表示网络成员间互动的路线(经过几个成员到达),可达性表示网络成员间互动的多重路径⑦。比如,如果 A 与 B 和 C 有联系,那么 B 和 C 之间也可能有联系,A、B 和 C 之间会形成三角结构(triad closure),A 到达 B 或 C 至少存在两种不同的路径。

通过调查问卷测量连带关系强度和结构的方法,也被称为"提名诠释法"(name interpreter),即先由受访者提名自己的关系人,然后再进一步探询关系人与受访者的关系。在标准的连带关系强度调查问卷中,通过询问

---

① Ulibarri, Nicola. Collaboration in Federal Hydropower Licensing: Impacts on Process, Outputs, and Outcomes[J]. *Public Performance & Management Review*, 2015(38): 578−606.

② Scott, Charity. A Case Study in Collaborative Governance: Health Care Law Reform in Georgia[J]. *Conflict Resolution Quarterly*, 2011(28): 441−463.

③ Berardo, Ramiro. Bridging and Bonding Capital in Two-mode Collaboration Networks[J]. *Policy Studies Journal*, 2014(42): 197−225.

④ Dale, Aaron, and Derek Armitage. Marine Mammal Co-management in Canada's Arctic: Knowledge Co-production for Learning and Adaptive Capacity[J]. *Marine Policy*, 2011(35): 440−449.

⑤ Kelman, Steven, Sounman Hong, Irwin Turbitt. Are There Managerial Practices Associated with the Outcomes of an Interagency Service Delivery Collaboration? Evidence from British Crime and Disorder Reduction Partnerships[J]. *Journal of Public Administration Research and Theory*, 2013(23): 609−630.

⑥ 罗家德,叶勇助. 中国人的信任游戏[M]. 北京:社会科学文献出版社,2007:27−35.

⑦ 邵云飞,欧阳青燕,孙雷. 社会网络分析方法及其在创新研究中的运用[J]. 管理学报,2009,6(09):1188−1193,1203.

受访者与关系人在特定时间内聊天的次数来测量两者间的互动频率,特定时间内聊天次数越多,互动频率越大;通过询问受访者与关系人之间认识时间的长短来测量两者认识程度,认识时间越长,人们之间的连带强度越强;通过询问受访者与关系人平时谈论的话题或共同参加的活动来测量两者间的亲密程度,话题和共同行为越私密,人们之间的连带强度越强;通过询问受访者与关系人资源交换与情感支持来测量两者间的互惠程度,资源交换和情感支持越多,连带强度越强①。在测量强度的同时,运用社会网络分析软件(UNICET),还可以测量连带关系的结构②。

尽管提名诠释法能够测量连带关系强度和结构,但是由于关系生成于受访者提名,测量所获得的数据主观性较强,而且有"定制化"的倾向,在普适性和客观性方面都有一定的局限性③。从连带关系的社会效果而言,一般认为,强连带能够为受访者带来信任等社会资本,有助于动员关系人的稀缺资源以支持受访者的社会行动,如企业间的强连带关系,有助于在资金短缺时相互拆借资金以渡过难关④;弱连带能够为受访者带来信息等社会资源,有助于全面掌握决策信息,如个人丰富的社会关系,有助于获得较多的商业或工作机会信息⑤。

三、研究假设

(一)互动频率与合作质量

互动频率是指在一个网络中单位时间内合作主体间相互沟通交流的次数。单位时间内沟通交流次数越多,合作主体间连带关系越强。一般认为,更大的数值,意味着更多沟通交流、互惠与信任,集体行动的可能性也越大⑥。更多的沟通交流,有利于发现、定义、商讨和决定合作过程中面临

---

① 康伟,陈茜,陈波.公共管理研究领域中的社会网络分析[J].公共行政评论,2014,7(06):129−151,166.
② 汤汇道.社会网络分析法述评[J].学术界,2009(03):205−208.
③ 吕涛.社会资本的网络测量——关系、位置与资源[J].广东社会科学,2012(01):233−239.
④ 廖文伟,王丽云.寻找工作与寻找员工 将雇主引入劳动力供求市场的分析[J].社会,2005(02):137−156.
⑤ 黄洁,蔡根女,买忆媛.谁对返乡农民工创业机会识别更具影响力:强连带还是弱连带[J].农业技术经济,2010(04):28−35.
⑥ Bodin, Orjan, and Beatrice Crona. The Role of Social Networks in Natural Resource Governance: What Relational Patterns Make a Difference? [J]. *Global Environmental Change: Human and Policy Dimensions*,2009(19):366−374.

的问题,有利于提高合作质量;互动有利于在合作主体间积累信任等社会资本,促进集体行动①。信任程度的累积,可以促进理解彼此的境遇和立场,提升决策的认同程度,增加承诺的可信度,有利于提高合作质量;更大的互动频率,能够促进养成合作主体间的互动习惯,形成规范的互动结构,增加谈判的知识与经验,提升参与能力,有利于提高合作质量。一些自然资源合作治理研究显示,互动频率与集体行动之间呈正相关关系②。因此,可以认为:

H1:合作主体间的互动频率越大,合作质量越高。

有两种增加互动频率的方式,一是增加所有合作主体之间的互动次数;二是增加合作网络中小群体内的互动次数,不增加小群体之外合作主体之间的互动次数。在第一种方式中,通过减少所有合作主体之间的无互动次数(零互动)来增加互动频率,在第二种方式中,通过增加合作网络中小群体内的互动次数来增加互动频率。但是,第二种方式可能会增加小群体之外其他合作主体之间的零互动。在第一种方式中,所有合作主体参与商讨的机会比较大,而在第二种方式中,小群体内部商讨的机会比较大,非零关系多,意味着合作参与者比较多,没有集中于少数人。反之,则意味着合作参与者较少,互动关系集中于少数人。非零关系少,说明只有少数合作参与者关注合作问题,大多数人处于漠视状态,很难对合作达成问题共识;在合作参与者与不参与者之间,由于完全缺乏互动,不可能培养彼此间的信任,提高决策合法性和信守承诺的水平,更不可能提高参与合作的能力。因此,可以认为:

H2:合作主体间的非零关系越多,合作质量越高。

(二)互惠关系与合作质量

合作主体间的关系模式对合作效果有较大影响③,尤其是互惠性关系,通过满足相互间的利益或情感需求,可以增加合作主体间的信任和可

---

① Putnam, Robert D. *Bowling Alone*[M]. New York, NY: Simon & Schuster, 2000.

② Sandström, Annica, Lars Carlsson. The Performance of Policy Networks: The Relation Between Network Structure and Network Performance[J]. *Policy Studies Journal*, 2008(36): 497—524.

③ Provan, K Keith G, Patrick Kenis. Modes of Network Governance: Structure, Management, and Effectiveness[J]. *Journal of Public Administration Research and Theory*, 2008(18): 229—252.

信度,提高动机共享水平,带来更多的集体行动①。在相关文献中,合作主体间的信任与承诺对合作成功与否有重要影响②,特别是在合作主体间目标不一致的情况下,信任和可信度对维持集体行动是至关重要的③。互惠性关系多,说明合作主体彼此间的需求具有互补性,利益或情感相互嵌入的可能性大,容易形成共同体。无论何种共同体,其问题共识、动机共享和参与能力等水平都比分散性群体(或乌合之众)要强,或者说合作质量要高。尽管互惠性关系也会因为互动次数过多而导致沟通失效,但适度的互惠性关系能够显著提高合作主体间的可信度④,带来更多的集体行动。另外,互惠性关系可能集中于少数人。在这种情况下,更多的互惠关系,通常意味着合作主体中小群体的诞生与分化,在提高小群体内部合作质量的同时,可能会降低合作网络整体的合作质量。但是,在控制互动非零关系的条件下,可以认为:

H3:合作主体间的互惠关系越多,合作质量越高。

(三)内聚程度与合作质量

内聚程度是指网络中合作主体间互动的分散程度,互动关系越分散内聚度越高⑤。在内聚度较低的合作网络中,互动关系集中于各种小群体中,关系同质化趋势显著,不利收集和分享信息⑥。在内聚度较高的合作网络中,互动关系散布于大多数合作主体,异质化关系较多,获得外部信息

---

① Berardo, Ramiro, John T Scholz. Self-organizing Policy Networks: Risk, Partner Selection, and Cooperation in Estuaries [J]. *American Journal of Political Science*, 2010 (54): 632-649.

② Margerum, Richard D. Evaluating Collaborative Planning: Implications from an Empirical Analysis of Growth Management[J]. *Journal of the American Planning Association*, 2002(68): 179-193.

③ Berardo, Ramiro. Bridging and Bonding Capital in Two-mode Collaboration Networks [J]. *Policy Studies Journal*, 2014(42):197-225.

④ Lazer, David, Allan Friedman. The Network Structure of Exploration and Exploitation [J]. *Administrative Science Quarterly*, 2007(52):667-694.

⑤ Bodin, Örjan, Christina Prell, eds. *Social Networks and Natural Resource Management: Uncovering the Social Fabric of Environmental Governance* [M]. Cambridge, UK: Cambridge Univ. Press, 2011.

⑥ Bodin, Orjan, Beatrice Crona. The Role of Social Networks in Natural Resource Governance: What Relational Patterns Make a Difference? [J]. *Global Environmental Change: Human and Policy Dimensions*, 2009(19):366-374.

和资源的机会较大①。互动关系完全同质化的合作网络不仅会抑制合作扩张,随着小群体的产生,还会形成竞争性对手联盟②。但是,在内聚度低的合作网络中,因异质化信息或资源较少,决策受不相关信息的影响较小,决策效率更高③。同时,决策失误的可能性也大。内聚度与合作效果间的紧张关系体现了追求效率与包容性之间的矛盾,内聚度越高,合作主体越多,信息和资源丰富性、合法性和规模效益等都会得到提升。当然,时间、精力与无效因素干扰可能造成的损失等合作成本会增加,效率也会随之下降。在网络变量中,一般通过可达性来测量内聚度④。可达性越高,三角结构越多,合作关系越集中于小群体,内聚度越低。反之,可达性越低,三角结构越少,直接合作关系多且分散,内聚度越高⑤。在小群体分化严重的合作网络中,由于小群体之间的沟通交流较少,形成问题共识的可能性非常低;小群体间在价值观或利益方面的冲突,可能导致合作网络中敌视情绪弥漫,信任水平低下,难以理解彼此间的立场或诉求,任何小群体作出的决策都难以在合作主体间达成共识。另外,小群体分化还可能导致合作过程的精英化趋势,实力强或势力大的小群体成为主要的决策群体,其他合作主体则被边缘化,不愿意也缺乏能力参与合作过程,导致合作质量低下。因此,可以认为:

H4:高合作主体间的内聚程度越高,合作质量越高。

---

① Newman, Lenore, Ann Dale. Homophily and Agency: Creating Effective Sustainable Development Networks[J]. *Environment, Development and Sustainability*, 2007(09):79—90.

② Borgatti, Stephen P, and Pacey C Foster. TheNetwork Paradigm in Organizational Research: A Review and Typology[J]. *Journal of Management*, 2003(29):991—1013.

③ Provan, K Keith G, and Patrick Kenis. Modes of Network Governance: Structure, Management, and Effectiveness[J]. *Journal of Public Administration Research and Theory*, 2008(18):229—252.

④ Kilduff, Martin, Wenpin Tsai. *Social Networks and Organizations*[M]. Thousand Oaks, CA: Sage, 2003.

⑤ Desmarais, Bruce A, Skyler J Cranmer. Micro—level Interpretation of Exponential Random Graph Models with Application to Estuary Networks[J]. *Policy Studies Journal*, 2012(40):402—434.

第二节 产业精准扶贫中
连带关系提升合作质量的实证研究

本章的研究对象为产业精准扶贫中地方政府与龙头企业、科研院所和农户等主体合作,研究目的是从连带关系的视角来寻求提升地方政府产业精准扶贫合作质量的途径。依据研究对象和目的,笔者选取湘西土家族苗族自治州三个相邻县(市)黄金茶产业扶贫案例,界定相关变量,收集数据资料,进行实证研究。

一、研究方法

本书主要运用通用随机指数图模型(GEGRMs),对连带关系与合作质量之间的一般关系进行统计分析。对于合作质量,笔者采用成熟的合作质量量表,在三个县(市)黄金茶产业开发合作网络中进行抽样调查,根据测量结果将合作质量区分为高、中和低三档。对于网络结构,笔者不采用提名生成法,采用文本研究法,收集三个县(市)黄金茶产业开发合作过程中的会议记录、新闻报道和红头文件等文本材料,对出现在同一次会议、协商或商讨中的合作主体进行互动关系编码。如果在一次纪录中,发言者与所有参会者之间的关系记为1,表示有1次互动,参会但没有发言的人之间的互动关系记为0,表示零次互动。两个或多个发言者之间的互动关系累加,两个发言者之间的互动关系记为互惠关系,三个发言者的互动关系记为三角关系。

研究连带关系与合作质量的一般关系,需要运用统计模型。但是,由于连带关系变量具有自相关性,违反了变量独立性假设,无法运用一般的回归模型求解。通用随机指数图模型(GERGMs)通过将每一个网络关系有条件地建立在其他关系的基础上,可以分析自相关的变量关系[1]。通用随机指数图模型(GERGMs)运算获得的数据是基于观察总体的期望值,如果在系数统计上显著,说明网络关系不是随机出现的,存在规律性的

---

[1] Lusher, Dean, Johan Koskinen, Garry Robins. *Exponential Random Graph Models for Social Networks: Theory, Methods, and Applications*[M]. New York, NY: Cambridge Univ. Press, 2013.

模式。

为了测试互动频率与合作质量的关系(H1),可以使用 R-ERGM 软件包中的总和参数模型(Sum Parameter Model)①。这个模型表示,以网络中观察到的所有关系值为基础,i 和 j 之间的关系期望值。以公式表达为:

$$g(y) = \sum_{(ij) \in Y} y_{ij} \qquad (3\text{-}1)$$

y_{ij} 表示角色 i 到 j 的关系观察值,Y 表示网络成员总体。求和项作为截距,表示在所有网络成员中随机选择的关系期望值。求和项的值与文本纪录中发生的事情有关,如哪些人参与会议并在会上发言等,也与会议次数有关。参加会议次数越多,在会议上发言次数越多,关系观察值越大。考虑到互动频率是一个网络中单位时间内所有的互动次数,为了以总和参数表达互动频率,需要控制会议次数,将会议次数作为协变量。由此,可以通过比较总和系数值的符号和大小来测试 H1,即互动频率与合作质量的关系。

为了测试非零关系与合作质量的关系(H2),可以在总和参数模型的基础上,控制互动频率,统计一个网络中所有的非零关系。以公式表达为:

$$g(y) = \sum_{(ij) \in Y} I(y_{ij \neq 0}) \qquad (3\text{-}2)$$

求和项表示,i 的非零关系值每增加 1,i 与 j 之间的关系期望值。系数符号表示一个网络中成员间关系集中或分散的趋势,系数大小表示关系值增加或减少的比例。在系数为正的情况下,数值越大,说明非零关系越多。

为了测试互惠关系与合作质量的关系(H3),笔者可以使用相互关系模型(Mutual Model)。这个模型表示,在一个网络中成员间非二元关系中互惠关系的比例或趋势。以公式表达为:

$$g(y) = \sum_{(ij) \in Y} \min(y_{ij}, y_{ji}) \qquad (3\text{-}3)$$

求和项表示,成员 i 与 j 之间关系值的最小值。系数符号表示 i 影响 j 的方向(正向或负向),系数值表示影响大小。在系数为正的情况下,数值越大,说明 i 与 j 的关系对 j 与 i 的关系影响越大,互惠关系越强。

---

① Handcock, Mark S, David R Hunter, Carter T Butts, Steven M Goodreau, Pavel N Krivitsky, and Martina Morris. statnet: Software Tools for the Statistical Analysis of Network Data[J/OL]. The Statnet Project,2015. http:// www. statnet. org. 2016. R package version 2015.11. 0,CRAN. R-project. org/ package=statnet.

为了测试内聚度与合作质量的关系(H4),可以使用转重模型(Ttransitiveweights Model)。这个模型表示,在一个网络中成员间非二元关系中三角关系的比例或趋势。以公式表达为：

$$g(y) = \sum_{(ij) \in Y} \min\{y_{ij}, \max_{k \in N}[\min(y_{ik}, y_{kj})]\} \qquad (3-4)$$

求和项表示,i,j 与 k 之间的关系均值。系数符号表示相互影响的方向,系数值表示影响大小。在系数为正的情况下,数值越大,说明 $i、j$ 与 k 之间关系的"封闭性"越大,内聚度越小。

二、案例选择

产业精准扶贫一般以实施扶贫项目的方式推进。中央政府将扶贫项目"打包"给地方政府,地方政府组织龙头企业、科研院所和贫困农户"抓包",项目"承包"方按照政府要求实施扶贫项目,政府提供政治、经济和智力等各方面的支持,并对项目实施过程和结果进行监督和验收。在扶贫项目中,一般都包含了中央政府或地方政府要达到的目标。为了实现这种目标,政府会对扶贫项目的专有性和参与选择权作出不同程度的限制,由此形成四种不同类型的产业扶贫项目治理方式,即科层制、上级指定、双边契约和即时市场[①]。在科层制中,扶贫项目适用范围和对象都由政府指定,没有选择权,也可以称为"强制型"项目治理;在即时市场中,扶贫项目的适用范围和对象都可以选择,也可以称为"自由型"项目治理;在上级指定中,扶贫项目的适用范围不能选择,但对象可以选择,在双边契约中,扶贫项目的适用对象可以选择,但适用范围不可选择,这两种类型也可以称为"引导型"项目治理。不同类型的产业扶贫项目治理,合作过程、结构和效果各不相同。

在笔者调研的湘西土家族苗族自治州中,A、B和C三个县(市)在地理位置上相邻,A县率先开始黄金茶产业开发,B市和C县随后跟进开发。三个地区黄金茶产业扶贫项目的治理方式不同,合作过程、结构与效果也不相同,可以为网络结构与合作质量的关系研究提供非常好的素材。

A县的黄金茶产业开发合作具有即时市场的特征。初期开发是自发性的,地方政府并没有介入。A县拥有一种特异的古茶树资源,物候期早,制成的干茶口感鲜爽,深受当地群众喜爱。但是,在自发性开发过程中,遭

---

① 周雪光.项目制:一个"控制权"的理论视角[J].开放时代,2015(02):82-102,5.

遇了茶树不育的技术难题,地方政府了解情况之后,派出一名农艺师通过传授扦插技术,帮助当地村民克服了古茶树不育的技术难题,茶园种植规模得以快速扩充。自 2003 年起,地方政府开始介入开发过程,计划通过特色产业开发来带动农民脱贫致富。但 A 县地方政府面临着几个困难:一是没有茶产业扶贫专项,缺少专门项目资金支持,但是有一些自由度较高的扶贫项目,可以整合项目资金支持茶产业开发;二是没有茶产业开发科研力量,品种选育方法和生产加工技术落后;三是缺少茶产业开发商业资源,中小茶企较多,没有龙头企业;四是农户种植和加工技能水平低。2005 年,A 县地方政府与省茶叶研究所自愿达成合作协议,共同开发 A 县特色产业。省茶叶研究所申请了国家"星火计划"项目,支持特色产业开发,A 县地方政府"捆绑"涉农扶贫项目资金鼓励农户扩充茶园,两者共同投资设立了茶产业开发的龙头企业,成立 A 县茶产业协会,鼓励中小茶企参与茶产业开发。

B 市(县级市)的黄金茶产业开发具有科层制的特征,是在 A 县特色产业开发成功之后才开始推进的。B 市紧邻 A 县,地理和气候环境类似,也具备开发特色产业的基础条件,但是采用了完全不同的特色产业开发路径。上级政府作出决策,决定开发特色产业,指定特色产业扶贫专项由 B 市地方政府负责。在接受扶贫专项之初,B 市面临着与 A 县地方政府相同的困难。在省委组织部的协调下,省茶叶研究所的一名科技人员被派往 B 市,担任分管科技的副市长,协助 B 市的特色产业扶贫开发工作。在上级政府的协助下,一家著名上市公司下属的茶叶公司入驻 B 市,作为特色产业开发的龙头企业。B 市政府向相关乡镇(只有这些乡镇适合种植茶树)下达种植指标,要求每年必须完成一定规模的茶园扩充任务,对种植良种茶的农户进行补贴。上级政府专门制定特色产业发展的五年规划,确定茶产业发展的年度目标,并每年对 B 市的产业扶贫专项进行检查验收。

C 县的黄金茶产业开发具有上级指定的特征。C 县茶产业开发历史悠久,自 20 世纪 80 年代以来,就因出产某种特色绿茶而闻名全省。但相对于 A 县特色产业的发展速度和规模,C 县明显处于落后状态。为了改变这种状态,上级政府决定,在 C 县与 A 县相邻的乡镇,推广种植 A 县的特色茶树品种,以扩大特色产业的生产规模,形成规模和品牌效应。上级政府没有为 C 县指定扶贫专项,但允许其整合相关扶贫项目资金用于支持特色产业开发。由于 C 县茶产业开发历史悠久,茶业企业、专业合作社比较多,农户的种植技术也比较高,且省茶叶研究所在 C 县有一个实验观测站,茶叶科技人员与 C 县保持着长期稳定的合作关系,C 县具有开发特色产业的资源优势。但是,由于 C 县既有茶产业的存在,茶业企业、专业合作社和农户参与特色产业开发的意愿并不高。为完成上级政府指定的产业开发任务,C 县政府整合了大量扶贫项目资金,对种植引进特色茶树品种的农户进行补贴,对生产加工和销售特色的大型茶企业进行扶持,鼓励其在生产销售原有茶叶类型的基础上,增加特色茶叶的生产销售,以带动相关乡镇农户种植特色茶树品种。

三、数据描述

本章借用测量合作质量的成熟量表,将适用场景修改为特色产业扶贫合作治理之后,对 A、B 和 C 等三个县(市)的政府、龙头企业、科研院所和贫困农户进行抽样调查。每个地区发放调查问卷 100 份,共收回 212 份,有效问卷 187 份。合作质量评价采用与量表中值比较的方法。比如,五点量表的中值为 3,某个维度的测量均值如果落在 2~4 的区间,说明合作质量中等,如果落在 4~5 的区间,说明合作质量高,如果落在 1~2 的区间,说明合作质量低。A、B 和 C 县(市)特色产业扶贫开发合作质量结果如表 3-1 所示。A 县的问题共享、共享动机、参与能力与整体合作质量均处于最高水平,B 市除了共享动机最低之外,问题共享、参与能力和整体合作质量都处于中等状态,C 县除了参与能力处于中等之外,问题共享、共享动机和整体合作质量都处于最低状态。

表 3-1 三县(市)特色产业扶贫开发合作质量

	A 县	B 市	C 县
问题共享	高	中	低
共享动机	高	低	低
参与能力	高	中	中
整体合作质量	高	中	低

对于连带关系数据,本章没有采用提名生成法,使用客观数据法,收集会议记录、档案和红头文件等材料,从中挖掘文本纪录的协商或会议情况。在 A、B 和 C 三个县(市),为了开发特色产业,实施扶贫项目,地方政府组织多次会议与其他合作主体进行协商会谈,参与者有不同政府部门的负责人或代表、企业或科研院所负责人或代表和农户代表等。对于文本材料记录的协商情况,我们采取以下方式编码关系变量:在一个地区的一次会议

中,发言者与其他参会者的关系值为1,表示发言者与其他参会者之间存在一次互动关系;参加会议但没有发言者之间的关系值为0,表示没有发言者之间是零互动关系;两个发言者之间的关系值为2,表示两个发言者相互之间存在互惠关系;三个发言者之间的关系值可以累加,表示三个发言者之间存在三角关系。在一个地区的不同会议或协商中,相同参与者的关系值可以累加。比如,I与J之间的关系总值为所有会议记录中I与J关系值的总和。经过笔者调研统计,在三个地区中文本纪录的关系值数据如表3-2所示。除了有记录的会议之外,还有许多无记录的会议,表3-2中所展示的关系数值,是会议样本数值,并非会议总体数值。由于会议记录具有随机性(哪些会议会被记录并没有明确的标准或要求),表3-2中所展示的数值也是随机的,并不是按照某种目的整理出来的。

表3-2 三地区特色产业的参会总数与关系总数

	参会总数	关系总数
A县	73	622
B市	78	2558
C县	42	647

第三节 产业精准扶贫中连带关系提升合作质量的分析论证

为了验证上述四个理论假设,笔者设置三个嵌套模型。在第一个模型中,以参会总数作为协变量,估计互动关系变量的参数值;在第二模型中,在第一模型的基础上加入非零关系变量,估计各变量的参数值;在第三个模型中,在第二个模型的基础上,加入互惠关系变量和内聚关系变量,估计各变量参数值。将会议记录编码整理成数据矩阵之后,输入通用随机指数模型(GERGMs)软件,获得的结果如表3-3所示。

表3-3 GERGM三个地区茶产业扶贫合作网络的参数估计值

基本模型	A县	B市	C县
总和	−3.59***(0.03)	−3.16***(0.04)	−3.03***(0.05)

续表

基本模型	A县	B市	C县
参会数	0.11***(0.002)	0.18***(0.001)	0.26***(0.01)
非零模型	A县	B市	C县
总和	−1.91***(0.07)	−2.03***(0.12)	−2.08***(0.21)
非零关系数	−1.65***(0.09)	−1.09***(0.04)	−0.85***(0.06)
参会数	0.081***(0.003)	0.14***(0.002)	0.21***(0.007)
全模型	A县	B市	C县
总和	−2.97***(0.07)	−3.71***(0.12)	−3.91***(0.21)
非零关系数	−2.43***(0.08)	−1.22***(0.04)	−1.25***(0.06)
互惠关系数	1.71***(0.08)	0.11***(0.04)	0.74***(0.07)
三角关系数	1.92*(0.03)	1.83***(0.11)	2.42***(0.21)
参会数	0.02***(0.003)	0.13***(0.002)	0.16***(0.007)

注：***$p<0.01$，**$p<0.05$，*$p<0.1$。

一、互动频率与合作质量

在第一个模型中，A、B和C三县（市）互动关系变量参数值分别为−3.59、−3.16和−3.03，将获得的参数值分别指数化，即exp(A)、exp(B)和exp(C)，获得A、B和C三县（市）的互动频率值分别为0.03、0.04和0.05。也就是说，在三个地区的茶产业扶贫合作网络中，在A县的合作质量好于B市、B市的合作质量好于C县的情况下，A县的互动频率小于B市，B市的互动频率小于C县。合作质量越好，互动频率越低，与假设一（H1）的设定不符，即在一个合作网络中，互动频率越高，合作质量越好。

出现这种情况，并不意味着就证伪了H1，还存在另一种可能性：在合作质量高的A县或B市，政府、企业和农户之间的互动关系比较分散，即参与产业扶贫合作商讨的主体比较分散，零互动关系比较少，而在合作质量较低的C县，政府、企业和农户之间的互动关系比较集中，即参与产业扶贫合作商讨的主体比较集中，零互动关系比较多。在模型二的运算结果中，当加入非零关系作为协变量时，A、B和C三县（市）互动关系变量参数值分别为−1.91、−2.03和−2.08，将获得的参数值分别指数化后，发现A县的互动频率高于B市，B市的互动频率高于C县。也就是说，当加入非零关系作为控制变量之后,假设一(H1)获得了证实,即在一个合作网络中,互动频率越高,合作质量越好。这也意味着,如果要提高产业扶贫合作质量,在即时市场式扶贫项目治理中,地方政府应当与企业、科研院所和农户广泛协商,而不应当将互动关系集中于少数群体。

为什么会出现这种情况呢?一般认为,合作网络成员间更多的互动,将更有机会达成共识,促进共同行动。也就是说,互动频率越大,合作质量应当越高[1]。但是,也有观点认为,更多的合作网络成员,以及随之而来更多的互动,需要消耗更多的时间和精力才能发展共识,促进共同行动[2]。不仅如此,资源、信息提供或共享方面"搭便车"现象更明显[3],外部决策成本更高[4]。也就是说,在一个合作网络中,互动频率并不是决定合作质量的唯一因素,适当的网络规模和互动关系分散程度也是决定合作质量的重要因素。

二、非零关系与合作质量

为检验假设二(H2),笔者先计算零互动关系数量与所有可能关系($N*[N-1]$)数量的比例,以确定 A、B 和 C 三县(市)产业扶贫合作网络中互动关系的分散程度。比值越大,说明零互动关系数量占比越大,互动关系分散程度越小或聚集程度越高。反之,互动关系分散程度越大或聚集程度越小。结果发现,A 县产业扶贫合作网络的互动关系分散程度最高,B 市次之,C 县最小。这说明,合作质量越高的合作网络,互动关系的分散程度越高。为了获得统计上的意义,笔者在模型一的基础上加入非零关系变量组成模型二,求解结果表明,A、B 和 C 三县(市)的非零关系变量参数值分别为,—1.65、—1.09 和 —0.85。将参数值指数化之后发现,A 县非零关系的期望值最小,C 县最大,B 市居中。也就是说,A 县产业扶贫合作网络的互动关系分散程度最高,B 市次之,C 县最低。合作质量越高,零值关

---

[1] Bodin, Orjan, and Beatrice Crona. The Role of Social Networks in Natural Resource Governance: What Relational Patterns Make a Difference? [J]. *Global Environmental Change: Human and Policy Dimensions*, 2009(19):366-374.

[2] Margerum, Richard D. *Beyond Consensus: Improving Collaborative Planning and Management*[M]. Cambridge, MA: MIT Press, 2011.

[3] Ansell, Chris, and Alison Gash. Collaborative Governance in Theory and Practice[J]. *Journal of Public Administration Research and Theory*, 2008(18):543-571.

[4] Feiock, Richard C. He Institutional Collective Action Framework[J]. *Policy Studies Journal*, 2003(41):397-425.

系越少,验证假设二(H2)的正确性。

A县的特色产业扶贫合作网络属于自由型,上级政府没有指定扶贫项目的适用范围和对象,由地方政府自主决定。地方政府因地制宜,利用本地特色资源优势开发扶贫产业,调动了企业、科研院所和农户的参与积极性,互动频率高且分散,得到了较好的合作质量;B市的特色产业扶贫合作网络属于强制型,上级政府指定扶贫项目的适用范围和对象,B市政府必须完成上级政府指定的行政任务。B市政府运用强制性权力动员开发特色产业,以扶贫资金补贴激励企业、科研院所和农户参与,互动以政府为核心,相互间互动较少,互动频率中等,合作质量一般;C县的特色产业扶贫合作网络属于引导型,上级政府指定扶贫项目的适用范围,但没有指定适用对象。C县政府指定特定区域开发特色产业,但允许企业、科研院所和农户自愿参与,互动分化明显,形成了小群体,群体之间互动非常少,合作质量最低。出现这种情况,原因可能在于,如果不是基于自愿,也不是基于强制,那么合作网络的互动关系分散程度低,容易集中于少数群体,导致合作质量低下。

三、互惠关系与合作质量

为验证假设三(H3),在模型二的基础上加入互惠关系变量。运算结果表明,A、B和C三县(市)特色产业扶贫合作网络中,互惠关系变量参数值1.71、0.11和0.74,将参数值指数化后,A县的互惠关系值最高,C县次之,B市最小。A县的产业扶贫合作质量最高,互惠关系值也最高,与假设三(H3)相符合。但是,B县的产业扶贫合作质量中等,互惠关系值最低,C县的产业扶贫合作质量最低,互惠关系值中等,与假设三(H3)不符。

A县特色产业扶贫合作网络属于自由型,地方政府主导,因地制宜,参与自愿,政府、企业、科研院所和农户等合作主体积极参与商谈,发言者比较多。研究表明,直接的相互对话,能够促进相互理解和共同行动[1]。因此,A县合作网络的互惠关系值最大,合作质量也最高;B市的特色产业扶贫合作网络属于强制型,地方政府以"强制+激励"的方式推广特色产业开发,政府的主导作用明显,参与者参与商谈的积极性不高,发言者比较少,互惠关系值较低,但由于地方政府提供扶贫资金作为补贴来激励参与,形

---

[1] Emerson, Kirk, and Tina Nabatchi. *Collaborative Governance Regimes*[M]. Washington, DC: Georgetown Univ. Press,2015.

成了以地方政府为核心的合作网络,合作质量中等;C县的特色产业扶贫合作网络属于引导型,原有茶产业从事者构成了合作网络中的核心群体,参与商谈积极性较高,发言者也比较多,互惠关系值较大,但新从业者参与积极性不高,与原从业者互动不多。因此,整体上互惠关系值中等,由于群体分化严重,合作质量较低。

四、内聚程度与合作质量

为验证假设四(H4),在模型二的基础上加入内聚程度(三角关系)变量。运算结果表明,A、B和C三县(市)特色产业扶贫合作网络中,内聚程度(三角关系)变量参数值1.92、1.83和2.42,将参数值指数化后,C县的内聚程度最低(三角关系最多),A县居中,B市内聚程度最高(三角关系最少)。C县的合作质量最低,内聚程度也最低(三角关系最多),与假设四(H4)相符合。但是,A县合作质量最高,内聚程度中等,B市合作质量中等,内聚程度却最高(三角关系最少),与假设四(H4)不符。

C县特色产业扶贫合作网络的内聚程度最低是可以预见的,由于产业扶贫项目没有指定适用对象,茶产业原从业者与新从业者之间群体分化严重,导致三角关系多,两两互动关系少,造成合作质量低下;B市的特色产业扶贫合作网络,由政府以"强制+激励"的方式构建,企业、科研院所和农户与政府互动较多,相互之间互动较少,从而造成三角关系较少,提升了内聚程度;A县特色产业扶贫合作网络,起初在特色资源所在村落自发发展,克服繁育技术难题之后,地方政府开始主导开发过程,引导龙头企业、科研院所和农户共同参与,尽管如此,特色资源所在地的企业、科研院所和农户之间三角关系较多,形成了以地区为界限的小群体,降低了整个合作网络的内聚程度。

第四节 结论与讨论

本章以产业精准扶贫过程中地方政府与企业、科研院所、农户等主体合作为研究对象,运用社会网络分析和随机指数图研究法,探讨了连带关系与合作质量的关系。研究发现:(1)产业扶贫合作包括科层、上级指定型、双边契约型和即时市场型等四种类型。按产业扶贫项目实施的强制性程度不同,可以划分为自由型、引导型和强制型等三种类型。其中,自由型的合作质量最高,拥有更好的问题共识、信任程度和参与能力,引导型的合作质量最低,强制型的合作质量中等,地方政府的强制性产业扶贫比引导性产业扶贫拥有更好的合作质量;(2)地方政府产业扶贫的合作类型不同,合作主体的参与意愿和行为不同,个人在产业扶贫合作中的网络结构也不相同;(3)在控制非零关系的前提下,地方政府产业扶贫合作网络中合作质量与互动频率正相关,合作质量与非零关系正相关;(4)自由型地方政府产业扶贫合作网络拥有最高的合作质量、最好的互惠关系和中等的内聚程度,引导型地方政府产业扶贫合作网络拥有最低的合作质量、中等的互惠关系和最低的内聚程度,强制型地方政府产业扶贫合作网络拥有中等的合作质量、中等的互惠关系和最好的内聚程度。

在理论层面,本章运用社会网理论,对地方政府跨组织合作的理论研究进行了扩展。(1)将连带关系纳入已有研究中,丰富了合作理论研究中"过程—结果"的研究框架;(2)将地方政府产业扶贫合作区分为自由型、引导型和强制型,弥补了以往合作理论研究中不区分合作类型的缺憾;(3)深入分析中国产业精准扶贫情境下,不同类型合作网络中合作质量与连带关系的关系,提供了研究视角上的创新;(4)运用文本材料记载的会议、协商或商讨过程,编码收集个人网络结构数据,在方法上有一定创新。

在实践层面,本章对提高我国地方政府产业精准扶贫合作质量具有实践上的指导意义。(1)自由型地方政府产业扶贫合作网络拥有最高的合作质量,但内聚程度中等。因此,地方政府在发展过程中要注意遏制小群体的形成;(2)强制型地方政府产业扶贫合作网络拥有中等的合作质量,但互惠关系最低。因此,地方政府要加强宣传推广,重点培养企业、科研院所和农户之间的互动关系;(3)引导型地方政府产业扶贫合作网络拥有最低的合作质量,最低的内聚程度。因此,地方政府应当尽量避免以此种方式构建合作网络。

社会网分析和随机指数图研究尽管对地方政府产业扶贫合作质量研究有一定贡献,但是由于研究方法和搜集资料的局限性,本章还有一些不足之处。比如,选取的案例具有特定性,对本书结论的普适性有负面影响,在后续的研究中可以通过增加样本数量予以完善。

值得进一步讨论的是,合作质量不同于产业精准扶贫质量,两者存在着实质性区别,但是联系非常紧密,合作质量提升有利于产业精准扶贫质量提升。合作质量一般是指合作主体之间的合作水平,一般从问题共识、共享动机和参与能力等维度进行评价。如果地方政府、扶贫企业、科研院所和贫困农户等合作主体间能够对产业精准扶贫中的主要问题达成共识，共享推进产业精准扶贫工作的动机，提升参与产业精准扶贫的能力，那么就可以显著提升合作主体间的合作水平或质量。产业精准扶贫质量一般从扶贫产业的可持续性和脱贫精准性等维度进行评价。除了市场等环境因素会影响产业精准扶贫质量之外，考虑到产业精准扶贫极其依赖于政府、企业、科研院所和贫困农户等主体的共同努力，合作质量无疑会严重影响产业精准扶贫质量。只要合作主体的任何一方在问题共识、动机共享和参与能力方面有所欠缺，就会影响合作质量，进而影响扶贫企业、科研院所和贫困农户等合作主体的参与积极性，扶贫企业或科研院所等主体不愿意参与产业精准扶贫，被精准识别出来的贫困农户不愿意参与扶贫产业开发，最终会影响产业精准扶贫的可持续性和脱贫精准性，导致产业精准扶贫质量下降。

第四章　产业精准扶贫、网络结构与开发绩效

习近平总书记在《十九大报告》中指出,要"实施乡村振兴战略"。实施乡村振兴战略,首先是实现"产业兴旺"。开发式扶贫,即产业扶贫,是具有"造血"功能的扶贫方式,是中国扶贫工作的基本方针,是实现"产业兴旺"必由之路。产业扶贫一般以实施扶贫项目的方式展开,中央财政专项资金伴随着扶贫项目"打包"至地方政府,地方政府组织企业、社会组织或农户等进行"抓包",推进扶贫项目实施[1]。

在产业扶贫实践中,已经形成了政府＋龙头企业或科研院所＋茶叶合作社＋农户的合作治理模式[2]。所谓合作治理是指安排或调整公共政策决策与管理的过程与结构,使人们积极地跨越公共部门的边界、政府层级,以及公共、私人和市民的界限,实现以其他方式无法实现的公共目的。[3] 根据这个定义,特色产业扶贫合作治理是指通过安排或调整扶贫政策决策与管理的过程与结构,政府、龙头企业或科研院所、中小企业、茶叶合作社和农户等主体跨越组织边界或界限,共同参与特色产业开发,实现单个组织或个人无法实现的脱贫目标。

产业扶贫合作治理模式在部分贫困地区获得了成功,培育了一批有持续发展能力的特色产业。但是,在有些贫困地区却没有取得预期效果。这可能与地方政府选择项目合作对象时的"选择性偏见"有关[4];或者与扶贫

---

[1] 周黎安.行政发包制[J].社会,2014,34(06):1—38.

[2] 王春萍,郑烨.21世纪以来中国产业扶贫研究脉络与主题谱系[J].中国人口·资源与环境,2017,27(06):145—154.

[3] Emerson, Kirk, Tina Nabatchi, and Stephen Balogh. An Integrative Framework for Collaborative Governance[J]. *Journal of Public Administration Research and Theory*, 2011, 22(01):1—29.

[4] 孔令英,郑涛,刘追.集中连片民族特困地区精准扶贫项目实践困境与原因阐释——基于南疆地区S县W村的项目案例[J].农业经济问题,2017,38(10):35—43.

项目申报过程中的"精英俘获"和"弱者吸纳"、实施过程中预算软约束导致的"政策性负担"和"规模化经营不善",以及实施后的"维护成本高"等因素有关[①];还可能与扶贫开发政策的复杂性,任何单一国家治理方式都难以满足利益相关者所有需求等因素有关[②]。有学者提出,通过调整地方政府与龙头企业或社会组织之间的权力关系,创新扶贫项目的推进方式,可以在部分程度上解决产业扶贫合作治理中存在的问题[③]。

上述研究主要从信任角度解释了特色产业扶贫合作治理的过程与结果,大多认为合作主体间信任水平低是导致特色产业扶贫合作失败的主要原因。本章在文献研究的基础上,试图建立一个基于网络结构与开发绩效的特色产业扶贫分析框架,推出网络结构与开发绩效之间的因果性命题。通过笔者对湘西黄金茶扶贫产业开发的实地调研,检验命题的正确性。在此基础上,笔者提出改善特色产业扶贫合作治理绩效、实现"产业兴旺"的政策建议。

第一节 产业精准扶贫开发绩效的研究框架

合作治理能否成功,至少要考虑环境、驱动力、过程、结构、干扰和绩效等影响因素[④]。考虑到国内特色产业扶贫合作的环境、驱动力和干扰等影响因素的相似性,本章重点研究网络结构对开发绩效的影响。

一、合作主体

特色产业扶贫合作治理一般以实施扶贫项目的方式展开。上级政府作为扶贫项目的"发包方",将体现扶贫政策意图的特色产业项目"打包"至

[①] 许汉泽,李小云.精准扶贫背景下农村产业扶贫的实践困境——对华北李村产业扶贫项目的考察[J].西北农林科技大学学报(社会科学版),2017,17(01):9—16.
[②] 吕方,梅琳."复杂政策"与国家治理——基于国家连片开发扶贫项目的讨论[J].社会学研究,2017,32(03):144—168,245.
[③] 蔡科云.政府与社会组织合作扶贫的权力模式与推进方式[J].中国行政管理,2014(09):45—49.
[④] John M Bryson, Barbara C Crosby, Melissa Middleton Stone. Designing and Implementing Cross-Sector Collaborations: Needed and Challenging[J]. *Public Administration Review*, 2017, 75(05): 647—663.

地方政府[①]。根据项目专有性和参与选择权等两个维度，上级政府与地方政府间的组织形态可以划分为四种类型，即科层制、上级指定、双边契约和即时市场。科层制的自由度最小，扶贫项目资金的用途和对象都由资金拨付部门指定，即时市场的自由度最大，扶贫项目资金的用途和对象都可以由地方政府自由裁量[②]。

特色产业扶贫项目"打包"至地方政府之后，根据项目类型不同，地方政府提供项目实施的配套经费，组织龙头企业、中小企业、茶叶合作社或农户"抓包"。申请获得产业扶贫项目的前提条件之一，是"抓包"方必须有前期投入或自有资金。通过实施产业扶贫项目，中央财政动员地方财政和民间资本，通过资金链条将上级政府、地方政府和"抓包"方"捆绑"在一起，形成利益相关团体，共同开发特色扶贫产业，实现扶贫政策目标。因此，上级政府、地方政府、龙头企业、中小企业、茶叶合作社和农户都是产业扶贫合作治理的主体。但是，在压力型体制下，上级政府或地方政府有权直接终结特色产业项目的实施，结束合作治理[③]。

二、网络结构

结构是指合作参与者在合作过程中形成的网络结构，分为自我中心网结构与整体网结构。自我中心网结构包括"弱连带"和"强连带"等两种基本结构。其中，"弱连带"又包括"两路径""中心者""结构洞"等结构，"强连带"包括"互惠性"和"可达性"等结构（见图4-1）[④]。在"两路径"结构中，A经过B可以联系上C。比如，上级政府经过地方政府可以联系上当地农户；在"中心者"结构中，A经过B可以同时联系上C和D。比如，龙头企业或农户经过地方政府可以联系上级政府、大公司或其他地方政府等；在"两路径"和"中心者"结构中，B处于"结构洞"中的"中介者"位置，享有信息中介者的优势。在"互惠性"结构中，A不仅与B有联系，而且有互惠性社会交往。比如，地方政府与龙头企业之间的合作关系；在"可达性"结构中，B

---

① 折晓叶,陈婴婴.项目制的分级运作机制和治理逻辑——对"项目进村"案例的社会学分析[J].中国社会科学,2011(04):126—148,223.

② 周雪光.项目制：一个"控制权"的理论视角[J].开放时代,2015(02):82—102,5.

③ 邢成举.压力型体制下的"扶贫军令状"与贫困治理中的政府失灵[J].南京农业大学学报（社会科学版）,2016,16(05):65—73,155—156.

④ Ramiro Berardo, John T Scholz. Self-Organizing Policy Networks: Risk, Partner Selection, and Cooperation in Estuaries[J]. *American Journal of Political Science*, 2010,54(03):632—649.

可以通过 A 联系 C,也可以直接联系 C。比如,地方政府可以通过龙头企业联系农户,也可以直接联系农户。"弱连带"关系有信息多样性和丰富性的优势,但信息质量一般①;"强连带"关系有情感、资源和社会支持的优势,但信息多样性和丰富性一般②。

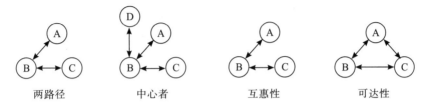

图 4-1　自我中心网络结构示意图

整体网结构包括共享型、领导组织型和协调组织型等三种基本型态。在共享型结构中,合作方之间的关系均匀分布,无明显中心性,呈网状。比如,同一贫困地区从事相同产业的中小企业之间的合作关系;在领导组织型结构中,合作方都与领导组织相连,合作方相互之间联系较少,呈中心发散状。比如,地方政府或龙头企业与中小企业、茶叶合作社或农户之间的关系型态;在协调组织型结构中,合作方都与协调组织相连,合作方之间也相互联系,呈网状与中心发散重叠状。比如,同一地区产业协会与成员组织,以及成员组织之间的关系型态。共享型结构在信息传播和稳定性上具有优势,在情感、资源和社会支持方面较弱;领导组织型结构在产品或服务输送与实现共同利益方面具有优势,在稳定性上较弱;协调型结构在信息传播、社会支持、稳定性、产品或服务输送等方面都处于中等程度③。

三、开发绩效

绩效一般是指实现预定目标的程度。合作治理的目标比较复杂,至少要考虑时间和层次两个维度。时间维度可以区分为短期、中期和长期利益

---

① Granovetter, Mark. The Strength of Weak Ties[J]. *American Journal of Sociology*, 1973(78): 1360—1380.

② Coleman, James S. Social Capital in the Creation of Human Capital[J]. *The American Journal of Sociology*, 1988(94): S95—S120.

③ Provan, Keith G, and Patrick Kenis. Modes of Network Governance: Structure, Management, and Effectiveness[J]. *Journal of Public Administration Research and Theory*, 2008, 18(02): 229—252.

等三个类型①,层次维度可以区分为组织(或个体)、网络和公共利益等三个类型②。在考虑时间和层次维度的基础上,特色产业扶贫合作治理的开发绩效目标可以从公共性、有效性和稳定性等三个维度来进行评价。所谓公共性是指特色产业扶贫合作治理是否有利于贫困人群脱离贫困,体现绩效目标的政治维度。贫困人群脱离贫困属于层次维度中的公共利益目标,相对于组织和网络层次利益目标而言具有绝对的优先性;所谓有效性是指特色产业扶贫合作治理中资源投入与公共利益产出比是否合理,体现绩效目标的经济维度;所谓稳定性是指特色产业扶贫合作治理是否能够促进扶贫产业的可持续发展,体现绩效目标的社会维度。特色扶贫产业可持续发展属于时间维度中的长期利益目标,相对于短期和中期利益目标具有优先性。

三个目标维度之间存在优先序列关系。如果在评价特色产业扶贫合作治理的开发绩效时,三个目标维度存在冲突,那么要按照公共性优于有效性和稳定性、有效性优于稳定性的序列进行评价。特色产业扶贫合作治理的开发绩效以定量和定性等两种方式进行评价,前者一般采用建构绩效目标体系、目标实现程度评分等方式来评价绩效水平,后者一般采用访谈或文献调查等质性研究方法来评价绩效水平。本章采用定性方式来评价产业扶贫合作治理的绩效水平。

第二节 产业精准扶贫开发绩效的研究假设

在特色产业扶贫合作治理中,合作者之间不同的网络结构可能会影响特色产业扶贫合作治理的开发绩效。

一、"弱连带"结构与开发绩效

在特色扶贫产业项目实施过程中,龙头企业或中小企业与茶叶合作社或农户等存在收购、雇佣或租赁等合作关系,地方政府向龙头企业或中小企业和茶叶合作社或农户等提供扶贫补贴,激励他们参与特色扶贫产业开

---

① Innes, Judith E and David E Booher. Consensus Building and Complex Adaptive Systems: A Framework for Evaluating Collaborative Planning[J]. *Journal of the American Planning Association*, 1999, 65(04): 412-423.

② Benington, John, and Mark H Moore, eds. *Public Value: Theory and Practice*[M]. New York: Palgrave Macmillan, 2011.

发。地方政府没有处于中介者的结构位置,龙头企业或中小企业与茶叶合作社或农户之间直接沟通,绕过了地方政府。处于这种结构位置,地方政府经常受诚信问题的困扰。比如,茶叶合作社或农户的逆向选择①和道德风险②行为,骗取扶贫项目资金的行为③;龙头企业将扶贫项目资金"资本化"的行为④;地方政府官员的权力寻租行为⑤,或者地方政府造假、造政绩截留扶贫资金的行为等⑥。如果转换地方政府的结构位置,龙头企业或中小企业与茶叶合作社或农户之间的合作信息和资源需要通过地方政府设立的专门平台进行交换,并将交换平台数据与上级政府的扶贫数据库共享,将地方政府定位为中介者,就可以利用位置优势控制信息与资源流动⑦,解决信息不对称可能带来的投机问题,降低交易成本,有利于特色扶贫产业的稳定发展。由此,提出研究假设:

H1:地方政府作为中介者,有利于提升特色产业扶贫合作治理的公共性、有效性和稳定性绩效水平。

在特色产业扶贫实践中,由于存在"晋升锦标赛"⑧,相邻地区间的特色扶贫产业竞争非常激烈,产品同质化趋势非常严重。一个地区特色扶贫产业的竞争优势,很大程度上依赖地方政府所拥有的社会资本,即地方政府凭借其网络结构位置所能够动员的权力、信息和经济等资源⑨。在特色扶贫产业开发过程中,特色扶贫产业参与者需要通过地方政府向上级政府申请扶贫产业项目,需要通过地方政府申报使用统一的"原产地证明"或

---

① George A Akerlof. The Market for "Lemons": Quality Uncertainty and the Market Mechanism[J]. He *Quarterly Journal of Economics*,1970,84(03):488—500.

② D Rowell, L B Connelly. A history of the term "moral hazard"[J]. *Journal of Risk and Insurance*,2012,79(04),1051—1075.

③ 张欣.精准扶贫中的政策规避问题及其破解[J].理论探索,2017(04):86—92.

④ 姚迈新.对扶贫目标偏离与转换的分析与思考——政府主导型扶贫模式中的制度及行动调整[J].云南行政学院学报,2010,12(03):122—126.

⑤ Krueger, Anne. The Political Economy of the Rent-Seeking Society[J]. *American Economic Review*,1974,64(03):291—303.

⑥ 莫光辉.精准反腐:脱贫攻坚战的政治生态保障——精准扶贫绩效提升机制系列研究之九[J].行政论坛,2017,24(01):40—46.

⑦ Burt, Ronald S. *Structural holes: The Social Structure of Competition*[M]. Cambridge MA: Harvard University Press,1992.

⑧ 周黎安.晋升博弈中政府官员的激励与合作——兼论我国地方保护主义和重复建设问题长期存在的原因[J].经济研究,2004(06):33—40.

⑨ Lin, Nan, Karen S Cook, and Ronald S Burt, eds. *Social Capital: Theory and Research*[M]. New Brunswick, NJ: Transaction Publishers,2001.

"地理标志",需要通过地方政府获取外部社会或经济资源的支持,等等。地方政府作为"中心者",拥有的社会资本越丰富,越有可能为特色扶贫产业参与者争取更多的外部资源支持,有利于特色扶贫产业的快速稳定发展。由此,提出研究假设:

H2:地方政府作为中心者,有利于提升特色产业扶贫合作治理的公共性、有效性和稳定性绩效水平。

二、"强连带"结构与绩效

在产业扶贫实践中,发挥龙头企业的引领作用非常关键。为培育优秀的龙头企业,地方政府常常用各种优惠政策来吸引投资,并签署特色扶贫产业开发合作协议。由于优惠政策的公共性,特色扶贫产业开发合作协议不具有相对性(地方政府面向社会制定优惠政策来履行协议,龙头企业面向地方政府来履行协议),法律约束力非常弱。如果双方缺乏信任,特色扶贫产业开发合作就会经常陷入僵局[①]。地方政府与龙头企业之间的互惠性合作有助于提升信任水平[②],有助于保持特色扶贫产业开发合作的稳定性。但是,互惠性合作也会增加地方政府与龙头企业"共谋"骗取扶贫项目资金的可能性,交易成本剧增,导致扶贫政策目标偏离,不利于特色扶贫产业的快速发展。由此,提出研究假设:

H3:地方政府与龙头企业保持互惠性,有利于提升特色产业扶贫合作治理的稳定性,不利于提升特色产业扶贫合作治理的公共性和有效性绩效水平。

地方政府与龙头企业进行互惠性合作,龙头企业与其他合作参与者进行互惠性合作,但地方政府不与其他合作参与者进行互惠性合作,因此地方政府与其他合作参与者之间的信任水平比较低。如果能够增加地方政府与其他合作参与者之间的互惠性合作,那么就可以增加地方政府、龙头企业和其他合作参与者之间的"可达性",提升整体的信任水平,降低交易成本,有利于特色扶贫产业的快速稳定发展。因此,提出研究假设:

H4:地方政府保持可达性,有利于提升特色产业扶贫合作治理的公共

---

① Leyton-Brown Kevin, Shoham Yoav. *Essentials of Game Theory: A Concise, Multidisciplinary Introduction*[M] San Rafael, CA: Morgan & Claypool Publishers, 2008.
② Powell W. Neither Market nor Hierarchy: Network Forms of Organization[J]. *Research in Organizational Behavior*, 1990(12):295—336.

性、有效性和稳定性绩效水平。

三、整体网结构与绩效

在整体网结构中,中心趋势不显著的共享型结构,即使部分缺失,对整体结构的稳定性影响也不明显,有利于信息传播和网络层次的利益。但是,统一目标任务缺位、集体协作动力不足、没有核心领导力等因素,使共享型结构实现共同目标、输送公共服务的能力较差[1]。有些贫困地区的特色扶贫产业是自发形成的,发展到一定规模之后,地方政府发放补贴鼓励其继续发展。特色扶贫产业参与者多为中小企业、专业合作社或农户,相互之间关系密切,彼此非常熟悉,信任水平高,有利于自发性扶贫产业的稳定发展。但是,自发性扶贫产业发展以人际关系为基础,如果新入行者与先入行者没有近亲属或熟人关系,就很难获得先入行者的信任,顺利进入特色扶贫产业圈。地方政府补贴自发性扶贫产业,可能会加速扶贫产业圈的固化,将自发性扶贫产业异化为精英操纵、少数人获益的产业[2],出现富者愈富、贫者愈贫的现象,导致扶贫政策目标偏离。由此,提出研究假设:

H5:地方政府补贴自发性特色扶贫产业,有利于提升特色产业扶贫合作治理的有效性和稳定性绩效水平,不利于提升特色扶贫产业合作治理的公共性绩效水平。

在整体网结构中,中心趋势显著的领导组织型结构,参与者与领导组织发生单向或双向联系,彼此间联系较少,有利于实现共同目标,输送公共产品或服务的能力较强。但是,由于过度依赖领导组织,一旦领导组织出现危机,整个网络都会崩溃,稳定性比较差[3]。在特色扶贫产业合作治理模式中,通常情况下有两个网络中心点:地方政府、龙头企业,其他合作参与者分别与地方政府和龙头企业发生联系。地方政府通过监督检查和财政补贴引导特色扶贫产业开发,龙头企业对其他合作参与者进行培训指

---

[1] Venkatraman N, and Chengteh Lee. Preferential Linkage and Network Evolution: A Conceptual Model and Empirical Test in the US Video Game Sector[J]. *Academy of Management Journal*, 2004(47):876−92.

[2] 陈聪,程李梅.产业扶贫目标下连片贫困地区公共品有效供给研究[J].农业经济问题,2017,38(10):44−51.

[3] Hoeijmakers, Marjan, Patrick Kenis, Edith de Leeuw, and Nanne K de Vries. Local Health Policy Development Processes—An Expanded Toolbox [J]. *Health Promotion International*, 2007, 22(02):112−121.

导,按约定价格收购农产品或原材料。龙头企业在地方政府的培育支持下,一般会取得区域内特色扶贫产业垄断性的市场地位,贯彻扶贫政策的目标导向明确。但是,龙头企业垄断性的市场地位,对特色扶贫产业发展的效率不利。地方政府和其他合作参与者严重依赖龙头企业,不利于特色扶贫产业的稳定发展。由此,提出研究假设:

H6:地方政府培育龙头企业发展特色扶贫产业,有利于提升特色产业扶贫合作治理的公共性绩效水平,不利于提升特色扶贫产业合作治理的有效性和稳定性绩效水平。

在整体网结构中,中心趋势显著的协调组织型结构,合作参与者都与协调组织保持联系,彼此间也有联系,不存在独大的领导性组织,参与者规模与影响力差别不大,数量上少于共享型组织结构,信息传播能力和稳定性都处于中等状态。特色产业协会是由地方政府批准设立的社会组织,区域内从事扶贫产业的企业或组织只要遵守协会章程就可以成为会员。组建特色产业协会有利于加强成员组织间的沟通联系,打破龙头企业垄断性的市场地位,维持市场竞争状态,提高特色扶贫产业发展的效率水平;扶贫产业市场竞争状态的维持,有利于降低对龙头企业的依赖性,促进特色扶贫产业的稳定发展。但是,组建扶贫产业协会也可能会导致扶贫产业的精英控制,偏离扶贫政策目标;由此,可以提出研究假设:

H7:地方政府组建扶贫产业协会,有利于提高特色产业扶贫合作治理的有效性和稳定性绩效水平,不利于提升特色产业扶贫合作治理的公共性绩效水平。

第三节 产业精准扶贫开发绩效的案例描述

湘西土家族苗族自治州保靖县葫芦镇黄金村的黄金茶历史悠久,品质独特,市场前景非常好。20世纪80年代,村民尝试过用茶果来繁育茶苗,希望扩大种植规模,满足市场需求,但茶果发芽率非常低,根本满足不了需求。黄金茶产业发展遭遇了技术难题。

一、湘西黄金茶产业的自发发展阶段

1993年,保靖县农业局一名高级农艺师听到黄金茶繁育难题的消息,自愿到黄金村指导工作。这名农艺师申请了3000元农发资金作为科研经

费,经过三年的努力,用扦插技术解决了黄金茶的繁育难题,从古茶树中分离出 24 个品质优异的品种,同时将扦插技术手把手地传授给村民。自此,黄金茶产业开始自发发展。村里先后成立多家中小型茶企。有一些规模相对较大的茶企,比如村民石某投资兴办的"保靖县换金茶叶公司",为了扩大市场规模,除了自建 6.67 公顷无性系茶园之外,还鼓励村民发展无性系黄金茶茶园,农户每发展 1 亩新黄金茶茶园,发放补贴 100 元,还通过地方政府,从银行贷款 500 元作为农户生产生活周转资金,三年投产后农户交新叶或干茶偿还。至 2003 年年底,全村年产高档黄金绿茶 1000 多公斤,均价达到每公斤 400 元,产值不菲,茶叶产业成为村里的支柱性产业。但是,精英控制现象比较明显,村里能人兴办的茶企控制了整个黄金茶产业,受益者局限于村里少数人群。作为扦插资源,古茶树受到严密保护,禁止向村外出售茶苗。

保靖县农业局有意开发黄金茶作为保靖县的特色扶贫产业。但是,面临着诸多难题:第一,品种需要获得登记证书才能合法推广;第二,黄金茶品种为群体品种,株系品质差异大,需要筛选出优良品种才有益于推广;第三,黄金村村民阻止品种资源外流;第四,茶叶种植、加工和销售需要大量专业人士;第五,缺少推进黄金茶产业的政治、经济和社会资源。2005 年,保靖县农业局向湖南省农业厅申请种质资源认定,在湖南省茶叶研究所一名退休研究员的非正式协助下,黄金茶被认定为"珍稀地方茶树种质资源"。但是,对于筛选出的 24 个单株品种,只有进行品比、区域试验之后,才能申请种质资源登记。

二、湘西黄金茶产业的研究开发阶段

2005 年 5 月,在退休研究员的积极引荐下,湖南省茶叶研究所与保靖县农业局达成《"保靖黄金茶"研究开发合同书》。双方约定在保靖黄金茶的新品种选育、栽培技术、深加工技术和产业开发等四个方面开展合作,湖南省茶叶研究所主要承担黄金茶科研工作,保靖县农业局主要承担协调工作。双方没有约定研究开发的对价和履行协议时间表,约定科研成果由双方共享。在合作协议达成之后,湖南省茶叶研究所向其主管单位湖南省农科院申请了 30 万元的科研经费,用于支持保靖黄金茶的研究工作。

但是,除了 2006 年在湘西土家族苗族自治州古丈县对黄金茶 1 号、2号进行区域引种试验之外,合作没有实质性进展。黄金茶种植面积在合作的两年间,没有任何变化,2005年为406公顷,2006年还是406公顷;产量还有所减少,从60吨减少到59吨;受市场价格变化的影响,产值有所提高,从774万元提高到905万元①。

三、湘西黄金茶产业的开发研究阶段

2007年5月,在保靖县农业局的申请下,保靖县政府与湖南省茶叶研究所重新达成《"保靖黄金茶"研究与产业化开发合作协议书》。在2005年协议的基础上,细化了协议条款。保靖县政府需要承担以下责任:每年500万~1500万株茶苗定植的组织宣传发动工作;办理"中华人民共和国原产地证明商标""地理标识";成立"保靖黄金茶产业化开发领导小组";制定《保靖黄金茶十年发展规划》;组织实施《保靖县黄金茶产业化开发五年实施方案》;在农业局设立二级事业机构——保靖茶叶局;力争"捆绑"相关涉农资金支持保靖黄金茶项目建设;承担保靖县内品比实施及其他相关活动的经费、所需黄金茶苗木和协调工作;成立保靖县茶业协会。湖南省茶叶研究所需要承担以下责任:争取项目资金或垫资提供500万~1500万株茶苗,种植户3年受益后从鲜叶销售收入中逐步偿还;建设两个20亩的科技示范万元田;负责科研工作;茶叶科技与管理咨询及实用技术培训;对农民实施无偿科技服务;对企业的服务,根据工作量,采取协商方式收取成本费用;派出两名常驻专职人员,一人挂职保靖县科技副县长,一人担任省派驻保靖县科技特派员;协助申请并管理"原产地证明"和"地理标识"。但是,合作协议中没有约定对价、履约时间表和违约责任,约定科研成果由双方共享。

协议签署之后,保靖县政府成立"保靖县黄金茶产业化开发领导小组",在农业局设立临时性的保靖县茶叶局,协助组建保靖县茶业协会。湖南省茶叶研究所派出两名科技人员,分别担任保靖县科技副县长、湖南省驻保靖县科技特派员。2008年,湖南省茶叶研究与湖南湘丰茶业有限公司(湖南湘丰茶业有限公司注册资本5000万元,湖南省茶叶研究所为该公司股东之一)达成协议,成立"保靖县黄金茶有限公司"。湖南省茶叶研究所派出的两名科技人员兼任保靖黄金茶有限公司经理、副经理。保靖县黄金茶有限公司成立之后,筹资300万元,在黄金村兴建黄金茶育苗基地、现

---

① 粟本文,黄怀生.保靖黄金茶[M].长沙:中南大学出版社,2017:5.

代化加工厂和技术创新中心。保靖县政府作了大量的宣传发动工作,在建设育苗基地遭到村民抵制时,进行大量说服教育工作。2008年,保靖黄金茶有限公司在黄金村扦插黄金茶苗3.6公顷,到2009年底,共出圃黄金茶苗550万株。

2009年2月,保靖县委、县政府出台《关于进一步加强黄金茶产业发展的意见》(保发〔2009〕2号),提出扩大基地规模、完善基础设施、培植龙头企业、发展生态旅游茶业和推广科技生产等六个工作重点,以及健全补助机制、扶持龙头企业、实施品牌战略、加强组织领导和完善社会化服务等四项工作措施。在保靖县委、县政府的政策引导下,黄金茶种植面积从2008年年底的566公顷,增长至2011年的2400公顷,实现了跨越式大发展。黄金茶产量从80吨增长到122吨,增长近三分之一;产值增长更快,从1630万元增长到3200万元,增长接近一倍,专业合作社的数量快速增长[①]。2009年5月20日,"特早生高氨基酸茶树新品种黄金茶1号",通过了省农作物种子局的现场评议,获得"黄金茶1号"的种质资源认定。

四、湘西黄金茶产业的全面开发阶段

2011年3月,经过保靖县政府与湖南省茶叶研究所的充分协商,在2007年协议的基础上,修订《"保靖黄金茶"研究与产业化开发合作协议书》,调整双方的权利义务关系。主要变化在于:首先,调整茶苗提供方式,改为由保靖县政府统筹收购统一提供;其次,明确提出要"整合"相关涉农资金支持黄金茶产业化;再次,明确提出要对"黄金茶"的销售进行补贴,明确提出要支持龙头企业发展,优化投资环境。湖南省茶叶研究所承担的主要责任没有实质性变化。合作协议没有约定对价、履约时间表和违约责任,约定科研成果由双方共享。

在协议签署之后,湖南省茶叶研究所将保靖黄金茶纳入其直属企业——湖南天牌茶业有限公司的产品系列中进行销售,迅速扩大保靖黄金茶的市场规模,提高了知名度。2013年,保靖县委、县政府制定《关于进一步推进保靖黄金茶产业发展的意见》(保发〔2013〕1号),提出以下措施:首先,每年落实20万元茶叶产业培训经费,每个茶叶村至少要有3～5名茶叶农民技术人员,涉茶乡镇农技综合服务站至少要有1～2名茶叶技术员;

---

① 粟本文,黄怀生.保靖黄金茶[M].长沙:中南大学出版社,2017:5.

其次,整合扶贫开发、发改、财政、农业、水利、林业、科技、国土资源、人社等方面的项目资金支持保靖黄金特色产业发展和特色产业园建设,每年整合2000万元以上,按1200元/亩投入茶叶基地建设;再次,在保靖黄金茶原产地、主产区兴建茶叶加工园,加大招商引资力度,大力引进和培育茶叶加工企业,集中培育2户销售收入超过5000万元,力争超过亿元的茶叶龙头企业;5户销售收入超过千万元的茶叶龙头企业。加大对现有茶叶加工企业的支持力度,引导企业提升工艺水平,提高管理能力,增强市场竞争力。

保靖县政府2009—2013年四年间,共"捆绑"涉农资金2亿多元,用于支持保靖黄金茶的种植、开发和营销补贴。保靖县黄金茶企业和合作社数量迅速增加,到2013年,保靖县有黄金茶企业30余家,茶叶专业合作社56个。其中,国家级示范社1个,省示范社8个,州级合作社13个,县级合作社20个。到2013年,保靖黄金茶的种植面积达到3127公顷,总产量达到162吨,产值达到8500万元。在种植面积、产量快速增长的同时,保靖黄金茶的价格也一路上涨,2880元每斤的高档保靖黄金茶供不应求①。

五、湘西黄金茶产业的重组开发阶段

2013年,国家启动事业单位的改革,隶属于湖南省农业科学院的湖南省茶叶研究所被划为公益一类。根据规定,公益一类事业单位业务活动的宗旨、目标、内容、分配方式和标准等由国家确定,不得开展经营活动,经费由国家财政予以保障。保靖县政府、湖南省茶叶研究所开启新的合作谈判。保靖县政府建议,在保靖县黄金茶有限公司的基础上,引入其他茶业公司作为股东,增资扩股,提高保靖黄金茶有限公司的实力,争取早日实现年产过亿元的目标。

经过协商,隆平茶业公司、和谐茶业有限公司和保靖县政府作为股东加入保靖黄金茶有限公司,湖南茶叶研究所和湖南湘丰茶业有限公司抽回大部分投资,基本上退出保靖黄金茶有限公司的生产经营活动。合作重组之后,到2015年末,保靖县黄金茶的种植面积达到4533公顷,年产量达到300吨,总产值达到22000万元。2016年1月,以湖南省农业科学院茶叶研究所、保靖县政府等为主要申报单位的《特异茶树种质资源黄金茶创新与利用》,获得湖南省科技进步一等奖,获得国家科技进步奖的申报

---

① 粟本文,黄怀生.保靖黄金茶[M].长沙:中南大学出版社,2017:5.

资格①。

第四节　产业精准扶贫开发绩效的实证分析

在湘西黄金茶产业扶贫合作治理中,保靖县政府通过调整自我中心网结构和整体网结构,提升了黄金茶产业扶贫的绩效水平。

一、地方政府的"弱连带"结构与绩效

2007年合作协议约定,湖南省茶叶研究所或其投资设立的保靖黄金茶有限公司(以下简称"保靖黄金茶公司")垫资向专业合作社或农户提供黄金茶良种茶苗,专业合作社或农户可三年后以鲜叶偿还价款。2011的合作协议约定,保靖县政府向保靖黄金茶公司统购黄金茶良种茶苗,统一向专业合作社或农户提供。这一变化,反映了保靖县政府的角色转换。2007年,保靖县政府直接向专业合作社或农户提供良种补贴,鼓励种植黄金茶;2011年,保靖县政府作为中介者,向保靖黄金茶公司统购黄金茶良种茶苗,向专业合作社或农户提供茶苗,并据此提供良种补贴。保靖县政府的角色转换,提升了信任水平,避免了专业合作社或农户的"骗补"(以群体品种替代良种获取补贴)、保靖黄金茶公司外销黄金茶苗(销售至保靖县区域外)或伪造黄金茶苗销售数据的可能性。2011年之后,保靖县茶园的良种率稳步提升,奠定了黄金茶产业稳定发展的基础。

在保靖黄金茶公司、中小茶企的请求下,保靖县政府向国家商标局申请"原产地证明商标"和"原产地地理标识";保靖县政府"捆绑"直至"整合"各部门掌握的涉农资金用于黄金茶产业的基础设施建设、旅游茶产业开发、黄金茶品牌店和推广补贴等;在各级各类农产品展览会上,保靖县政府租用统一展销平台,邀请保靖黄金茶公司、中小茶企和专业合作社参加,推广保靖黄金茶。保靖县政府作为联结上级政府、职能部门或大公司等外来资源拥有者的中心者,积极主动地利用其公信力,提升了龙头企业、合作参与者和外来资源拥有者之间的信任水平,获得了外部资源拥有者的大力支持,统一黄金茶产业的原产地证明商标和地理标识,提高了黄金茶产业的基础设施保障水平和品牌知名度,促进了黄金茶产业的快速稳定发展。

---

① 粟本文,黄怀生.保靖黄金茶[M].长沙:中南大学出版社,2017:5.

二、地方政府的"强连带"结构与绩效

在合作协议内容缺乏对价、履约时间表和违约责任有前提下,湖南省茶叶研究所率先履约打破僵局的行为。比如,投资成立保靖黄金茶公司,建设黄金茶育苗基地和现代化厂房,为专业合作社和农户垫资提供茶苗,按市场价格收购鲜叶等,获得了保靖县政府积极响应。比如,成立黄金茶产业开发领导小组,组建茶业局和茶产业协会,帮助保靖黄金茶公司排忧解难,制止黄金村村民的阻工行为,出台黄金茶产业开发扶助和补贴政策等。这种互惠性社会互动,提升了保靖县政府与湖南省茶叶研究所之间的信任水平,维系了双方长期稳定的合作关系。但是,双方的合作也遭到了一些质疑。比如,黄金村村民怀疑保靖县政府与湖南省茶叶研究所"共谋"掠夺地方特异茶树资源,怀疑湖南省茶叶研究所借区域、品比试验之名向保靖县外销售黄金茶苗等。这些怀疑造成了一定的社会影响,在一定程度上阻碍了"黄金茶"产业的快速发展。

在保靖县政府与湖南省茶叶研究所正式合作之前,保靖县政府以提供银行贷款、发放补贴等方式鼓励黄金村村民开发黄金茶产业,但黄金村村民认为政府不包销黄金茶,可能会导致销售困难而造成亏损,不愿意大规模种植。湖南省茶叶研究所进驻黄金村之后,投资设立保靖黄金茶公司,建设育苗基地和现代化加工厂,鼓励黄金村村民种植黄金茶,承诺可以赊账销售黄金茶苗,三年后用鲜叶偿还欠款。在育苗基地建成之后,保靖县政府制定黄金茶良种补贴政策,鼓励村民种植黄金茶。由于湖南省茶叶研究所的加入,增加了保靖县政府与黄金村村民之间的"可达性",提升了黄金村村民对保靖县政府及湖南省茶叶研究所的信任水平。保靖县政府的补贴政策收到了非常好的效果,村民种植黄金茶的积极性空前高涨,黄金良种茶园面积快速扩张。

三、扶贫产业的整体网结构与绩效

1993年,在农艺师解决了黄金茶繁育难题后,黄金茶产业进入自发展阶段,村民相继成立几家茶叶加工企业,通过地方政府推荐从银行获得的低息贷款,鼓励村民种植黄金茶。茶叶企业经营者、专业合作社和农户,基本上都来自黄金村,相互之间不仅非常熟悉,而且通过各种亲缘关系联系在一起,信任水平非常高。1993—2005年,保靖黄金茶产业的发展非

稳定,黄金茶园面积和干茶产量逐年递增,黄金村村民的平均收入也逐年增加,一部分村民因开发经营黄金茶而发家致富。但是,由于茶叶企业被控制在村庄少数精英手上,贫富差距比较大,黄金村没有实现全部脱贫的目标。另外,由于缺乏统一规划,加之黄金茶是地方群体品种,株系之间品质差异大,新扩充的黄金茶园良种率低,茶叶品质不稳定,很难再扩大市场规模。

保靖县政府与湖南省茶叶研究所签署合作协议,合作开发保靖黄金茶,重点支持龙头企业——保靖黄金茶公司。保靖黄金茶公司的目标非常明确,统一繁育黄金茶良种,提高黄金茶园良种率;对农户进行种植技术培训,对中小茶业和专业合作社进行加工技术培训,建立统一的黄金茶产品标准,使用共同的原产地证明和地理商标;通过提高黄金茶质量的稳定性来扩大市场规模,实现产业扶贫的政策目标。保靖县政府重点支持保靖黄金茶公司,保证其龙头企业的地位,引导其与中小茶企、专业合作社和农户之间的合作,在短期内确实促进了保靖黄金茶产业的快速发展,区域内GDP和脱贫人口增长迅速。但是,保靖黄金茶公司在成立之始,就遭遇了信任危机。黄金村村民不信任保靖黄金茶公司,怀疑其研究开发黄金茶产业的动机,担心特异茶树地方资源外流。另外,保靖黄金茶公司的投资方(湖南省茶叶研究所等)不在保靖县内,主业是茶叶科研,副业是茶叶产业,投资稳定性受政策影响较大,保靖县政府、中小茶企、专业合作社或农户等一直怀疑其投资开发的稳定性。2013年,担心变成了事实,因事业单位政策调整,湖南省茶叶研究所基本上退出了保靖黄金茶公司的生产经营活动,对保靖黄金茶产业发展产生了一定的负面影响。

保靖县政府在与湖南省茶叶研究所合作的同时,组建了保靖县茶产业协会,成立了黄金茶产业开发领导小组和茶业局。湖南省茶叶研究所派出两名科技人员,分别担任保靖县科技副县长和湖南省驻保靖县科技特派员,兼任龙头企业保靖黄金茶公司的总经理和副总经理,还在保靖县茶业协会中兼任理事。保靖县茶产业协会主要由龙头企业、中小茶企等组成,设立专门的理事会和秘书机构,定期召开成员大会商讨茶产业发展问题。保靖县茶产业协会挂靠保靖县工商联,由保靖县农业局主管。随着保靖县茶产业协会的稳定运行,保靖县形成了由政府、黄金茶有限公司和茶产业协会构成的整体网络结构。保靖县茶产业协会加强了中小茶企之间的联系,形成了一股独立的市场力量,与龙头企业平等竞争黄金茶鲜叶,增加了专业合作社和农户的市场定价权,减少了因市场权力不平衡而导致的压价、打白条或掺假等投机行为。在茶产业协会的引领下,中小茶企快速增长,降低了保靖县政府、专业合作社和农户等对保靖黄金茶有限公司的依赖性。在保靖黄金茶公司合作重组期间,黄金茶产业发展未受到重大影响就是明证。但是,也带来了一些负面影响。比如,中小茶企生产的"黄金茶"质量不稳定、标准不统一,影响了整个产业的市场美誉度;中小茶企的市场导向使黄金茶产业向生产成本更低的区域转移,在一定程度上偏离了产业扶贫的政策目标等。

第五节　结论与讨论

保靖黄金茶产业扶贫合作治理的成功实践表明,在产业扶贫合作治理中,地方政府作为"弱连带"结构中的中介者和中心者,有利于提升特色产业扶贫合作治理的公共性、有效性和稳定性的绩效水平;地方政府在"强连带"结构中保持互惠性,有利于提升特色产业扶贫合作治理的稳定性,不利于提升特色扶贫产业扶贫合作治理的公共性和有效性绩效水平;地方政府在"强结构"中保持可达性,有利于提升特色产业扶贫合作治理的公共性、有效性和稳定性绩效水平;地方政府补贴自发性扶贫产业,有利于提升特色产业扶贫合作治理的有效性和稳定性绩效水平,不利于提升特色扶贫产业合作治理的公共性绩效水平;地方政府培育龙头企业来发展扶贫产业,有利于提升特色产业扶贫合作治理的公共性绩效水平,不利于提升特色扶贫产业合作治理的有效性和稳定性绩效水平;地方政府组建特色产业协会,有利于提高特色产业扶贫合作治理的有效性和稳定性绩效水平,不利于提升特色产业扶贫合作治理的公共性绩效水平。

保靖黄金茶产业扶贫合作治理的成功实践,为实现乡村振兴战略中"产业兴旺"的总要求提供了可资借鉴的成功经验:在特色产业扶贫合作治理中,地方政府应当作为中介者、中心者或保持可达性,这样有利于提升特色产业扶贫合作治理的绩效水平;在产业扶贫合作治理中,地方政府不应当与龙头企业保持单一的互惠性合作,否则会对特色产业扶贫合作治理的绩效水平有不利影响;在特色产业扶贫合作治理中,地方政府建构特色扶贫产业多中心网络结构,有利于提升特色产业扶贫合作治理的绩效水平,自发性网络结构和单一中心网络结构对特色产业扶贫合作治理的绩效水平有不利影响。

　　需要讨论的是,开发绩效不同于产业精准扶贫质量。但是,提高开发绩效明显有利于提升产业精准扶贫质量。开发绩效以扶贫产业开发的公共性、有效性和稳定性来衡量或评价。其中,公共性主要评价扶贫产业开发过程中贫困农户的受益情况;有效性主要评价扶贫产业开发的投入与产出比,即扶贫产业开发效率;稳定性主要评价扶贫产业开发的可持续性。如果开发绩效获得显著提高,那么通常就意味着贫困农户受益比、扶贫产业开发效率和可持续性都可能在一定程度上得到了改善。扶贫产业开发效率和可持续性与产业精准扶贫质量的可持续性维度具有一致性,扶贫产业开发效率和可持续性的改善,必然会导致产业精准扶贫可持续性增强。贫困农户受益比与产业精准扶贫质量的目标性维度关系紧密但又存在实质区别,前者强调受益比,后者侧重于识别精准、利益关联方式和脱贫效果,受益比与识别精准和脱贫效果具有一致性,但与利益关联方式完全不同。这意味着,贫困农户受益比改善只能在一定程度上促进产业精准扶贫目标性维度的改善,并不能完全保障其得到改善。尽管如此,从整体上而言,提高开发绩效还是有利于提升产业精准扶贫质量的。

第五章　产业精准扶贫、
三重因素与合作绩效

  自20世纪90年代中期以来,国家将产业扶贫确定为我国扶贫工作的基本方针。随着分税制改革的推进,国家通过专项转移支付的方式,资助贫困地区地方政府开发扶贫产业。在扶贫产业开发过程中,地方政府需要扶贫企业、科研院所或其他社会组织的协助,才能解决开发过程中面临的市场、技术和社会声誉等难题。地方政府也需要动员贫困农户积极参与,增加贫困农户参与扶贫产业开发的主观能动性,只有这样才能从根本上解决产业扶贫的内生动力问题。在新时代,国家提出了精准扶贫战略,更加强调产业扶贫的精准性,贫困农户参与扶贫产业开发的意愿或积极性变得更加重要。从本质上而言,产业精准扶贫需要政府、扶贫企业或科研院所和贫困农户等主体共同参与,形成稳定良好的合作关系,从而提升产业精准扶贫的合作绩效。

当前,项目式治理已经成为产业精准扶贫工作的主要方式[1]。通过产业扶贫项目,中央政府不仅可以贯彻政策意图,而且可以用扶贫资金调用地方政府的财政资金,企业、科研院校、社会组织和农户等社会资金参与扶贫工作[2]。获得扶贫项目资金支持,已经成为各主体参与扶贫开发的主要动机[3]。资源依赖理论主要用于解释产业扶贫合作的原因、过程和结果等问题,但对合作原因、合作互动方式关注不够[4]。社会资本理论强调,产业扶贫互动过程或方式对信任、承诺、合作稳定性的影响,但对合作原因的解

---

[1] 殷浩栋,汪三贵,郭子豪.精准扶贫与基层治理理性——对于A省D县扶贫项目库建设的解构[J].社会学研究,2017,32(06):70-93,243-244.
[2] 黄承伟,邹英,刘杰.产业精准扶贫:实践困境和深化路径——兼论产业精准扶贫的印江经验[J].贵州社会科学,2017(09):125-131.
[3] 张欣.精准扶贫中的政策规避问题及其破解[J].理论探索,2017(04):86-92.
[4] 马迎贤.组织间关系:资源依赖视角的研究综述[J].管理评论,2005(02):55-62,64.

释却非常薄弱①。在本章研究中,笔者试图将项目治理、资源依赖与社会资本理论结合起来,探讨地方政府与扶贫企业或科研院校产业精准扶贫的合作绩效问题,以弥补单一理论视角的不足。三个理论视角的融合试图回答以下问题:为了成功建立地方政府与扶贫企业或科研院校的产业精准扶贫合作,合作者需要理解哪种类型的合作更有效,如何启动合作,如何利用资源存量建构和维持合作,提升合作绩效。

为此,本章在分析项目治理、资源依赖理论、社会资本理论和合作绩效评估等相关文献的基础上,构建出地方政府与扶贫企业或科研院校扶贫合作绩效的研究框架,分析相关理论与分析指标,选择三个地方政府与扶贫企业或科研院校特色产业扶贫合作案例,对项目治理、资源依赖、社会资本与合作绩效之间的关系进行全面研究。

第一节 产业精准扶贫中三重因素与合作绩效的研究框架

一、项目治理

在中国,项目治理是打破政府科层制的一种特定形式,在常规财政体制分配渠道之外,为了实现上级政府的意图,以专项资金引导地方财政和社会资本配置的制度安排②。在项目治理中,转移支付的财政资金被有关政府部门指定了专门用途或适用对象,戴上了各种"帽子",以体现资金拨付部门的意志③。到2012年,专项转移支付占中国整个财力性转移的42%④。

在项目治理中,上级政府通过设置项目引诱地方政府参与,以实现其政策意图;地方政府为获得项目资金,需要结合本地区发展目标整合其他资源;社会实体为实现自身目标,通过积极参与项目而获得政府在政治、经

---

① 邹宜斌.社会资本:理论与实证研究文献综述[J].经济评论,2005(06):121-126.
② 陈家建.项目制与基层政府动员——对社会管理项目化运作的社会学考察[J].中国社会科学,2013(02):64-79,205.
③ 周飞舟.财政资金的专项化及其问题 兼论"项目治国"[J].社会,2012,32(01):1-37.
④ 史普原.科层为体、项目为用:一个中央项目运作的组织探讨[J].社会,2015,35(05):25-59.

济和社会等方面资源的支持①。项目治理不仅改变了上下级政府的组织形态,而且将政府与社会实体紧密联系在一起,可以促进政府与社会实体之间的有效合作,共同解决公共问题。

由于项目专有性和参与选择权不同,项目治理可以划分即科层制、上级指定、双边契约和即时市场等四种组织型态②。科层制的自由度最低,项目用途和适用对象全由资金拨付部门指定,地方政府有完不成任务会受到惩罚的激励;即时契约自由度最大,项目用途和适用范围都可以根据需要进行调整,地方政府有利用项目资金实现地方经济增长从而在"晋升锦标赛"中获得胜利的激励③。

二、资源依赖

资源依赖理论认为,组织之间的竞争主要是资源竞争,包括自身拥有的资源和可以依赖的资源,资源是决定组织间绩效差异的主要因素④。根据依赖的方式不同,资源依赖可分为外生依赖和内生依赖,前者取决于被依赖方资源的稀缺性,后者取决于双方资源的相嵌性⑤。资源依赖理论假设:组织最重要的任务是保持生存,由于组织内部无法生产所有资源,必须到组织外获取必要资源,资源稀缺性和重要性将决定组织的依赖程度,为降低资源获取的不确定性和依赖性,组织必须与其他组织保持合作⑥。也就是说,资源依赖是跨组织或部门合作的重要原因,组织资源的某些特征会促进合作和产生良好的绩效⑦,合作双方的资源互补性和依赖性越强,

---

① 折晓叶,陈婴婴.项目制的分级运作机制和治理逻辑——对"项目进村"案例的社会学分析[J].中国社会科学,2011(04):126-148,223.

② 周雪光.项目制:一个"控制权"理论视角[J].开放时代,2015(02):82-102,5.

③ 周黎安.中国地方官员的晋升锦标赛模式研究[J].经济研究,2007(07):36-50.

④ Barney J. Firm Resources and Sustained Competitive Advantage[J]. *Journal of Management*,1991,17(01):99-120.

⑤ Thompson J D. *Organizations in Action Social Science Bases of Administration*[M]. New York:Mo Graw Hill,1967.

⑥ Amy J Hillman, Michael C Withers, Brian J Collins. Resource Dependence Theory:A Review[J]. *Journal of Management*,2009,35(06):1404-1427.

⑦ Gabbay S M,Zuckerman E W. Social Capital and Opportunity in Corporate R&D. The Contingent Effect of Contact Density on Mobility Expectations[J]. *Social Science Research*,1998, 27(02):189-217.

越有利双方形成长期的合作关系①。

组织的资源依赖会使组织陷入外部控制与内部自治的紧张之中。为了获取必要的资源,组织必须与控制着资源的组织互动,形成资源依赖性,完全的资源依赖将导致组织被完全控制,丧失自治权。因此,测量组织的资源依赖性在理论和实践中意义重大。有学者认为,资源对组织生存的重要程度、资源的可替代性程度和资源的专有性程度等是测量跨部门或组织合作资源依赖程度的关键因素②;还有学者认为,资源方向、资源互补性和资源性质等是资源依赖程度的主要测量指标③。

三、社会资本

"社会资本"从经济学的"资本"概念演变而来,有多重含义,可以指个人或组织在社会网络中的结构性要素,如弱连带、强连带或"结构洞"等,这些结构要素有利于个人或组织实现既定目标④;也可以指个人或组织凭借其在社会网络中的结构位置而能够获取外部资源的机会或能力,比如获取网络中的信息、权力或经济资本的机会或能力⑤;还可以指个人或组织在社会网络中长期互动而形成的信任、规范和制度等,有利于个人或组织之间的协作行动效率⑥。

在大多数情况下,社会资本都是作为解释变量,用于解释组织绩效提升或知识资本创造的过程⑦;在某些研究中,社会资本也可以作为被解释变量,有学者使用合作过程中的互动频率、关系密度、关系多重性和强度等

---

① Rothaermel F,Boeker W. Old Technology Meets New Technology: Complementarities, Similarities and Alliance Formation[J]. *Strategic Management Journal*,2008,29(01):47—77.

② Pfeffer J,Salancik G R. *The External Control of Organizations: A Resource Dependence Perspective*[M]. NY:Harper and Row Publishers,1978.

③ Austin J E,Seitanidf M M. *Creating Value in Nonprofit-Business Collaborations: New Thinking and Practice*[M]. San Francisco:Jossey—Bass,2014.

④ Coleman J. *Foundations of social theory* [M]. Cambridge, MA: Belknap,1990.

⑤ Lin, Nan, Karen S Cook, and Ronald S Burt, eds. *Social Capital: Theory and Research* [M]. New Brunswick, NJ: Transaction Publishers,2001.

⑥ Putnam, Robert, Robert Leonardi, and Raffaella Y Nanetti. *Making Democracy Work: Civic Traditions in Modern Italy*[M]. Princeton, NJ: Princeton Univ. Press,1993.

⑦ Ansell, Chris, and Alison Gash. Collaborative Governance in Theory and Practice[J]. *Journal of Public Administration Research and Theory*,2008,18(04):543—571.

来解释社会资本中信任、规范或制度的形成过程①。社会资本具有多重含义,测量方式也各不相同。有学者认为,社会资本应当从网络结构、连带关系和认知水平等三个维度来进行测量,并发展出相应的量表②;而也有学者认为,社会资本应当从信任水平、规则类型、合作方式和网络结构等四个维度来进行测量③。

四、合作绩效

跨部门或组织之间的合作绩效至少可以区分为组织、网络和社会三个层次。组织层次绩效是指实现合作组织自身目标的程度,网络层次是指实现合作组织共同目标的程度,社会层次是指实现合作组织影响社会政策或制度的程度④。作为公共性机构,政府与扶贫企业或科研院校合作应当更注重实现社会层次的共享价值。有学者认为,可以从三个维度来进行测量:一是合作要实现的直接目标;二是对合作组织的能力、知识和声誉的影响;三是对社会政策或制度变化产生的影响⑤。

五、研究思路

基于以上文献综述及理论回顾,参考地方政府与扶贫企业或科研院校产业扶贫合作的研究成果,笔者提出本章的研究思路(见图 5-1 所示)。

---

① Battisti, Martina. Below the Surface: The Challenges of Cross-Sector Partnerships [J]. *Journal of Corporate Citizenship* ,2009(35):95—108.
② Benington, John, and Mark H Moore, eds. *Public Value: Theory and Practice* [M]. New York:Palgrave Macmillan,2001.
③ Bryson, Crosby, Stone. Designing and Implementing Cross-Sector Collaborations:Needed and Challenging[J]. *Public Administration Review* ,2016,75(05):647—663.
④ Provan K G, Isett K R, & Milward H B. Cooperation and compromise: A Network Response to Conflicting Institutional Pressures in Community Mental Health[J]. *Nonprofit and Voluntary Sector Quarterly* ,2004,33(03):489—514.
⑤ Selsky J W,Parker B. Cross-Sector Partnerships to Address Social Issues:Challenges to Theory and Practice[J]. *Journal of Management* ,2005,31(06):849—873.

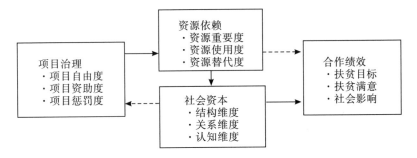

图 5-1 本章的研究框架

项目治理是地方政府与科研院校产业扶贫合作开始的主要动因。根据前述,有些产业扶贫项目是强制性的,地方政府和扶贫企业或科研院校必须落实,不落实就会受到惩罚或制裁;有些产业扶贫项目则自由度较大,两者都可以选择性落实,落实后对政绩或业绩提升有重要意义。在中国,地方政府和扶贫企业或科研院校基本上都不存在生存危机,资源依赖并不足以激励合作。但是,产业扶贫项目带来的惩罚或利益却能够产生足够的激励作用,而社会资本对合作对象的选择有重要影响。

资源依赖是影响地方政府与扶贫企业或科研院校产业扶贫合作绩效的基础条件。尽管扶贫项目对地方政府和扶贫企业或科研院校产业扶贫合作有强烈的激励作用,但是,为了保证持续提升产业扶贫合作绩效,两者之间必须存在资源依赖性,否则就会形成扶贫合作"拉郎配"。合作能够为两者带来各自稀缺的资源,对于地方政府而言,能够缓解高水平专业技术人才或产业基础不足的压力[1],改善政府内部决策水平,提高扶贫政策实施的可接受程度等[2];对于扶贫企业或科研院校而言,可以降低运营成本,提升企业美誉度,可以提高项目申报成功率、科技成果转化率和科技成果推广的经济社会效益,大幅提升获得科技进步奖励的可能性等[3]。

社会资本是地方政府和扶贫企业或科研院校产业扶贫合作保持稳定的关键条件。地方政府和扶贫企业或科研院校在合作过程中形成的规范和制度等,有利于加强彼此间的信任和理解,有利于调动各自社会网络中

---

[1] 杨本建,王珺.地方政府合作能否推动产业转移——来自广东的经验[J].中山大学学报(社会科学版),2015,55(01):193−208.

[2] 潘小娟,余锦海.地方政府合作的一个分析框架——基于永嘉与乐清的供水合作[J].管理世界,2015(07):172−173.

[3] 温珂,苏宏宇,宋琦.基于过程管理的科研机构合作创新能力理论研究[J].科学学研究,2012,30(05):793−800.

的资源,维持扶贫合作的稳定性①。但是,社会资本必须以资源依赖为前提条件,否则地方政府与扶贫企业或科研院校的扶贫合作就会出现"目标替换"的问题②,不利于提升扶贫合作绩效。

受项目治理激励,地方政府与扶贫企业或科研院校会启动产业扶贫合作,两者间的资源依赖可能有利于提升合作绩效,但持续性存疑;资源依赖通过社会资本的中介或调节,可能会对扶贫合作绩效产生持续性影响;社会资本可能会对项目治理会产生反馈作用,强化产业扶贫项目合作对象的选择。

第二节 产业精准扶贫中三重因素与合作绩效的实证研究

一、研究方法

本章研究的问题具有一定的开拓性,宜采用多案例研究法,以探讨地方政府与扶贫企业或科研院校产业精准扶贫合作的动因、过程和绩效之间的关系。当前关于地方政府与科研院校产业精准扶贫合作绩效的研究大多局限在理论层面,缺少实证分析和对合作过程的细节关注,多案例研究法有利于发现影响合作绩效的新因素。

二、案例选择

研究者在实地调研过程中,发现了湘西土家族苗族自治州三个不同的县(市)地方政府与同一个科研院校进行黄金茶产业扶贫合作的案例,合作开发的产业相同,所在地区相邻,地理环境类似,但是,支持的扶贫项目类型不同,扶贫合作历程存在较大差异。更重要的是,三个县(市)地区的产业扶贫合作绩效明显不同,非常适合于多案例研究。下面对三个县(市)的黄金茶产业扶贫合作案例进行简要介绍。

案例1:A县拥有一种特异的古茶树资源,物候期早,制成的干茶口感

---

① 何安华.土地股份合作机制与合作稳定性——苏州合作农场与土地股份合作社的比较分析[J].中国农村观察,2015(05):51-61.
② 郭珍,吴宇哲.耕地保护制度执行过程中的"目标替代"——基于多任务代理模型的研究[J].经济学家,2016(06):58-65.

鲜爽,深受当地群众喜爱,市场需求旺盛。但是,这种古茶树具有有性不育的特征,很大扩大市场规模。地方政府了解情况之后,派出了一名农艺师,帮助当地村民解决问题。为攻克技术难题,农艺师与省茶叶研究所一名资深研究员展开了科研合作,共同繁育特色新品种。经过多年交流合作,地方政府和省茶叶研究所都认识到了特色的市场和科研价值,从2003年开始,两者签署合作协议,开始正式的特色产业扶贫合作。地方政府"捆绑"或"整合"扶贫项目资金2亿多元,省茶叶研究所申请"星火计划"扶贫项目资金1000多万元,用于支持特色产业扶贫开发,成立了特色产业开发领导小组,省茶叶研究所派出两名副所长担任科技副县长和省科技特派员参与领导小组。在合作的10余年间,特色产业产值从774多万元增长到22000多万元,脱贫人口达到2.4万,成为省内十大著名绿茶品牌之一。

案例2:B市是上级政府驻地,部分乡镇与A县的特色产区相邻。A县特色产业开发成功之后,上级政府决定在全市(州)推广特色产业,指定B市负责实施,并配套了2亿多元的产业扶贫项目资金。为解决技术和推广问题,在省委组织部的协调下,省茶叶研究所派出一名副所长担任该市科技副市长,协助特色产业工作,地方政府与省茶叶研究所之间没有签订正式的合作协议。经过5年的开发,B市特色产业取得了一些成效,特色总产值从549万元增长到3490万元,脱贫人口达到1.4万。但是,B市特色产业的品牌知名度和美誉度均不如A县的特色产业,农户种植意愿也不太高。

案例3:C县有悠久的茶产业开发历史,自20世纪80年代以来,就因出产本县特有的某种绿茶而闻名全省。上级政府决定在全市(州)推广特色产业,要求C县在与A县相邻的乡镇开发特色产业,允许C县自行整合扶贫项目资金支持产业开发,上级政府不配套产业扶贫项目资金。省茶叶研究所在C县建有一个实验观测站,两者长期保持着科研合作关系,但主要限于科研人员与基层政府工作人员,主要负责人之间的交流沟通较少。经过五年的开发,C县的特色产业发展比较缓慢,只有部分乡镇有零星种植生产①。

三、变量界定

在文献综述的基础上,描述研究变量,提出研究设计,展开数据与资料

---

① 粟本文,黄怀生.保靖黄金茶[M].长沙:中南大学出版社,2017:5—10.

收集工作。变量定义及具体解释见表5-1。

首先,结合王颖林、柴国荣和朱桂龙等人的研究,概括出项目治理的测量变量[①]。一是项目自由度,主要考察扶贫项目的专用性和参与选择权;二是项目资助度,主要考察扶贫项目对产业和适用对象的资助强度;三是项目惩罚度,主要考察扶贫项目未达到预期目标时可能遭受的处罚。

其次,结合王会、薛继亮和李祖佩等人的研究,提出资源依赖的测量变量[②]。一是资源重要度,主要考察资源对于组织生存的重要性;二是资源互补度,主要考察组织间相互需要的资源是否互补;三是资源替代度,主要考察组织间相互需要的资源是否存在替代品。

再次,结合叶静怡和赵延东等人的研究,归纳出社会资本的测量变量[③]。一是结构维度,主要考察合作者之间的互动频率、互动密度和结构,体现合作者之间的熟悉和了解程度;二是关系维度,主要考察合作者之间的信任和遵守承诺的水平;三是认知维度,主要考察合作者之间对合作问题的观点或看法是否具有一致性等。

表5-1 研究变量定义及解释

类型	变量	定义及解释
项目治理	项目自由度	扶贫项目专用和参与选择的程度
	项目资助度	扶贫项目资助经费的强度
	项目惩罚度	没有完成扶贫项目的惩罚程度
资源依赖	资源重要度	资源对组织生存与发展的重要性
	资源互补度	组织间资源的互补程度
	资源替代度	组织间资源的可替代程度

---

① 王颖林,刘继才,赖芨宇.基于投资方投机行为的PPP项目激励机制博弈研究[J].管理工程学报,2016,30(02):223-232.柴国荣,徐渝,雷亮.合同双方联合角度的R&D项目激励机制优化研究[J].科研管理,2006(04):110-115.朱桂龙,黄海滨.论非项目驱动组织中项目激励管理的实现[J].科技进步与对策,2004(07):101-102.

② 王会,赵亚文,温亚利.基于要素报酬的农户自然资源依赖度评价研究——以云南省六个自然保护区为例[J].中国人口·资源与环境,2017,27(12):146-156.薛继亮.资源依赖、混合所有制和资源型产业转型[J].产业经济研究,2015(03):32-41.李祖佩,钟涨宝.分级处理与资源依赖——项目制基层实践中矛盾调处与秩序维持[J].中国农村观察,2015(02):81-93,97.

③ 叶静怡,武玲蔚.社会资本与进城务工人员工资水平——资源测量与因果识别[J].经济学(季刊),2014,13(04):1303-1322.赵延东,洪岩璧.社会资本与教育获得——网络资源与社会闭合的视角[J].社会学研究,2012,27(05):47-69,243-244.

续表

类型	变量	定义及解释
社会资本	结构维度	合作组织间的互通频率、密度和结构等
	关系维度	合作组织间的信任和承诺水平
	认知维度	合作组织间对共同问题的一致性认识程度
合作绩效	扶贫直接目标	本地区预期脱贫目标及实现程度
	扶贫满意程度	本地区扶贫对象对扶贫合作的满意度
	扶贫社会影响	本地区扶贫合作的社会美誉度

最后,结合武志伟、史传林和刘和东等人的研究,本章采用的合作绩效测量方法①。一是扶贫目标的实现程度,主要考察该地区完成脱贫目标的程度;二是扶贫对象的满意程度,主要考察扶贫对象对扶贫合作的满意程度;三是社会影响,主要考察扶贫合作工作在社会反响上的美誉度等。

四、资料收集

根据本章的研究目标和设计,笔者选择在地方政府、科研院校参与过合作过程的主要负责人及利益相关者对两者的合作进行深入调查研究。在调研过程中,为了保证数据的精准性,笔者采取了以下措施:首先,检索相关的公开报道等二手资料,初步了解合作过程;其次,初步确定调研主题,设计出所需数据结构,约谈被调查者,进行半结构化访谈;再次,在访谈过程中,请求被调查者提供一些书面证据资料,包括与合作相关的会议记录、内部刊物、工作总结和自传等。在资料收集过程中,对来源于不同渠道的信息进行比较,根据来源可靠性程序和一致性原则,对资料进行筛选,确保所获数据的真实性。

---

① 武志伟,茅宁,陈莹.企业间合作绩效影响机制的实证研究——基于148家国内企业的分析[J].管理世界,2005(09):99—106.史传林.政府与社会组织合作治理的绩效评价探讨[J].中国行政管理,2015(05):33—37.刘和东,钱丹.产学研合作绩效的提升路径研究——以高新技术企业为对象的实证分析[J].科学学研究,2016,34(05):704—712.

第三节　产业精准扶贫中
三重因素与合作绩效的分析讨论

一、项目治理与合作形式

通过分析三个案例可以发现,地方政府与扶贫企业或科研院所之间的产业扶贫合作是受项目治理激励启动的,由于激励因素和水平不相同,导致合作形式也不相同。

A县地方政府与省茶叶研究所之间的扶贫合作完全基于自愿,地方政府通过申请扶贫专项支持特色产业开发,省茶叶研究所通过参与研发特色,申请科技部"星火计划"资助,获取科研成果获奖所需的经济社会效益指标。扶贫项目的自由度和资助度比较大,惩罚度比较小,对合作双方都有较高水平的激励;B市地方政府与省茶叶研究所之间的扶贫合作基于强制,上级政府通过下达扶贫专项任务,经常性项目实施情况检查,督促地方政府完成指令性任务,省茶叶研究所对地方政府特色产业开发的协助,是在省发改委和省委组织部的要求下展开的。扶贫项目的自由度比较小,资助度和惩罚度都比较大,对合作双方也有较高水平的激励,但主要的激励因素是避免承担责任;C县地方政府与省茶叶研究所之间的扶贫合作是混合性的,地方政府和省茶叶研究所都接到了在C县开发特色产业的指令,但是上级政府或机构并没有配套扶贫专项,而是允许两者"捆绑"或"整合"其他扶贫项目,用于支持特色产业开发。扶贫合作的自由、资助度和惩罚度均处于中等状态,对合作双方的激励水平一般。

表 5-2　地方政府与科研院校扶贫合作的项目激励程度

		自愿式合作	强制式合作	混合式合作
项目激励	自由度	高	低	中
	资助度	高	高	中
	惩罚度	低	高	中
	总体水平	高	高	中

二、扶贫合作中的资源依赖

在地方政府与扶贫企业或科研院校受扶贫项目激励启动合作之后,两者之间的资源依赖程度对合作过程有重要影响。

从资源重要度方面而言，A 县是特色群体种质资源的原产地，品质优异，物候期早，有非常高的市场价值。省茶叶研究所拥有省内最高的茶树育种、栽培和茶叶加工技术能力，以及完备的技术推广体系和一定的市场营销资源，对贫困地区开发特色产业具有非常重要的意义；B 市与 A 县相邻，只拥有零星的特色群体种质资源。但是，B 市是市(州)政府驻地，上级政府的强力支持使 B 市拥有较好的政治和经济资源，这对特色产业开发是必不可少的；C 县也与 A 县相邻，没有特色种质资源。但是，C 县属于产茶县，茶业发展的历史悠久，拥有较好的市场营销和社会网络资源，对特色产业开发也非常重要。

从资源互补度而言，A 县拥有特色种质资源，政府全力支持的政治资源，缺少研发和市场推广能力，省茶叶研究所拥有强大的技术和推广资源，缺少科研特异种质资源和推广科研成果的政治经济资源，两者的资源互补度非常高；B 市拥有上级政府强力支持的政治和经济资源，特色种质资源较少，缺少研发和推广资源，与省茶叶研究所的资源互补程度处于中等状态；C 县发展茶产业的社会资源和市场资源比较丰富，支持的政治和经济资源较少，没有特色种质资源，与省茶叶研究所的资源互补程度比较低。

从资源替代度方面而言，A 县的特色种质资源是独一无二的，省茶叶研究所的研发和推广资源具有较高的垄断性，可替代程度比较低；B 市的政治和经济资源，取决于上级政府的意愿，可替代程度处于中等状态；C 县的社会资源和市场推广资源，省内相似地区较多，可替代程度最高。

表 5-3 地方政府与科研院校扶贫合作的资源依赖程度

		自愿式合作	强制式合作	混合式合作
资源依赖	重要度	高	高	高
	互补度	高	中	低
	替代度	高	中	低
	总体水平	高	中	低

三、扶贫合作中的社会资本

三个地区的地方政府与省茶叶研究所之间的合作过程不同，导致了社会资本积累上的差异。

从结构维度方面而言，A县政府与省茶叶研究所自2003年以来一直保持着联系，互动频率高，互动人员的级别也高（副县长、高级农艺师或副所长、研究员以上级别），关系密切；B市政府与省茶叶研究所合作时间短，互动频率高（派专职技术人员挂职副县长），互动人员的级别中等，关系不太密切；C县政府与省茶叶研究所合作时间长，但互动频率低，互动人员级别也低，关系不密切。

从关系维度方面而言，A县政府与省茶叶研究所之间的合作始于个人的人际关系，经历了长期的合作考验，关系质量高；B市政府与省茶叶研究所之间的合作始于指定，以官方关系为主，缺少情感支持，关系质量一般；C县政府与省茶叶研究所有长期的科研合作关系，但组织中高级别人员参与较少，关系质量中等。

从认知维度方面而言，A县政府与省茶叶研究所有多个沟通渠道，对特色产业发展价值取向的一致性较高；B市政府与省茶叶研究所的沟通渠道单一，很难开展情感层次对话交流，特色产业发展价值取向的一致性程度一般；C县政府与省茶叶研究所的情感层次沟通交流较多，缺乏高层次沟通交流机会，特色产业发展价值取向的一致性较低。

表5-4 地方政府与科研院校扶贫合作的社会资本水平

		自愿式合作	强制式合作	混合式合作
社会资本	结构维度	高	中	低
	关系维度	高	低	中
	认知维度	高	低	低
	总体水平	高	低	低

四、扶贫合作绩效

在不同类型的扶贫项目激励下，三地区的地方政府与省茶叶研究所之间的特色产业扶贫合作，产生了不同的绩效。

从扶贫直接目标方面而言，在合作期间，A县的特色产值，从774万元增长到22000万元，农民人均增收510元/年，脱贫人口达到2.4万，远超预期目标；在合作期间，B市的特色产值，从549万元增长到3490万元，农民人均增收241元/年，脱贫人口1.4万，略低于预期目标；在合作期间，C

县的特色产值增长缓慢,远低于预期目标①。

从扶贫满意程度方面而言,笔者对三地区的农户进行随机抽样,采用五克特量表进行特色产业扶贫满意度调查。结果显示,A县特色产业扶贫满意度均值达到了4.21,满意程度较高;B市特色产业扶贫满意度均值为1.89,低于中间值;C县特色产业扶贫满意度2.13,在三个地区中处于中等水平。

从扶贫社会影响方面而言,笔者对特色消费者进行随机抽样,采用五克特量表进行特色产业扶贫社会影响度调查。结果显示,A县的社会影响度最高,均值达到了3.87,B市次之,达到了3.12,C县最低,均值仅为2.56。

表5-5 地方政府与科研院校扶贫合作的绩效水平

		自愿式合作	强制式合作	混合式合作
合作绩效	扶贫直接目标	高	中	低
	扶贫满意程度	高	低	中
	扶贫社会影响	高	中	低
	总体水平	高	中	低

五、三重因素与合作绩效

结合以上分析可以发现:自由度、资助度高,惩罚度低的扶贫项目激励水平高,会激发自愿式合作;自由度低,资助度和惩罚度高的扶贫项目激励水平也高,会形成强制式合作;自由度、资助度和惩罚度中等的扶贫项目激励一般,会产生混合式合作。在资源依赖方面,资源互补度和替代度与合作绩效有较强的相关性。互补程度越高,可替代性越低,合作关系越紧密,合作绩效越高。在社会资本方面,结构、关系和认知维度与合作绩效的相关性都比较强。在四者的具体关系上,笔者得出了下列结论:

首先,资源重要度对合作绩效有一定的直接影响,但持续性较差。三个地区都有非常重要的资源,都推动了特色产业开发。但是,B和C地区的资源可替代性较高,互补性也不强,导致扶贫合作的持续性不强。

其次,资源互补度和替代度以社会资本中的结构和认知维度为中介变

---

① 粟本文,黄怀生.保靖黄金茶[M].长沙:中南大学出版社,2017:5—10.

量,对合作绩效产生持续性正向影响。A地区的资源重要度、互补度较好,可替代性低,推动了合作双方高频率的沟通交流,促进了对合作问题及价值的一致性认知,最终对合作绩效产生了持续性的影响。

再次,资源替代度对合作绩效的影响受社会资本中关系维度的调节。A地区的资源可替代性低,关系质量较好,合作绩效也较好;B地区的资源可替代性中等,关系质量较差,合作绩效较低;C地区的资源可替代性高,关系质量较好,合作绩效也较低。

第四节　结论与讨论

本章以产业精准扶贫过程中地方政府与扶贫企业或科研院校合作为研究对象,运用多案例研究法,探讨了项目激励、资源依赖、社会资本和合作绩效之间的关系。结果表明:(1)在项目式治理的大环境下,地方政府与科研院校存在三种基本的合作类型。其中,自愿式合作,奖励性激励水平高,资源互补和不可替代性高,并容易积累社会资本,致使合作绩效更高。强制式合作,惩罚性激励水平高,但资源互补和不可替代性较低,积累社会资本困难,合作绩效难以维持。混合式合作,因责、权、利不清晰,激励水平低,合作问题难以达成一致认识,合作绩效最低;(2)不同类型的合作,资源依赖与社会资本的关系不一样。在自愿式合作中,资源互补度和替代度直接推动结构维度、关系和认知维度的发展。在强制式合作中,资源重要性推动结构维度的发展(比如,拥有政治经济资源的上级政府经常组织开会交流沟通等),但很难推动关系和认知维度的发展。在混合式合作中,资源重要性推动结构和关系维度的发展(比如,拥有社会商业资源的茶商之间的市场网络等),但很难推动认知维度的发展;(3)资源依赖中的资源重要度直接作用于合作绩效,但稳定性不佳。资源互补度和替代度通过社会资本中的结构和认知维度作用于合作绩效,稳定性较好。资源替代度作用于合作绩效受社会资本中关系维度的负向调节,即在关系质量好的前提下,资源可替代性提高也可以提升合作绩效,或者在关系质量不好的前提下,资源可替代性降低也不会提升合作绩效。

在理论上,本章对跨组织合作理论进行了一定的扩充:(1)结合中国国情,将项目激励纳入跨组织合作的动因之中,丰富了跨组织研究中"驱动—结果"的研究框架;(2)将地方政府产业精准扶贫合作区分为自愿式、强制式和混合式合作,弥补了以往跨组织合作研究不对合作类型或来源进行区分或定义的缺憾;(3)分析了中国国情下项目激励、资源依赖和社会资本影响地方政府与科研院校合作的具体路径,提供了一种新的研究路径。

在实践上,本章对推动地方政府与扶贫企业或科研院校的产业精准扶贫合作有一定的指导意义:(1)在合作类型上,以奖励性激励为主的自愿式合作,更容易实现资源互补度、替代度推动社会资本的积累,提升合作绩效;(2)资源重要性并不足以直接提升合作绩效,也不足以推动社会资本的积累,进而间接推动合作绩效的提升;(3)在资源可替代性较高的前提下,社会资本中较好的关系质量也只能带来有限的合作绩效提升。

需要进一步讨论的是,合作绩效不同于产业精准扶贫质量,但提高合作绩效明显有利于提升产业精准扶贫质量。合作绩效的目标设定分为三个层次,即组织目标、网络目标和社会目标。组织目标为地方政府、扶贫企业或科研院校与贫困农户等合作主体各自的目标,网络目标为合作主体的共同目标,社会目标为合作治理产生的社会效益目标。如果组织目标完成度好,那么意味着贫困农户参与扶贫产业的收入增加,脱贫效果好,这与产业精准扶贫质量目标性维度中的识别精准和脱贫效果等指标具有一致性,与利益关联方式不具有一致性;如果网络目标完成度好,那么意味着贫困农户参与扶贫产业的满意度较好,贫困农户参与扶贫产业的收入较高,脱贫效果显著,这与产业精准扶贫质量目标性中的识别精准和脱贫效果等指标具有很高的一致性,但不意味着与利益关联方式具有一致性。如果社会目标完成度好,那么意味着产业精准扶贫合作治理产生了重大社会影响,形成了值得借鉴的产业精准扶贫模式,说明扶贫产业的可持续性和脱贫精准性都有坚实保障,这与产业精准扶贫质量的可持续性维度和目标性维度都具有较高的一致性。因此,从整体上而言,提高产业精准扶贫合作绩效明显有利于提升产业精准扶贫质量。

第六章 产业精准扶贫、跨域治理与合作绩效

产业扶贫是我国扶贫工作的基本方针之一。习近平总书记在湘西自治州十八洞村考察扶贫工作时指出,产业扶贫要"因地制宜",发展地方特色产业①。当前,在国家特色产业扶贫项目的支持下,各地开发的特色扶贫产业呈"燎原"之势,部分地区推广"一乡一品"甚至"一村一品"的特色产业②,并在地方政府的支持下申请地理标志证明商标,对特色产业进行原产地保护。特色产业开发成功会吸引非原产地相邻县(市)从业者的效仿、模仿甚至造假,尽管有利于扩大特色产业的市场规模,但也会消耗特色产业的"特色",降低原产地地区从业者可获取的垄断收益,影响特色产业的可持续发展③。更重要的是,还可能会出现"精英俘获"现象,整个产业为少数产业精英所控制,扶贫功能被弱化④。因此,为保障特色产业开发扶贫的均衡性,跨域合作治理是一种必然选择。本章以湘西自治州的黄金茶产业扶贫开发为例,分析特色产业扶贫跨域治理的困境与问题,为跨域性公共问题的合作治理提供经验和借鉴。

第一节 产业精准扶贫与跨域治理

跨域治理是近年来公共管理研究的一个热点问题,其兴起源于传统科

---

① 李永华.总书记与湘西十八洞村的故事[J].中国经济周刊,2017(35):18-27,88.
② 秦富,钟钰,张敏,王茜.我国"一村一品"发展的若干思考[J].农业经济问题,2009,30(08):4-8,110.
③ 王岱,蔺雪芹,司月芳,余建辉.县域特色产业形成和演化机理研究进展[J].地理科学进展,2013,32(07):1113-1122.
④ 刘升.精英俘获与扶贫资源资本化研究——基于河北南村的个案研究[J].南京农业大学学报(社会科学版),2015,15(05):25-30,137-138.

层制应对跨区域、跨专业领域和跨部门等公共问题的局限性,是回应"新公共服务"运动中提高政府治理效率而进行政府再造的必然结果①。本章所研究的跨域合作治理,是指两个或两个以上分属于不同行政管辖区的地方政府,由于行政边界相邻和功能重叠,加之又存在地方经济发展与政府官员晋升竞争,在治理区域性公共问题时,需要地方政府联合起来,共同解决困难的公共问题②。

特色产业扶贫治理的跨域性,应当从以下四个方面来理解:第一,特色产业扶贫具有地域性。特色产业大多基于特定地区的特异资源发展而来的,地方政府往往以法律措施,如申请"原产地证明标志"等,对地方特色产业加以保护,防止特色产业资源外流,影响特色产业扶贫绩效;第二,特色产业扶贫具有外部性。一个开发成功的扶贫特色产业可能会跨越地域限制,引领相邻地区相似特色产业的发展。但是,会受法律、政策或行政措施的限制;第三,特色产业扶贫具有公共性。特色产业跨地域发展有助于实现"特色"与"规模"的均衡,提升产业扶贫绩效。因此,需要上下级政府、地方政府或政府部门间相互协作,打破特色产业跨域发展的行政壁垒;第四,特色产业扶贫具有综合性。特色产业扶贫需要依靠扶贫项目、行政、政策、科技和营销等多种手段和力量的支持,才能保障发展的稳定性和可持续性。

跨域治理源于合作理论。根据适用范围不同,合作理论可以区分为政策网络理论和合作治理理论,前者侧重于政策产出与评价,后者侧重于治理过程与结果。政策网络理论主要研究利益相关者群体如何影响政策产出及绩效等问题。自20世纪以来,随着经济、社会和环境等问题变得日趋严重和复杂,社会利益群体分化十分明显,任何单一主体都难以推动政策形成,只有政府、私人部门、第三部门或志愿者等利益相关者群体结成网络,动员彼此的力量,才能有效促进政策产出并提高绩效③。也就是说,在这种形势背景下,国家政策主体结构出现了碎片化、部门化和分权化的趋势,社会在整体上也出现了去中心化的趋势,为利益相关者群体之间形成政策网络奠定了现实基础。特色产业扶贫跨域合作发生在基层地方政府

---

① 罗伯特·B·丹哈特,珍妮特·V·丹哈特,刘俊生.新公共服务:服务而非掌舵[J].中国行政管理,2002(10):38-44.
② 汪伟全.空气污染的跨域合作治理研究——以北京地区为例[J].公共管理学报,2014,11(01):55-64,140.
③ 范世炜.试析西方政策网络理论的三种研究视角[J].政治学研究,2013(04):87-100.

治理实践中，一般不涉及政策网络问题。

合作治理理论主要研究政府、私人部门、第三部门或志愿者群体等组织如何相互合作，提高解决公共问题的绩效。合作治理可以分为政府内合作治理和公私合作治理等两种基本类型，前者研究政府内部机构跨越层级、部门的界限的相互合作问题，后者研究公共部门与私人机构跨越组织界限的相互合作问题。无论何种类型的合作治理，都倡导在不同组织间通过协调、整合的方式来治理公共事务，实现社会公平与正义，达到消除政策间的矛盾与紧张提高政策绩效、减少重复治理提高稀缺资源利用效率、增进利益相关者之间的协作、为社会公众提供更好公共服务等基本目标[①]。特色产业扶贫涉及相邻地方政府、地方政府与企业或社会组织间共同或协作处理跨域公共经济社会问题，与合作治理理论密切相关。

研究特色产业扶贫的跨域合作治理具有重要的理论和实践意义。传统科层制专业化的治理模式难以应对跨域性的公共经济社会事务，探索跨域合作治理新模式有助于消解这一难题。对特色产业扶贫中存在的跨域公共经济社会问题进行研究，不仅对提高特色产业扶贫治理绩效有现实意义，而且对处理同类公共事务有重要的借鉴意义。

第二节　产业精准扶贫跨域合作治理的主要模式

受"地理标志证明商标"等法律措施保护的特色产业，如果开发成功，必然会与周边地区的相似产业相互影响，可能产生利益冲突导致特色产业崩溃，也可能利益共享维持特色产业的稳定发展[②]。特色产业的发展与保护，是一个需要跨域治理的公共问题。跨域治理是一种对区域性公共事务进行有效管理的制度安排，是解决区域性公共问题的重要工具[③]。当前，跨域治理研究大致可以区分为三个方向：一是以科层制为基础的跨域合作治理；二是以市场机制为基础的跨域合作治理；三是以网络机构为基础的

---

① 敬乂嘉.合作治理：历史与现实的路径[J].南京社会科学，2015(05)：1—9.
② 刘鸿渊，柳秋红.欠发达地区农村特色产业发展困境与策略探析[J].农村经济，2015(12)：57—61.
③ 张成福，李昊城，边晓慧.跨域治理：模式、机制与困境[J].中国行政管理，2012(03)：102—109.

跨域合作治理①。

在以科层制为基础的跨域合作治理中,强调运用行政权威解决地区利益或损害的"溢出效应"。所谓"溢出效应"是指一个地区的利益或损害,可能会提升周边地区的利益或带来损害,外溢过程将相邻地区的政府、组织和人民联结成利益共同体②。为了提升共同利益或降低共同损害,需要在共同上级政府的主导下,运用科层制的行政权力,将分属于不同辖区的地方政府按特定原则重新架构,建立合作治理机构、制度和原则,解决地方政府分别治理导致的区域隔离与分裂等问题,促进区域合作,优化区域性公共品的供给③。

在以市场机制为基础的跨域合作治理中,强调运用市场机制解决公共资源配置中"公地悲剧"问题。所谓"公地悲剧"是指自私的个人或组织的理性行为会导致集体的非理性④。为了提升共同利益或降低共同损害,需要建立良好的市场机制,界定清晰的产权,规范合理的竞争,整合跨域的公共资源等,形成跨区域公共品或服务流通市场,打破地区间的隔离与分裂,提升公共品或服务的配置效率。

在以网络机制为基础的跨域合作治理中,强调运用网络机制解决利益协调或资源配置等公共问题。相对于科层制的"行政权威"和市场机制的"利益引诱",网络机制依赖合作者或合作组织间的"信任与承诺"来实现公共问题解决的跨域合作治理⑤。通过建立合理的网络结构、机制和制度,可以加强区域间地方政府、私人组织、第三方组织或志愿者群体等组织间的沟通交流,增进互信和履行承诺的水平,实现区域性公共事务有效的合作治理。

根据有关区域经济社会合作治理的文献梳理,可以归纳出特色产业扶贫跨域治理的三种模式,即科层、市场和网络模式。科层模式以行政权力为核心,以树立共同目标、建立专门协调机构、完善沟通交流机制和建构特

---

① 范永茂,殷玉敏.跨界环境问题的合作治理模式选择——理论讨论和三个案例[J].公共管理学报,2016,13(02):63—75,155—156.
② 孙早,刘李华,孙亚政.市场化程度、地方保护主义与R&D的溢出效应——来自中国工业的经验证据[J].管理世界,2014(08):78—89.
③ 王慧敏,陈蓉,佟金萍."科层—合作"制下的洪灾应急管理组织体系探讨——以淮河流域为例[J].河海大学学报(哲学社会科学版),2014,16(03):42—48,91—92.
④ 湛志伟."公地悲剧"及其治理的博弈分析[J].经济评论,2004(03):49—52.
⑤ 李维安,林润辉,范建红.网络治理研究前沿与述评[J].南开管理评论,2014,17(05):42—53.

色产业共同开发模式等为主要措施;市场模式以市场机制为核心,以产权界定、产权保护和保障扶贫功能实现的社会责任机制等为主要措施;网络模式以网络机制核心,以保障参与主体多元化、沟通交流平等化和信任承诺资本化等为主要措施,详细内容请参见表6-1。

表6-1 特色产业扶贫跨域治理模式与工具选择

治理模式	治理措施	核心特征
科层式	树立共同目标	以行政权力为核心,相关地方政府为主体,开发管制作为主要措施
	建立专门协调机构	
	完善沟通交流机制	
	共同开发	
市场式	产权界定	以市场机制为核心,以产权交易和法律保障为主要措施
	产权保护	
	扶贫机制(征税等)	
网络式	参与主体多元化	以网络机制为核心,以平等沟通交流与信任承诺培育为主要措施
	沟通交流平等化	
	信任承诺资本化	

一、科层模式

各级政府协作促进区域经济发展是当前世界各地经济发展的主流模式之一。各级政府间通过协作,可以消除贸易与投资壁垒,降低交易成本,扩大市场规模[1];可以联合保护财产权和知识产权,提高打击扰乱市场行为的效率,保障投资者利益[2];可以实现资源共享,提高资源使用效率等[3]。在中国的国情下,相邻地区的地方政府之间存在激烈的官员晋升竞争关系,地方政府间促进区域经济发展面临着诸多体制机制方面的障碍,只有综合运用多种治理工具,才能协调各相邻地方政府共同推进特色产业扶贫

---

[1] 马胜春,黄基鑫."一带一路"战略与中国区域经济发展——2015中国区域经济学会年会观点综述[J].中国工业经济,2015(11):156-160.

[2] 曹洪军,莎娜.区域环境视角下的区域经济发展模式研究——基于山东省数据的实证分析[J].中国工业经济,2011(08):25-35.

[3] 赵明华,郑元文.近10年来山东省区域经济发展差异时空演变及驱动力分析[J].经济地理,2013,33(01):79-85.

合作。

首先,理解特色产业扶贫区域合作治理的共同目标。地区间以GDP增长为关键指标的晋升竞赛,特色产业的扶贫效果很难在相邻地区间实现共享。因此,区域合作治理首先要在地方政府间树立特色产业扶贫的共同目标。

其次,建立特色产业扶贫区域合作治理的专门协调机构。相邻地区间的地方政府受行政体制限制,不能对跨行政区域的公共事务或问题进行治理,只能请求相关行政区域内地方政府进行协助,缺乏体制内正式的协调机制。要开发特色产业,实现区域经济协调或一体化发展,需要建立相应地方政府间的专门协调机构,加强地方政府间政策实施、资源配置和合作治理的正式性。

再次,完善特色产业扶贫的沟通交流机制。相邻地区间不同级别地方政府官员的沟通交流意味着能够共享的信息、资源与权力不同,跨区域合作治理的层次不同。相邻地区间地方政府官员正式与非正式沟通交流对跨区域合作治理也产生不同的影响。要提升特色产业扶贫区域合作治理绩效,必须建立一套完善的府际沟通交流机制。

最后,建立特色产业共同开发模式。特色产业跨区域共同开发存在多种模式,有特异资源共享开发模式、地理标志商标证明共享开发模式、特色产业扶贫项目开发模式、龙头企业引导开发模式,等等。不同的共同开发模式,需要建立不同治理机构,配置不同的权力和资源,面临着不同的目标或利益冲突问题,相邻地方政府间只有建立合适的共同开发模式,才能有效提升特色产业扶贫区域合作治理的绩效。

二、市场模式

在特色产业扶贫开发过程中,有学者认为,"地理标志商标证明"等法律措施与开发区域或资源管制等行政措施,对特色产业扶贫的效率提升有不利影响。只要能够维护正常的市场秩序,特色产业就会在市场机制的引导下,实现特色产业开发资源的最佳配置。地方政府需要做的,仅仅是界定产权、允许产权交易、保护产权和建立产权交易补偿机制[1]。

在产权界定方面,国内研究主要集中在受"地理标志商标证明"保护的

---

[1] 袁庆明.新制度经济学的产权界定理论述评[J].中南财经政法大学学报,2008(06):25-30,142-143.

特色产业是否存在外部性问题。有学者认为,受"地理标志商标证明"保护的特色产业,特异资源的自然区域、行政区域和法律保护区域之间并不一致,导致特色产业集体产权的边界模糊,进而产生特色产业扶贫的外部性问题。如果修改"地理标志商标证明"的适用范围,尽量将不同区域的特异资源整合为一体,可以合理解决特色产业扶贫的外部性问题①。

在法律措施方面,国内外的研究主要集中在市场秩序与法律措施是否存在契合的问题。有学者认为,以政府管制为主的法律措施会扰乱特色产业发展的市场规律,不利于特色产业的适度发展,还可能会带来权力寻租的问题。维护产权制度的权威性、明确性和稳定性,保障事后救济等法律措施的程序正义性,可以引导特色产业适度发展,提升市场配置资源的效率②。

在连带机制方面,国内外的研究主要集中在特色产业开发的扶贫效果问题。有学者认为,特色产业开发或发展的市场化,会出现"马太效应",贫困农户无法受益;支持特色产业的扶贫项目资金容易被"精英俘获",成为精英的商业资本,偏离产业扶贫项目的政策目标。因此,在以市场机制引导特色产业开发或发展时,还需要引入连带机制,为贫困农户保留从特色产业市场化开发或发展中获益的途径或通道③。

三、网络模式

为了培育特色产业市场,提升特色产业扶贫绩效,在某些情况下,地方政府间、地方政府与非政府部门(包括但不限于商业组织、非营利组织和公民等)等主体跨越政府或组织边界,以平等身份共同参与特色产业扶贫,形成网络化的合作治理模式。网络模式重视参与治理主体的多元化,重视沟通与协调交流的平等化,着力于培养参与者之间的信任与承诺等社会资本。

网络模式的首要特征是治理参与主体的多元化。在特色产业扶贫过程中,地方政府为了维持产业发展的有效性,希望相邻地区的地方政府能

---

① 凌斌.肥羊之争:产权界定的法学和经济学思考——兼论《商标法》第9、11、31条[J].中国法学,2008(05):170—189.
② 吴伟.政府管制的法经济学解释:一个文献综述[J].北京航空航天大学学报(社会科学版),2010,23(06):1—8.
③ 程璟,郑逸芳,许佳贤,陈念东.参与式扶贫治理中的精英俘获困境及对策研究[J].农村经济,2017(09):56—62.

够参与特色产业开发,共享特色产业扶贫资源。同时,地方政府还希望行业企业、专业合作社和农户等主体,积极申报特色产业扶贫项目或参与特色产业种植、加工和销售等开发活动,共同促进特色产业快速发展。在现有的特色产业扶贫实践中,已经形成了府际协作、公私合作伙伴关系和社会协作等多种网络合作形式①。

在平等沟通交流机制方面,多主体共同参与特色产业扶贫,由于需要跨越行政区域、政府或组织边界,官方的、命令式的与价格导向的沟通交流机制基本上无法适用。在政府与非政府组织或个人之间建立平等的沟通交流平台,以现代技术手段加强彼此间的联系互动,促成参与主体间特色产业扶贫共识的达成至关重要。有学者认为,传统官僚制行政管理模式和碎片化的新公共管理模式,对促进共识达成非常困难,而协作式的公共管理则非常有前途②。

相对于科层和市场模式而言,多主体共同参与特色产业扶贫更需要培育信任与承诺等社会资本。在特色产业扶贫过程中,地方政府间、地方政府与非政府组织或农户间存在着利益博弈关系,在缺乏信任与承诺的情况下,任何一方都可能会为了实现自身利益最大化而损害他方利益。比如,一个地区为抢占市场而压低市场价格或粗制滥造,可能会危及相邻地区整个特色产业发展的持续性。如果参与方能够相互信任、信守承诺,则可以遏制相互损害的投机行为,共同促进特色产业稳定发展,提升特色产业扶贫绩效。

综上所述,现有研究对特色产业扶贫跨域合作治理模式及核心特征进行了详细论述,不同的跨域合作治理模式,有不同的治理主体、治理措施或工具,核心关注点也各不相同。但是,现有文献在特色产业扶贫三种模式融合或交叉方面的研究较少,也没有相关的案例研究,更缺乏特色产业扶贫区域治理绩效方面的实证研究。在脱贫攻坚、决胜小康社会的关键阶段,选择集中连片特困地区之一的湘西自治州,研究湘西黄金茶产业扶贫由"属地管理"转向"区域治理"的路径演变过程具有非常重要的理论和实践意义。

---

① Emerson, Kirk, Tina Nabatchi, and Stephen Balogh. An Integrative Framework for Collaborative Governance[J]. *Journal of Public Administration Research and Theory* 2012(22):1—29.

② Koontz, Tomas M, Toddi A Steelman, JoAnn Carmin, Katrina Smith Kormacher, Cassandra Moseley, and Craig W Thomas. *Collaborative Environmental Management: What Roles for Government?* [M]. Washington, DC: Resources for the Future Press, 2004.

第三节 产业精准扶贫跨域合作治理的案例分析

湘西自治州保靖县黄金村有一种古老的特异茶树资源,不仅物候期早,而且茶叶品质极佳,深受当地群众喜欢。但是,由于这种古茶树资源天然不育,当地村民没有掌握扦插等无性繁殖技术,尽管市场需求很大,种植规模一直比较小。另外,这种古茶树资源属于群体品种,茶单株之间品质差异较大,茶叶品质也不稳定。从2005年开始,保靖县农业局与省茶叶研究所合作研发,不仅解决了繁殖技术难题,而且选育出3个品质优异的黄金茶良种。保靖县政府决定整合或"捆绑"扶贫项目资金支持黄金茶产业开发,以提升保靖县产业扶贫绩效水平。在保靖县政府良种补贴政策的支持下,黄金茶的种植规模快速扩张,产量产值也随之增加。随后,保靖县政府将补贴扩大至加工和销售环节,鼓励茶企开拓黄金茶市场,扩大黄金茶的品牌效应和市场影响力。在保靖县政府一系列黄金茶产业开发扶贫措施的支持下,经过近10年的发展,保靖黄金茶开发取得了骄人成绩,至2015年,当年实现产值近10000万元[①],成为保靖县的扶贫支柱产业。为阻止黄金茶资源外流,防止假冒伪劣,保靖县政府成功申请了"保靖黄金茶"的地理标志商标证明,对行政区域内的茶企进行认证,只有达到认定条件的,才被允许使用地理标志证明商标。

随着保靖黄金茶市场影响力的扩大,相邻县、市农户也开始尝试种植黄金茶。但是,由于保靖县政府禁止茶苗繁育企业向外销售茶苗,农户只能通过非正式渠道获取,不仅质量难以保证,而且价格昂贵。由于相邻县、市农户种植、加工和销售保靖黄金茶脱离了保靖县政府的监管,茶叶品质参差不齐,影响了保靖黄金茶的市场声誉,扰乱了市场秩序。为了保持保靖黄金茶的可持续发展,保靖县政府采取了一系列措施:(1)政府收购所有的黄金茶苗,向保靖县农户出售,同时发放种植补贴;(2)加大执法力度,对非法冒用保靖黄金茶地理标志证明商标的企业进行严厉打击;(3)重点培育监管两家保靖黄金茶生产销售的龙头企业,带动保靖县农户种植黄金茶,防止假冒伪劣的保靖黄金茶上市。

但是,这些保护措施并没有阻止黄金茶向区域外扩张,巨大的市场需

---

① 粟本文,黄怀生.保靖黄金茶[M].长沙:中南大学出版社.2017:5.

求吸引着周边县、市农户及中小茶企的参与,保靖县政府对区域外黄金茶产业发展无能为力,相邻县、市地方政府则乐意见到此种状况。到2015年,市场上出售的保靖黄金茶,有很大一部分并非产自保靖县,地理标志证明商标基本丧失了保护作用。在此情况下,湘西州政府决定将保靖黄金茶升级为湘西黄金茶,作为全州的特色产业。但是,这个决定遭到了保靖县政府及当地群众的反对,尤其是黄金茶种质资源原产地的居民,更是强烈抗议州政府的决定。

湘西州政府决定委托吉首市政府开发湘西黄金茶产业,并给予扶贫专项资金的支持。接到委托任务后,吉首市政府采取了以下措施:(1)向国家商标总局申请"湘西黄金茶"的地理标志证明商标;(2)与科研机构合作,组建黄金茶苗繁育企业;(3)运用扶贫专项资金的支持,通过良种补贴,鼓励农户种植黄金茶;(4)引入有实力的上市公司加工、销售湘西黄金茶,扩大湘西黄金茶市场规模和影响力;(5)组织大规模的湘西黄金茶推荐活动,力图以文化、旅游活动提高湘西黄金茶的知名度和美誉度。

第一个措施遭到了保靖县政府的强烈反对,在国家商标局批复了"湘西黄金茶"的地理标志证明商标之后,公示期间,保靖县政府向国家商标总局提出了异议,国家商标总局暂停了"湘西黄金茶"地理标志证明商标的注册工作。对于吉首市的其他开发措施,尽管保靖县政府也表示反对,但却无能为力。尽管黄金茶良种选育技术性非常强。但是,一旦从群体种中选育成功,由于可以通过扦插等无性方式繁殖,品种选育人和权利人基本上无法控制其他区域引种。另外,法律上尽管承认品种选育人的知识产权,比如署名权和获利权等。但是,对于自行繁育品种的行为,权利人则没有权利予以制止。

在州政府的协调下,吉首市政府和保靖县政府达成了共识,保靖县黄金茶和湘西黄金茶的地理标志证明商标都得以保留,可在各自授权范围内使用而不构成侵权。也就是说,保靖县区域内认证茶企可以使用"保靖黄金茶"和"湘西黄金茶"的地理标志证明,湘西州其他县、市可以使用"湘西黄金茶"的地理标志证明商标。由此,在州政府的支持下,湘西黄金茶产业扶贫开发形成了以吉首市为龙头、其他县、市为成员(保靖县除外)的府际合作模式,吉首市政府主要负责"湘西黄金茶"品牌和市场推广工作,其他县、市则整合扶贫项目资金支持本区域内黄金茶的种植、加工和销售。随着政府推广力度的加大,湘西黄金茶的市场影响力快速扩大,成为湖南省最畅销的名优绿茶之一,在春茶上市时,基本上处于供不应求的状态。

然而,在湘西黄金茶市场影响力和规模扩张的同时,不少从业人员开始隐隐担忧湘西黄金茶发展的稳定性、持续性和公益性。主要表现在:(1)地理标志证明商标不统一混淆了消费者的市场认知;"湘西黄金茶"和"保靖黄金茶"同时存在,让消费者感到困惑,到底哪种黄金茶是正宗的?不同区域的从业者相互诋毁声誉的行为更加剧了这一困惑;(2)茶叶品质不稳定影响市场美誉度。湘西黄金茶市场影响力和规模的快速扩张,吸引了大量农户加入产业开发,生产技术参差不齐,茶叶品质差异较大。另外,其他县、市引种黄金茶,由于远离核心产区,茶叶的内在品质也发生了较大变化;(3)湘西黄金茶的市场秩序比较混乱。除了区域内使用"湘西黄金茶"地理标志证明商标的茶企之外,有许多区域外的茶商直接向农户收购加工好的散装干茶,拼配之后冒称"湘西黄金茶"在市场上销售,严重扰乱了市场秩序;(4)贫困农户获利能力比较差。贫困农户缺资本和技术,只能从事获利最少的黄金茶种植、采摘环节,获利较多的环节基本上被"精英俘获",影响了湘西黄金茶产业扶贫的效果。

第四节 产业精准扶贫跨域合作绩效的提升对策

湘西黄金茶产业扶贫开发成功,固然有黄金茶种质资源优异性和市场价值高的原因,但更依赖于州政府整合产业的行政权威。这种府际合作型特色产业扶贫跨域治理模式有两个关键特征:(1)问题导向非常明确,行政效率比较高。湘西州政府决定将其保靖黄金茶升级为全区域的特色产业,作为扶贫攻坚的支柱产业后,使用了大量的行政措施。比如,产业规划、扶贫项目整合、合作协议和指定下级政府主导开发等,效果明显;(2)集权倾向非常明显,强调统一、命令与服从。尽管保靖县政府不同意,但在湘西州政府的命令下,也只能服从,其他县、市政府也必须按要求在本区域推进黄金茶产业开发工作。

但是,这种特色产业扶贫跨域合作治理模式存在着一些天然缺陷,需要引起研究者与政府有关部门的注意。

一、跨域合作治理中利益调整困难

有学者认为,政府间最本质的关系是利益关系,权力关系、财政关系和公共行政关系都基于利益关系①。特色产业扶贫跨域合作治理过程,就是相关地方政府间利益冲突、妥协和调整的过程,主要包括两个方面:一是利益补偿问题。相邻县市间存在以 GDP 增长水平和脱贫人口的晋升竞争,将一个县、市开发的特色产业调整为全州共享的特色产业,不仅涉及主要地方政府官员的晋升利益,更牵涉当地人民群体的切身利益,如果不对特色产业原产地的政府财政和居民利益进行补偿,合作治理难以推动。如果以强制方式推动,则可能会诱发社会不稳定因素。但是,如何进行补偿,按照何种标准进行补偿却缺乏明确的法律或政策支持;二是扶贫项目资源分配问题。在推广特色产业时,地方政府需要整合或"捆绑"扶贫项目予以支持。但是,由于各地方政府能够获取的扶贫项目资源的能力差异较大,如何在地方政府间合理配置扶贫项目资源显得十分重要,否则地方政府一旦感知分配不公,就很难形成特色产业扶贫的合力。

二、跨域合作治理中政府与市场边界模糊

特色产业开发的市场逻辑要求产权清晰、自由贸易和稳定的法律保护等要素,排斥地方政府的任意干预。特色产业开发市场化尽管有利于实现资源配置最优化。但是,却很难实现特色产业扶贫的社会和政治功能。为此,地方政府采取了一些强制性措施。比如,强制要求贫困农户种植黄金茶,并给予良种补贴,限制其他农户参与种植;或者要求企业招聘一定数量的贫困农户作为工人,否则就取消特色产业经营授权等;或者为扩大特色产业品牌、市场影响力,不顾市场竞争规律,采用行政手段建立或支持建立大型龙头企业(比如发放各种名目的财政补贴等),刻意制造不平等的市场竞争,保持龙头企业的垄断优势,降低特色产业开发的市场效率。特色产业开发扶贫活动包含着市场和政治逻辑,到目前为止,在地方政府、企业和农户共同开发特色产业过程中,政府支持与市场自由之间的界线还比较模糊。

三、跨域合作治理中信任水平比较低

特色产业一般具有明显的地域性,一旦离开了特定的地域,特色产业的"特色"就不再鲜明。比如,黄金茶种质资源,只要离开了特定的生长区

---

① 刘华.中国地方政府职能的理性归位——中央与地方利益关系的视角[J].武汉大学学报(哲学社会科学版),2009,62(04):502-507.

域,其品质就会受到较大影响。特色产业的地域性特征,为特色产业扶贫开发创造了较好的网络治理条件,地方政府、从业者之间频繁地进行社会互动,有利于积累彼此间的信任关系,加强共同目标的理解,制止损害产业发展的自利行为。但是,随着特色产业的扩张,从业者受行政区域的隔离、地理距离增加等因素影响,与地方政府及相互间的社会互动减少,也缺乏足够的沟通交流机会,信任水平下降严重,完全缺乏对共同目标的理解。取而代之的是,各区域从业者各自为战,相互欺诈、贬损声誉和滥价等扰乱市场行为屡见不鲜,危及特色产业的可持续发展。

第五节 结论与讨论

因地制宜发展特色产业,实施开发式扶贫,对落实乡村振兴战略、实现农村地区产业兴旺、决胜小康社会,具有非常重要的现实意义。然而,如何保持特色产业发展过程中的"特色""规模"和"持续性"之间的均衡关系,还需要探索跨域合作治理的新机制或新路径。

一、制定特色产业扶贫的可持续发展战略

制定特色产业扶贫的可持续发展战略,营造特色产业跨域合作治理的宏观环境。特色产业扶贫的"特色"与"规模"之间相互矛盾,"规模"越大,保持"特色"的可能性越低,市场竞争力会下降,反之。"规模"越小,保持"特色"的可能性越大,但扶贫作用不大。特色产业扶贫"特色"与"规模"之间不均衡,会影响特色产业的可持续发展。为此,笔者认为可以从两方面着手建立特色产业扶贫可持续发展战略。

首先,提高对特色产业扶贫开发共同目标与措施的认识。应该要克服特色产业开发的地方保护主义思想,消除特色产业开发中的竞赛观念,提倡特色产业开发共同利益目标和扶贫功能目标。地方政府间不能采取控制或限制特色产业跨区域发展的行政措施,应当要消除行政区域间的制度或管辖上的各种壁垒。通过媒体宣传手段,提高特色产业扶贫参与者对共同目标和措施的认知与理解水平。

其次,转变政府职能,促进特色产业扶贫跨域治理方式变革。"放管服"是当前中国政府管理的价值取向,地方政府要简政放权,不要对特色产业市场过多干预,要加强特色产业发展的市场监管,保护特色产业的各项

产权,要转变管理方式,强化地方政府服务特色产业扶贫的意识,清晰界定地方政府在特色产业开发与产业扶贫中的职责权限。要打破传统科层制的限制,在相邻地方政府间建立特色产业跨域合作治理机制,促进地方区域经济共同发展。

二、建立特色产业扶贫跨域合作治理的利益调整机制

在大多数情况下,特色产业因受到地理标志证明商标的法律保护而能够产生垄断利益。如果通过行政措施强制性地扩大地理标志证明商标的授权范围,那么可能会损害原权利人的垄断性利益。随着特色产业市场规模或影响力的扩大,原权利人尽管丧失了垄断性利益,但是却可能获得更多的利益,也有可能完全无法弥补丧失的垄断性利益(取决于市场规模或影响力扩张程度)。由于存在不确定性,上级政府在运用行政权力扩张特色产业地理标志证明商标授权范围时,必须在原权利人与后权利人之间建立良好的利益调整机制。至少要考虑以下两个方面。

首先建立事先的利益补偿机制。在上级政府运用行政权力扩大特色产业的授权范围时,应当对原权利人(政府和当地居民)进行事先的利益补偿,补偿标准可以采取参照或协商等方式确定。

其次,建立动态的利益协调机制。对扩大特色产业授权范围带来的不确定性,上级政府应当协调建立动态的利益协调机制,根据特色产业扶贫开发的市场和获利情况,对合作各方的损失分担与利益分配进行调整,促进合作共赢。

三、提高特色产业扶贫跨域合作的网络治理水平

特色产业的"规模"越小,从业者数量越少,相互间互动频率高,熟悉程度高,信任水平和目标理解程度高,维护特色产业持续健康发展的意识比较强。随着"规模"扩大,特色产业的发展逻辑会逐渐被市场竞争逻辑所取代,产品特色优势也会逐渐被产品成本优势取代,进而威胁特色产业发展的可持续性。因此,政府在推动特色产业扶贫跨区域合作时,要从以下两个方面提高网络化治理水平。

首先,要建立特色产业扶贫的网络化治理机构。网络化治理机构至少包括两个部分,一是组建特色产业协会,由政府部门负责人、企业负责人、专业合作社负责人和农户代表等组成,协调特色产业开发过程中市场与扶

贫的关系;二是组建特色产业链协会,由龙头企业、配套企业或中小企业、专业合作社与农户等组成,协调特色产业的种植、加工和销售等问题。

其次,要建立特色产业扶贫的网络化沟通机制。网络化沟通机制至少包括两个方面,一是要建立常规化的沟通渠道。对特色产业协会而言,一般以召开定期会议的方式进行,对产业链协会而言,一般以合作契约的方式进行;二是要培养信任与理解。对特色产业协会而言,需要合作方真诚的社会互动,对产业链协会而言,需要合作方保持长期稳定的合作关系。

综上所述,本章认为,特色产业扶贫要保持均衡发展,需要构建上级政府主导、地方政府履职、市场协调和社会参与的跨域合作治理新模式。在这一模式中,既需要建构特色产业扶贫均衡发展的战略目标,处理好政府与市场的关系,在政府间建立良好的利益调整机制,也需要重视特色产业扶贫的网络治理机构和沟通机制建设,提升网络治理水平。

第七章 产业精准扶贫、多元因素与参与意愿

习近平总书记在《十九大报告》中提出要"实施乡村振兴战略",在农村地区实现"产业兴旺",要采取"脱贫攻坚"的强力措施,确保在 2020 年实现全面小康①。产业开发式扶贫是中国扶贫事业取得巨大成就的基本经验之一,也是我国扶贫工作长期坚持的基本方针②。习近平总书记在考察安徽金寨扶贫工作时指出,地方政府开发扶贫产业应当要"因地制宜",注重地方特色,重点培育地方特色优势产业③。为此,国务院各部门、地方各级政府加大了统筹协调力度,推出了一批特异资源产业扶贫项目,重点培育壮大地方特色优势产业。中国是茶叶的原产国,地理环境的分割和地区小气候的差异,形成了多姿多彩的地方特色叶资源,广泛分布在中国各大农村贫困地区,是地方特色产业扶贫项目的优先选择之一④。近年来,湖南"湘西黄金茶"、云南"紫鹃"、广东"可可茶"和浙江"安吉白茶"等特色产业开发取得了较好的社会和经济效益,其中湘西"黄金茶"已经成为湘西土家族苗族自治州的扶贫支柱产业⑤。

在农村贫困地区,特色产业开发一般以实施产业扶贫项目的方式推进。根据项目专有性和参与选择权的不同,产业扶贫可划分为科层制、上级指定、双边契约和即时市场等治理方式⑥。治理方式不同,农户参与特色产业扶贫项目的自由度也不相同,科层制的自由度最小(强制性参与),

---

① 张晓山.实施乡村振兴战略的几个抓手[J].人民论坛,2017(33):72—74.
② 王春萍,郑烨.21 世纪以来中国产业扶贫研究脉络与主题谱系[J].中国人口·资源与环境,2017,27(06):145—154.
③ 唐任伍.习近平精准扶贫思想研究[J].人民论坛·学术前沿,2017(23):66—73.
④ 张亮,蔡维琼.茶产业扶贫模式探讨[J].福建茶叶,2017,39(10):35.
⑤ 王蝶.湖南吉首:多维推动茶业兴市[N].中华合作时报,2017-03-14(B03).
⑥ 周雪光.项目制:一个"控制权"的理论视角[J].开放时代,2015(02):82—102,5.

即时市场的自由度最大(参与完全自愿)①。在特色产业开发过程中,有些地区出现了贫困农户不愿意参与或参与积极性不高,导致产业扶贫项目无法落地或者被乡村精英俘获②等问题,特色产业开发难以维系;有些地区则出现了农户过度参与,导致产业扶贫项目资金"僧多粥少"或者造假骗取项目资金③,特色产业开发呈现虚假繁荣。

哪些因素会影响农户参与特色产业扶贫呢？国内外研究表明,农户参与农村公共品开发主要受个体特征、家庭特征、认知特征和政府治理方式等因素的综合影响。有学者认为,农户的社会信任、关系网络和收入水平是影响其是否参与农村公共事务的关键因素④;有学者通过调查农户参与耕地保护的意愿,认为农村家庭的生计成本(家庭规模、支出结构等)是最重要的影响因素⑤;从市场认知的角度而言,有学者认为,农户的风险意识、抗风险能力和自身参与能力等因素是影响其是否积极参与特色产业扶贫开发的重要原因⑥;在政府治理方式方面,有学者认为,政府投入规模⑦和投入方式⑧对农户参与公共事务具有明显的催化作用。

本章在深入分析上述研究成果的基础上,通过实地调查获取的数据,运用二项和多分类Logistic回归模型,探讨了各个层面因素对农户参与特色产业扶贫的影响程度和方式,其结论对地方政府提升农户参与特色产业扶贫意愿,规范农户参与方式,以及提高特色产业扶贫开发的有效性和稳定性有一定的借鉴意义。

---

① 黄文宇.产业扶贫项目主体行为及其运行机制的优化——基于P县"万亩有机茶园"项目的考察[J].湖南农业大学学报(社会科学版),2017,18(01):56—61,92.

② 许汉泽,李小云.精准扶贫背景下农村产业扶贫的实践困境——对华北李村产业扶贫项目的考察[J].西北农林科技大学学报(社会科学版),2017,17(01):9—16.

③ 孔令英,郑涛,刘追.集中连片民族特困地区精准扶贫项目实践困境与原因阐释——基于南疆地区S县W村的项目案例[J].农业经济问题,2017,38(10):35—43.

④ 蔡起华,朱玉春.社会信任、关系网络与农户参与农村公共产品供给[J].中国农村经济,2015(07):57—69.

⑤ 李海燕,蔡银莺.生计资本对农户参与耕地保护意愿的影响——以成都市永安镇、金桥镇,崇州市江源镇为例[J].冰川冻土,2015,37(02):545—554.

⑥ 王巧玲."公司+农户"模式中农户参与行为研究[D].北京:中国科学技术大学,2006:15—19.

⑦ 徐慧,黄贤金.土地利用政策与盐碱地农田水利设施管理农户参与意愿研究[J].中国人口·资源与环境,2014,24(03):154—160.

⑧ 赵雪雁,路慧玲,刘霜,严江平.甘南黄河水源补给区生态补偿农户参与意愿分析[J].中国人口·资源与环境,2012,22(04):96—101.

第一节　农户参与产业精准扶贫意愿的研究假设

一、变量设定

特色产业扶贫开发需要农户以正确方式积极参与。但是，农户会基于自身因素、认知因素和环境因素等来衡量决定是否参与，以及采取何种方式参与。结合文献资料和笔者现场调研，本章选取以下可能影响农户参与特色产业扶贫开发的因素。

1. 个体特征因素，包括性别、年龄、地区、受教育程度和从业历史。性别、年龄、地区和受教育程度不同对特色产业扶贫开发的认知和接受程度也会存在差异。男性可能比女性更倾向于接受改变，或者说女性比男性更保守；年龄越小，越愿意接受新事物，倾向于参与特色产业扶贫开发；不同地区的人对特色产业的态度不同，因而参与意愿和方式也会不同；受教育程度越高，越能够理解特色产业扶贫开发的市场价值和国家政策导向，进而会影响其参与意愿和方式；从事茶产业的时间越长，积累的经验、能力和资本越雄厚，更愿意参与特色产业扶贫开发。

2. 家庭特征因素，包括家庭劳动力数量、家庭贫困程度、家庭打工收入占比。家庭劳动力数量反映了劳动力供给情况，数量越多，从其他途径获取收益的可能性越大，参与特色产业扶贫开发的意愿越低；尽管家庭贫困的原因多种多样，比如读大学人口多、患重病等。但是，家庭贫困程度越高，越有意愿参与特色产业扶贫开发；家庭打工收入占比越高，说明家庭从外部获取收入的能力或机会较高，参与特色产业扶贫开发的意愿比较低。

3. 特色市场价值认知，包括特色的独特品质、市场需求和技术难度。特色的品质越独特，越具有不可替代性，市场价值越大，农户参与特色产业扶贫的可能性越大；特色的市场需求越大，市场价值越大，农户参与的可能性越大；特色的技术难度越大，农户掌握的可能性越小，需要投入学习的时间越多，农户参与的可能性越小。

4. 特色产业扶贫的项目特征，包括特色产业扶贫项目的自由度和补贴强度。特色产业扶贫项目的自由度越大，项目专有性和适用对象的灵活性越大，农户之间对项目资金的竞争程度越大，农户参与的可能性越小；特色产业扶贫项目的补贴强度越大，获利的可能性越大，农户参与的可能性越大。变量的具体含义及数据类型见表8-1。

表8-1 变量定义及说明

变量		变量定义与说明	变量性质
因变量	是否参与	农户是否参与特色产业扶贫开发:1=是,0=否	分类变量
	如何参与	1=种植,2=种植+加工,3=种植+加工+销售	分类变量
个人特征变量	性别	农户性别:1=男,0=女	分类变量
	年龄	农户年龄:调查者年龄	数值型
	地区	1=保靖县,2=吉首市,3=古丈县	分类变量
	受教育程度	受教育的年数	数值型
	从业范围	1=茶业,2=其他行业	分类变量
家庭特征变量	劳动力数量	调查人数	数值型
	贫困程度	1=贫困线以下,0=贫困线以上	分类变量
	打工收入占比	调查比例	数值型
特色市场价值变量	独特品质	0=无特征,1=一般,2=非常独特	定序变量
	市场需求	0=无需求,1=一般,2=需求非常大	定序变量
	技术难度	0=无难度,1=一般,2=非常大	定序变量
产业扶贫项目特征变量	自由度	0=无自由度,1=一般,2=非常大	定序变量
	补贴强度	0=无补贴,1=一般,2=非常大	定序变量

二、数据来源及描述性分析

本书研究数据来源于湖南农业大学公共管理与法学院"农村公共管理大数据中心",调查年份为2017年。该数据由大数据中心的研究生利用暑期"三下乡"实践活动到湘西自治州调查收集,调查方法为问卷调查。共发放1200份问卷,有效问卷971份。调查问卷内容包括农户基本信息、湘西黄金茶市场价值认知和产业扶贫项目特征等,描述性统计结果见表8-2和表8-3。

在此次调查过程中,研究者在调查问卷中将特色产业特指为湘西黄金茶产业开发。表8-2展示了分类变量的描述性统计结果。在971份有效样本中,愿意参与特色产业扶贫的农户有812人,占83.6%,不愿意参与的农户159人,占16.4%;在愿意参与的农户中,愿意参与特色种植的459人,占调查总数的47.3%,愿意同时参与特色种植、加工的234人,占调查总数的24.1%,愿意同时参与特色种植、加工、销售的119人,占调查总数的12.3%;在被调查的农户中,男性达到849人,占调查总数的87.4%;在保靖、吉首和古丈三个湘西黄金茶主要产区县(市)中,被调查的农户人数分别为348、315和308,分别占调查总数的35.8%、32.4%和31.7%;在从业历史方面来看,从事茶业相关行业3年以上的749人,占调查总数的77.1%;在家庭贫困程度方面来看,贫困线以下的673人,占调查总数的69.3%。

表 8-2 分类变量描述性统计

变量			参与人数	参与比例%
因变量	是否参与	愿意参与	812	83.6
		不愿意参与	159	16.4
	如何参与	种植	459	47.3
		种植+加工	234	24.1
		种植+加工+销售	119	12.3
自变量	性别	男性	849	87.4
		女性	122	12.6
	地区	保靖县	348	35.8
		吉首市	315	32.4
		古丈县	308	31.7
	从业历史	3年以上	749	77.1
		少于3年	222	22.9
	贫困程度	贫困线以下	673	69.3
		贫困线以上	298	31.7

在表8-3中,展示了数值型和定序型变量的描述性统计结果。被调查的农户年龄最小的24岁,最大的67岁,平均年龄为45.6岁;接受教育年数最少6年,最多17年,平均年龄为9.43年;农户家庭劳动力数量最少的1人,最多的5人,平均人数为2.53人;农户家庭打工收入占比最少的11%,最多的87%,平均占比为56%;独特品质、市场需求、技术难度、自由度和补贴强度等采用三分量表进行测量,均值分别为1.25、2.37、2.45、1.36和2.67。

表 8-3 数值型和定序变量描述性统计

变量	最小值	最大值	均值	标准差
年龄	24	67	45.1	0.453
受教育程度	6	17	9.43	0.692
劳动力数量	1	5	2.53	0.065
打工收入占比	0.11	0.87	0.56	0.172
独特品质	1	3	1.25	0.012
市场需求	1	3	2.34	0.024
技术难度	1	3	2.45	0.015
自由度	1	3	1.36	0.032
补贴强度	1	3	2.67	0.021

三、计量模型设置

为了检验影响程度和方式,笔者设置了两个 Logistic 统计模型。农户参与意愿采用二项 Logistic 回归模型,以农户参与与不参与特色产业扶贫的比例为因变量,以农户的个体特征、家庭特征、对特色市场价值的认知、对产业扶贫的项目特征为自变量,检验各自变量对农户参与特色产业扶贫的影响程度;农户参与方式采用多分类 Logistic 回归模型,分别以农户参与种植、加工与参与种植特色的比例、农户参与种植、加工、销售与参与种植特色的比例为因变量,检验各自变量对农户参与特色产业开发方式的影响程度。

第二节 农户参与产业精准扶贫意愿的实证分析

一、农户参与意愿

在农户参与意愿模型中,在不考虑交互效应的情况下,笔者将调查问卷获得的数据整理后,输入 SPSS22.0 软件中的二项 Logistic 回归模型中进行统计分析。结果表明,模型的卡方值为 19.342,似然比卡方检验结果 p 值为 0.045,调整的 R^2 值为 0.45,自变量解释因变量的比例较高,模型整体对农户参与意愿的解释程度较好。

在对各自变量进行相关性检测时,发现市场需求与技术难度之间存在显著相关性,因此再分别设置两个模型对交互效应进行检验,模型一不包含技术难度变量,使用市场需求 * 技术难度作为变量,测量技术难度对市场需求的影响程度;模型二不包含市场需求变量,使用市场需求 * 技术难度作为变量,测量市场需求对技术难度的影响程度。各变量的估计结果详见表8-4。

从农户个体特征来分析,年龄和性别对农户是否参与特色产业扶贫的影响不显著;受教育年限对农户是否参与特色产业扶贫有显著影响,农户的受教育年限每增加1年,参与意愿会增加1.11倍;地区分布对农户是否参与特色产业扶贫有显著影响,保靖、吉首和古丈三个地区农户参与特色产业扶贫的意愿存在显著差异;从业历史对农户是否参与特色产业扶贫有显著影响,长期从事过茶产业的参与意愿明显高于短期从事茶产业的农户。

从农户的家庭特征变量来分析,劳动力数量对农户是否参与特色产业扶贫的影响显著且为负,劳动力数量越多,越不愿意参与特色产业扶贫;贫困程度对农户是否参与特色产业扶贫的影响显著,贫困线以下的比贫困线以上的农户更愿意参与特色产业扶贫;打工收入占比对农户是否参与特色产业扶贫的影响显著且为负,打工收入占比越高,农户越不愿意参与特色产业扶贫。

表8-4 农户参与意愿参数估计结果

变量	模型一			模型二		
	回归系数	显著水平	系数指数	回归系数	显著水平	系数指数
性别	0.181	0.651	1.198	1.655	0.912	5.233
年龄	0.587	1.203	1.799	−1.022	0.675	0.360
地区	0.625*	0.407	1.868	0.465*	0.416	1.592
受教育程度	0.106**	0.081	1.111	0.491**	0.084	1.634
从业历史	0.144**	0.062	1.155	0.741**	0.045	2.098
劳动力数量	−0.564***	0.000	0.569	2.732***	0.021	15.364
贫困程度	2.342***	0.000	10.402	0.475***	0.001	1.608
打工收入占比	−0.045**	0.021	0.956	−0.201**	0.024	0.818
独特品质	0.682**	0.065	1.978	0.542**	0.065	1.719
市场需求	2.191**	0.315	8.944			

续表

变量	模型一			模型二		
	回归系数	显著水平	系数指数	回归系数	显著水平	系数指数
技术难度				−1.541**	0.014	0.214
市场需求*技术难度	−0.547**	0.021	0.579	0.064***	0.002	1.066
自由度	−2.054***	0.008	0.128	−0.145*	0.254	0.865
补贴强度	0.0724***	0.003	1.075	0.344*	0.481	1.410

注：*代表<5%性水平，**代表<1%的显著水平，***代表<0.1%显著水平。

从农户对特色市场价值的认知来分析，独特品质和市场需求对农户参与愿意有正向显著影响，品质越独特、市场需求越旺盛，农户参与特色产业扶贫意愿越高；技术难度对农户参与愿意有负向显著影响，技术难度越高，农户参与特色产业扶贫意愿越低；市场需求与技术难度对农户参与特色产业扶贫意愿有负向交互影响，特色技术难度的认知对市场需求的认知有不利影响，而特色市场需求的认知对技术难度的认知有正向影响。也就是说，如果农户认为特色技术难度越大，则会认为市场需求越小，其参与意愿也会越小，直至完全不参与；如果农户认为特色市场需求越大，则会认为技术难度越小，其参与意愿越大，直至粗制滥造或以次充好。

从特色产业扶贫项目特征来分析，自由度对农户参与特色产业扶贫有负向显著影响，扶贫项目的自由度越大，农户越不愿意参与。也就是说，自由度越大，获取产业扶贫项目的竞争性越大，获得的可能性越小，项目越有可能被乡村精英获取；补贴强度对农户参与特色产业扶贫有正向显著影响，补贴强度越大，农户越愿意参与。

二、农户参与方式

在不考虑交互效应的情况下，笔者将调查问卷获得的数据输入多分类 Logistic 回归模型，以农户参与种植特色作为参照组，分析影响农户参与方式的显著性因素。结果表明，模型的卡方值为 223.682，似然比卡方检验结果 p 值为 0.005，调整的 R^2 值为 0.672，模型整体的参数显著性和解释性都较好。以同样的方式设置两个交互效应测量模型，检测各自变量对农户参与方式的影响程度。各变量的估计结果具体详见表 8-5。

表 8-5 农户参与方式参数估计结果

变量 Variables	方式一 Pattern one				方式二 Pattern two			
	模型一		模型二		模型一		模型二	
	回归系数	显著水平	回归系数	显著水平	回归系数	显著水平	回归系数	显著水平
性别	2.645	0.854	1.356	1.651	1.644	0.553	2.358	0.559
年龄	4.712	0.657	6.541	1.365	2.711	0.558	8.445	0.865
地区	0.541	0.951	0.658	0.662	0.445	1.358	0.552	0.754
受教育程度	0.855 *	0.271	0.541 *	0.329	0.952 *	0.376	0.648 *	0.457
从业历史	0.429 **	0.025	0.254 *	0.162	0.324 *	0.122	0.357 *	0.228
劳动力数量	−0.214 **	0.064	−0.216 **	0.025	0.319 *	0.268	0.518 *	0.164
贫困程度	3.226	1.094	0.874	1.036	4.225	0.694	0.571	0.559
打工收入占比	−.124 ***	0.005	0.364 **	0.046	0.228 ***	0.008	0.153 *	0.481
独特品质	0.308	1.008	0.214	1.365	0.258 *	0.408	0.319 *	0.153
市场需求	0.603 **	0.065			0.824 *	0.165		
技术难度			−0.251 **	0.016			−0.755 **	0.054
市场需求*技术难度	−0.655 *	0.215	0.658 ***	0.004	−0.958 *	0.114	0.146 **	0.036
自由度	−0.045	0.921	0.574	0.662	−0.751	2.028	0.629	0.774
补贴强度	0.855	0.729	0.695	0.584	0.855	1.222	0.754	1.006

注：*代表<5%性水平，**代表<1%的显著水平，***代表<0.1%显著水平。

第一种参与方式将农户参与种植、加工与参与种植特色相比，年龄、性别、地区、贫困程度、独特品质、产业扶贫项目自由度和补贴强度对农户参与方式选择没有显著影响；受教育年限、从业历史和市场需求认知对农户参与方式有正向显著影响，受教育年限和从业历史越长，越愿意选择种植与加工混合模式，认识到市场需求越旺盛，农户越愿意选择种植与加工混合参与方式；劳动力数量、打工收入占比和技术难度认知对农户参与方式选择有负向显著影响，劳动力数量越多、打工收入占比越高，越不愿意选择种植与加工混合模式，认识到技术难度大，农户越不愿意选择混合模式；市场需求认知受技术难度认知的负向调节，技术难度认知却受市场需求认知的正向调节。这说明，认识到市场需求越旺盛，越会忽略技术难度，农户越愿意选择混合模式。但是，认知到技术难度较大，则会越忽略市场需求，农户越不愿意选择混合模式。

第二种参与方式将农户参与种植、加工、销售与参与种植特色相比，与第一种参与方式的结果大多数类似，但出现了两个明显差异。一是劳动力数量、打工收入占比对农户参与方式选择有正向显著影响。这说明特色销售获得高收益的可能性显著增加,劳动力数量充足的家庭更愿意投入销售的人力资本;二是独特品质认知对农户参与方式选择有正向显著影响。对特色的独特品质认知越好的农户,越愿意选择种植、加工、销售一体的混合模式。这说明越是理解特色之特色何在的农户,越明白特色的市场价值,越愿意选择综合性的参与方式。

第三节 提高农户参与产业精准扶贫意愿的政策建议

一、提升农户对特色独特品质的认知水平

农户对特色独特品质的认知对农户参与特色产业扶贫有显著影响。农户的认知水平不仅决定其参与意愿,而且在很大程度上决定其参与方式的选择。认知水平越高,参与程度越深,越愿意选择种植、加工、销售三位一体的参与方式。因此,笔者认为地方政府应当加强对特色独特品质的宣传,要将特色独特品质概括为朗朗上口、易于传播和理解的语言,在提升农户对特色独特品质认知水平的同时,提升农户对特色产业扶贫的认同感。

二、降低技术难度认知对农户参与的抑制作用

种植、加工和销售的技术难度对农户参与特色产业扶贫的意愿和方式有明显的抑制作用。尽管处于贫困线以下的农户更愿意参与,但是技术难度会在一定程度上抵消农户的参与意愿,促使农户选择种植特色参与方式,降低农户的获利能力,不利于特色产业扶贫政策目标的实现。因此,地方政府应当与科研院所、高等农业院校等进行深入合作,对农户进行免费的技术培训,消除技术难度对农户参与特色产业扶贫的抑制作用。

三、提升特色产业扶贫项目实施的精准程度

产业扶贫项目的自由度对农户参与特色产业扶贫的意愿有不利影响。产业扶贫项目的竞争越大,项目被"精英俘获"的可能性越大,处于贫困线以下的农户获得项目的可能性越小。因此,要提升农户(尤其是贫困农户)参与特色产业扶贫的意愿,选择获利更强的种植、加工、销售特色的参与方

式,地方政府应当要加强调查,精准识别贫困户,根据贫困户家庭的实际情况,配备相应的产业扶贫项目支持,提升农户在特色产业扶贫过程中的获得感。

第四节 结论与讨论

在参与意愿方面,农户的所在地区、受教育年限、从业历史、贫困程度、独特品质认知、市场需求认知和补贴强度等因素对农户参与特色产业扶贫意愿有正向显著影响;农户的家庭劳动力数量、打工收入占比、技术难度认知和产业扶贫项目自由度等因素对农户参与特色产业扶贫意愿有负向显著影响;农户的市场需求认知与技术难度认知之间存在负交互作用。农户的年龄、性别对农户参与意愿的影响不显著。

在参与方式方面,农户的受教育年限、从业历史和市场需求认知等因素对农户参与方式二和方式三有正向显著影响,除此上述因素之外,家庭劳动力数量、打工收入占比和独特品质认知等因素对农户选择方式三有正向显著影响;农户的技术难度认知对参与方式二和方式三都有负向显著影响。农户的年龄、性别、所在地区、贫困程度、扶贫项目自由度和补贴强度对农户参与方式二和方式三都没有显著影响。

值得进一步讨论的问题是,贫困农户的参与意愿是否有利于提升产业精准扶贫质量。贫困农户参与扶贫产业意愿越强烈,越说明贫困农户既拥有脱贫的强烈愿望,也拥有通过参与扶贫产业脱贫的强烈愿望。也就是说,贫困农户参与扶贫产业的态度是积极的。根据组织心理学的相关研究,员工工作态度越积极,对工作意义的评价越高,员工越能够努力提升自己的工作能力或积累自己的工作经验。在这个意义上,贫困农户参与扶贫产业的意愿与产业精准扶贫质量目标性维度中的利益联结方式具有一致性。这意味着贫困农户参与扶贫产业的意愿在一定程度上可以促进产业精准扶贫质量提升。但是,贫困农户参与扶贫产业的意愿与产业精准扶贫质量可持续性维度并不具有一致性,贫困农户参与扶贫产业的强烈愿望并不能保证精准扶贫产业的可持续发展。因此,从整体上而言,贫困农户参与扶贫产业的意愿对产业精准扶贫质量提升有正向影响,但程度非常有限。

第八章　产业精准扶贫、冲突表现与治理对策

习近平总书记在湘西十八洞村考察时指出,扶贫工作要"实事求是、因地制宜、分类指导、精准扶贫"。为落实指示精神,国务院提出了精准扶贫的基本要求和主要途径,即"六个精准"和"五个一批",其中"发展生产脱贫一批"即为产业精准扶贫。产业精准扶贫是一种"造血式"扶贫,具有激发贫困地区内生活力、促进产业兴旺和长效脱贫等功能,是最重要的精准扶贫途径之一。在"发展生产"开发扶贫产业的过程中,拥有大量的产业扶贫项目和一些地方特异资源的地方政府,必须借助于扶贫企业等外部力量的支持和贫困农户的积极参与才能有效实施产业精准扶贫。在产业精准扶贫实践中,扶贫产业选择出现了形式主义[①]、产业扶贫项目出现了精英俘获[②]、扶贫产业发展出现了主体脱嵌[③]等诸多问题。正确认识并处理好政府、扶贫企业与贫困农户等主体在产业扶贫项目实施过程中的关系,对于解决上述问题提升产业精准扶贫质量具有非常重要的现实意义。

对于产业精准扶贫中出现的问题,学界从多个方面进行了阐释:一是从压力型体制的角度反思产业精准扶贫中的形式主义问题。有学者认为,产业扶贫项目从中央到地方层层传递的过程中,为保证按期完成产业精准脱贫任务,扶贫压力也自上而下传导。为应对层层检查,有些地方政府采取了"逼民致富""分配股份"和"虚假产业扶贫"等措施,出现了较为严重的

[①] 王敏.论精准扶贫中的形式主义——基本表征、生成机制与治理进路[J].现代管理科学,2018(07):114-116.
[②] 朱战辉.精英俘获:村庄结构变迁背景下扶贫项目"内卷化"分析——基于黔西南 N 村产业扶贫的调查研究[J].天津行政学院学报,2017,19(05):55-62.
[③] 孙兆霞.脱嵌的产业扶贫——以贵州为案例[J].中共福建省委党校学报,2015(03):14-21.

形式主义倾向①;二是从扶贫产业理性选择的角度研究产业精准扶贫中扶贫产业开发盲目性等问题。有研究指出,地方政府在选择支持开发扶贫产业时,没有考虑贫困地区的资源禀赋和产业基础,选择支持开发扶贫产业具有很大的盲目性,导致扶贫产业发展可持续性不强,扶贫功能弱化②。还有学者发现,部分地方政府在发包产业扶贫项目时,未经专家评估或者评估程序不完善,主观随意性较大,扶贫产业开发质量较低③;三是从扶贫产业培育的角度讨论产业精准扶贫中政府过度干预等问题。有学者指出,部分地方政府开发扶贫产业时,重点支持高产值的龙头大企业,忽视中小企业的发展和扶贫作用,致使产业扶贫的精准性不足④。还有研究发现,有些地方政府则过分关注精准扶贫,强制性地要求扶贫项目资金入股扶贫企业,或者采取其他强制性扶贫措施,忽视扶贫产业开发的市场风险,加重扶贫企业的治理成本⑤;四是从扶贫产业发展方式的角度探讨产业精准扶贫中扶贫对象脱嵌等问题。有研究指出,为提高产业扶贫项目资金使用效率,多数地方政府不推荐贫困农户自行开发扶贫产业,而大力支持委托式产业精准扶贫,即地方政府委托扶贫企业带动贫困农户参与开发扶贫产业⑥。有学者发现,在产业精准扶贫委托中,扶贫企业与贫困农户之间的违约率较高,扶贫企业"主体脱嵌"和贫困农户参与积极性、程度不高等现象并存⑦。

综上所述,学界对产业精准扶贫中的问题,主要从两条路径进行解释:一是强调产业精准扶贫的体制机制障碍;二是强调产业精准扶贫的措施方法缺陷。这两条解释路径有一定的合理性。但是,强调体制机制障碍的路

---

① 袁明宝.压力型体制、生计模式与产业扶贫中的目标失灵——以黔西南 L 村为例[J].北京工业大学学报(社会科学版),2018,18(04):19—25.
② 梁琦,蔡建刚.资源禀赋、资产性收益与产业扶贫——多案例比较研究[J].中南大学学报(社会科学版),2017,23(04):85—92.
③ 何阳,孙萍.精准扶贫第三方评估流程再造:理论依据、现实动因与政策设计——对民族地区精准扶贫第三方评估实践的反思[J].内蒙古社会科学(汉文版),2018,39(05):177—183.
④ 林万龙,华中昱,徐娜.产业扶贫的主要模式、实践困境与解决对策——基于河南、湖南、湖北、广西四省区若干贫困县的调研总结[J].经济纵横,2018(07):102—108.
⑤ 李卓,左停.资产收益扶贫有助于"减贫"吗?——基于东部扶贫改革试验区 Z 市的实践探索[J].农业经济问题,2018(10):69—77.
⑥ 梁栋,吴惠芳.农业产业扶贫的实践困境、内在机理与可行路径——基于江西林镇及所辖李村的调查[J].南京农业大学学报(社会科学版),2019,19(01):49—57,164—165.
⑦ 付江月,陈刚.奖惩机制下企业与贫困户在产业扶贫中的演化博弈研究[J].软科学,2018,32(10):43—48,53.

径过于宏观,解释缺乏针对性,而强调措施方法缺陷的路径又过于微观,解释缺乏理论性和普适性。实际上,产业精准扶贫涉及政府、扶贫企业和贫困农户等多方主体,各方在产业扶贫项目实施过程中的契约关系对于理解产业精准扶贫中的问题非常关键。然而,到目前为止,鲜有从这个角度进行解释的文献。基于此,本章在对湘西保靖黄金茶产业扶贫长期跟踪调查的基础上,运用不完全契约理论视角下"剩余控制权"的概念,将产业精准扶贫中的问题归结为"剩余控制权"争夺而产生的冲突,解释产业精准扶贫困境的内在机理,提出相应的治理对策,以促进产业精准扶贫质量的提升。

第一节 剩余控制权与产业精准扶贫

"剩余控制权"是不完全契约理论的核心概念。不完全契约理论源自科斯的"交易成本"理论[1]。为增强解释力,威廉姆森在科斯定律的基础上,提出了"资产专用性"概念,认为资产专用性高的投资者,在投资前拥有较强的谈判能力,在投资后则面临着被"敲竹杠"的风险,谈判能力减弱[2]。格罗斯曼和哈特在资产专用性的假定下,提出了不完全契约理论,进一步发展完善了科斯定律。他们认为,契约必然是不完全的,契约中约定明确的权利为"特定权利",约定不明确或隐含的权利为"剩余控制权"。"剩余控制权"非常重要,拥有这一权利的投资者,拥有更大的谈判能力,也拥有更大的事前投资激励。从提高投资效率降低交易成本的角度而言,"剩余控制权"应当分配给投资重要性的一方,以避免被"敲竹杠"的风险[3]。格罗斯曼、哈特和莫尔进一步完善了不完全契约理论,共同提出了一个完整的理论模型,即 GHM 模型。在这个理论模型中,将不完全契约划分为 0、1 和 2 三期,在 0 期,明确约定特定权利几乎不可能,拥有"剩余控制权"的投资者,拥有谈判优势;在 1 期,契约不完全性开始显现,为不完全契约的自然状态,拥有"剩余控制权"的投资者在契约修订谈判中更有优势;在 2

---

[1] Coase R. The Nature of the Firm[J]. *Economica*, 1937, 4 (16): 386−405.

[2] Williamson O. *The Economic Institutions of Capitalism: Firms, Markets, Relational Contracting* [M]. New York: Free Press, 1985.

[3] Grossman S J & O Hart. The Costs and Benefits of Ownership: A theory of Vertical and Lateral Integration[J]. *Journal of Political Economy*, 1986, 94(04): 691−719.

期,不完全契约得以执行,各方获得相应收益①。为避免"剩余控制权"冲突所导致的投资低效率,可以通过明晰产权、运用纵向或横向一体化整合产权机制,也可以通过增加契约各方信任、信誉和耐心或者威胁报复等自我实施机制来实现,在政治社会中,还可以通过法律程序等第三方机制来实现。

产业精准扶贫主要涉及政府、扶贫企业和贫困农户等主体,有直接扶贫和委托扶贫两种模式。直接扶贫仅涉及政府和贫困农户,政府对精准识别的贫困农户给予产业扶贫项目支持。委托扶贫主要涉及三方主体,部分专门项目涉及包括上级政府等四方主体,上级政府监督地方政府,地方政府委托扶贫企业开发扶贫产业,给了其产业扶贫项目支持,对精准识别的贫困农户实施扶贫。无论何种扶贫模式,实施产业扶贫项目是产业精准扶贫的核心过程,参与主体需要签订一定形式的产业扶贫项目协议,区分为申报、实施和验收三个阶段,基本上可以分别对应于不完全契约理论中的0、1和2期。在实施产业扶贫项目过程中,许多权利都由项目协议书或产业扶贫政策明确约定或规定。比如,上级政府指定的产业扶贫项目,即所谓专项,地方政府只负责落实,没有发包的权利。但是,由于产业精准扶贫的复杂性与产业扶贫政策环境的不确定性,产业扶贫项目协议书或产业扶贫政策对一些重要权利没有明确约定或规定,需要参与主体协商决定。这些隐含的、模糊的和不确定的权利即为产业精准扶贫中的"剩余控制权",其归属对产业精准扶贫质量提升有重要影响。

根据不完全契约理论,"剩余控制权"归属于资产专有性较为重要的契约方,才能减少交易成本提高效率。从理论上分析,在产业扶贫项目申报期,除产业扶贫专项之外,地方政府拥有发包权,负有按期完成产业精准脱贫任务的职责,产业扶贫项目的资产专有性对地方政府非常重要,地方政府应当掌握"剩余控制权";在产业扶贫项目实施期,扶贫企业或带头大户为实施项目获取财政补贴,需要先期投入大量专用性资产,如果发生争议或市场风险,可能血本无归,资产专有性对投资者而言更为重要,投资者应当掌握"剩余控制权"。比如,投入巨额资金建设大棚、厂房、开发著名商标或其他知识产权的扶贫企业,在项目实施过程中应当掌握扶贫产业开发

---

① Hartl O & J Moore. Foundations of Incomplete Contracts[J]. *Review of Economic Studies*,1992,66(01):115-138. Hart O & J Moore, On the Design of Hierarchies:Coordination Versus Specialization[J]. *Journal of Political Economy*,2005,113(04):675-702.

的决策权;在产业扶贫项目验收期,被精准识别的贫困农户是否按期脱贫是衡量产业扶贫项目能否通过验收的关键指标之一,贫困农户对贫困身份有最深切和最真实的感受,在这个意义上,贫困农户应当掌握是否已经脱贫的"剩余控制权"。

根据不完全契约理论中,如果"剩余控制权"发生冲突,可以通过明确约定或规定产权归属、产权整合、自我实施和第三方法律程序等机制予以解决,交易成本依次递增,效率依次下降。当一种机制解决不了冲突时,争议各方就会使用替代机制,当交易成本高于"剩余控制权"带来的收益时,冲突就会陷入僵局,契约履行就会彻底失败。从理论上而言,在产业精准扶贫中,如果"剩余控制权"发生冲突,也可以通过上述四种机制予以解决。产业精准扶贫参与者可以修订协议书或提议修订产业扶贫政策,明确权利归属解决冲突;资产专有重要性的地方政府、扶贫企业或贫困农户可以整合他方产权解决纷争;产业精准扶贫参与者可以提高彼此间信任水平,相互谅解解决权利归属争议;可以提起仲裁或诉讼,通过法定强制方式解决争议等。但是,在产业精准扶贫实践中,如果上述四种机制存在着体制机制上难以逾越的障碍,为避免"剩余控制权"冲突陷入困境,契约当事方大多会采用替代机制,以减少交易成本和实现自身利益最大化为目标,在此过程中,极有可能会损害国家、集体或他人的利益,降低产业精准扶贫质量。

第二节 产业精准扶贫剩余控制权冲突的具体表现

在产业精准扶贫实践中,受政治、经济和社会等多种不确定性因素的影响,"剩余控制权"可能不会按最有效率的方式进行配置并引发冲突,"剩余控制权"冲突的四种常规解决机制也可能运行不畅导致冲突加剧,使产业精准扶贫的目标、功能和作用出现"异化"。具体而言,产业精准扶贫"剩余控制权"冲突的表现如下。

一、扶贫产业选择合理性与紧迫性之间的冲突

根据国家"五个一批"精准扶贫的整体要求和实现路径,对于非因病、年老、教育和自然灾害等原因致贫的,地方政府应当要"发展生产脱贫一批",鼓励支持贫困农户参与扶贫产业开发。党的《十九大报告》全面总结

了我国脱贫攻坚的伟大历史成就,同时提出了2020年农村贫困人口全面脱贫的目标。对于因病、年老、教育和自然灾害致贫的贫困农户,国家通过提供"两保障一兜底"等"输血式"扶贫措施,就可以基本实现脱贫目标。但是,对于必须通过发展生产脱贫的贫困农户而言,实现脱贫目标则要困难得多,地方政府以产业扶贫项目支持扶贫产业开发时,不仅需要考察扶贫产业的资源禀赋、产业基础、市场需求、发展风险和盈利能力等因素,还需要考虑贫困农户参与扶贫产业的"志""智"和"能力"等问题[①]。

习近平总书记在安徽考察扶贫工作时指出,扶贫产业开发要注重"特色"。这说明,地方政府在选择扶贫产业时,应当要考虑贫困地区的资源禀赋,以产业扶贫项目支持具有比较优势的扶贫产业开发;扶贫产业开发涉及研发、生产等销售等多个环节,需要大量配套的人力、物力和产业链等资源支持,地方政府在选择扶贫产业时,应当要考虑贫困地区的产业基础,尽量支持有较好产业基础的扶贫产业。然而,产业精准扶贫的实践表明,许多贫困地区的资源优势不突出,产业基础也不太好,地方政府很难作出相对合理的选择。在现行的行政体制下,产业扶贫项目根据专有性程度不同可以区分为指定型和自由型等两种基本类型。指定型产业扶贫项目由上级政府指定产业类型、范围和受益对象,地方政府必须按时、按量和按质完成扶贫产业开发任务;自由型产业扶贫项目可以由地方政府裁量决定发包范围和对象,但是上级政府对产业扶贫项目资金的使用绩效有严格的考核制度,未达到考核要求的,上级政府原则上有权收回转移支付的扶贫项目资金。另外,产业扶贫项目落实情况与地方政府主要官员的政绩考核与"晋升竞赛"直接相关,在某些地区,还可能与是否被"一票否决"导致降职甚至免职等有关。在这个意义上,地方政府都有按要求完成扶贫产业开发任务的紧迫性。

扶贫产业选择的合理性与紧迫性矛盾,实质上是上级政府与地方政府之间关于扶贫产业选择决策的"剩余控制权"冲突。地方政府是产业扶贫项目的组织实施者,享有项目发包权和行政管辖权,上级政府对产业扶贫项目实施享有监督检查权。这些权利大致上清晰确定,属于"特定权利"。但是,上级政府享有的监督检查权可能越界,干扰地方政府作出扶贫产业选择决策,直接指定扶贫产业选择或者否决地方政府的扶贫产业选择决

---

① 莫光辉,张菁.基于"人本主义"视角的贫困人口扶志扶智路径创新[J].中共中央党校学报,2018,22(03):102-110.

策。在这个意义上,扶贫产业选择决策权是"剩余控制权"。拥有产业扶贫项目发包权的地方政府是扶贫产业选择的最佳判断者,地方政府应当享有扶贫产业选择决策的"剩余控制权"。但是,上级政府可能变相争夺"剩余控制权",导致"剩余控制权"冲突,具体表现为,地方政府自主作出的合理的扶贫产业选择决策被上级政府否决,或者为应付上级政府检查被迫作出不合理的扶贫产业选择决策等。

在四种常规冲突解决机制中,由于体制障碍,划分上下级政府扶贫职责的产权清晰机制、纵向归并上下级政府扶贫职责的整合机制或者法律机制等,几乎不可能发挥作用。增加上下级政府官员间互信的自我实施机制,能够在部分程度上解决冲突,但依赖于上下级政府官员的非正式交往而非制度,不可能长久地解决冲突。在常规解决冲突机制失效时,解决冲突的替代机制是形式主义。地方政府为完成产业精准扶贫任务,盲目选择扶贫产业,部分地方政府甚至为了快速完成任务,短期内快速发包项目,以应付检查。上级政府与地方政府形成某种程度的默契,主要监督检查产业扶贫项目的落实情况,基本不关注扶贫产业的开发质量。比如,据实地调研发现,湘西土家族苗族自治州保靖县的"黄金茶"扶贫产业开发大获成功之后,为完成产业精准扶贫任务,邻近县市不顾"黄金茶"生长所需的特殊地域环境,相继支持本地开发"黄金茶"产业,导致同质化严重,市场秩序极其混乱,市场美誉度显著降低,严重削弱了保靖县"黄金茶"扶贫产业的资源优势;在湘西土家族苗族自治州的某些贫困县(市),一些投资者在毫无资源优势和产业基础的村庄开发休闲旅游产业,在先期投入少量资金开工套取产业扶贫项目资金之后,产业开发就陷入长期停滞状态;在部分贫困地区,地方政府强制没有相关经验和技能的贫困农户在不适宜种植茶叶的土地上种植"黄金茶",并据此发放相应的产业扶贫项目资金补贴。

二、扶贫产业开发营利性与行政性之间的冲突

扶贫产业开发对地方政府具有非常重要的意义。在现行体制下,地区经济发展水平是衡量地方政府官员政绩最重要的指标之一,是决定能否晋升的主要依据,有学者将这种现象称之为"晋升锦标赛"[①]。同时,随着国家要求2020年全面完成脱贫攻坚任务,贫困地区地方政府官员面临着完

---

① 周黎安.中国地方官员的晋升锦标赛模式研究[J].经济研究,2007(07):36-50.

不成任务就可能会被"一票否决"的巨大压力。扶贫产业开发能够显著提高地区经济发展水平,同时也能够通过"发展生产脱贫一批",满足地方政府对政绩的渴求,缓解被"一票否决"的行政压力。因此,贫困地区的地方政府极其重视扶贫产业开发,通过产业扶贫项目招标、招商引资或培育中小企业发展扶贫产业,带动贫困农户参与扶贫产业,力争实现经济发展与精准脱贫的双重目标。在这个意义上,扶贫产业开发无疑是具有行政性的,其干预程度与地方政府的扶贫压力和政绩渴求正相关。

企业开发扶贫产业的主要目标是盈利,即使需要承担产业扶贫的社会责任,也不能危及企业的营利性,否则企业就可能无法持续正常经营。尽管有地方政府产业扶贫项目资金的支持,企业开发扶贫产业还是具有很大的市场风险,一旦供过于求或产品滞销,企业就可能会陷入经营危机。从这个角度而言,企业无疑是扶贫产业开发的最佳判断者,开发何种产品、开发规模与途径等关键决策,都应当由企业作出。这是企业维持营利性甚至生存的根本要求,也是企业感知市场信息能力强于政府的现实要求。但是,企业开发扶贫产业的营利性决策经常受到地方政府的行政干预。这种干预,从根本上说,是地方政府与扶贫企业之间关于扶贫产业开发决策的"剩余控制权"冲突。地方政府与扶贫企业签署产业扶贫项目协议书,约定扶贫产业开发的相关事项。扶贫企业按约定负责开发扶贫产业,地方政府负责建设相关的基础设施,产业扶贫项目验收合格后按约定支付专项经费或补贴。地方政府和扶贫企业在项目协议书中约定的权利为特定权利,清晰明确,没有疑义。但是,地方政府既是契约方,也是行政管理方,享有产业扶贫项目实施的监督管理权。监督管理权是否包含扶贫产业开发决策权模糊不清,无论是项目协议书,还是产业扶贫政策都没有明确约定或规定,属于"剩余控制权"。地方政府和扶贫企业之间争夺扶贫产业开发决策的行为是典型的"剩余控制权"冲突。

冲突具体表现在两个方面:一是行政干预扶贫产业的开发规模。地方政府经常性地提出一些不切实际的扶贫产业发展目标,并通过项目实施监督权或行政权力强迫企业接受,盲目扩大扶贫产业开发规模。比如,据实地调研发现,湘西保靖县政府与某省级研究所签订履行黄金茶研发协议的过程中,保靖县政府多次强制性地修订协议,持续增加黄金茶产业开发的发展目标,要求协议方加快研发进度,扩大生产规模;二是强行限制扶贫产业的经营范围。地方政府在开发扶贫产业时,为了防止相邻县、市的竞争,强制性地限制企业的经营范围,不允许企业在外县、市经营同类业务。比如,据实地调研发现,湘西保靖县政府与某省级研究所签订履行黄金茶研发协议的过程中,保靖县政府采取强制收购黄金茶苗的方式限制企业的经营范围,防止茶苗流向外县、市,严重干扰了企业的经营决策自主权。

在四种解决"剩余控制权"冲突的机制中,明确约定或规定地方政府不干预扶贫企业产业开发决策的产权清晰机制,因地方政府权力过大而在实践中不可行;地方政府与扶贫企业合资的产权整合机制,存在着国资入股的法律或政策障碍;地方政府与扶贫企业相互误解的自我实施机制,依赖于长期互信的合作关系;扶贫企业起诉地方政府的法律解决机制,面临着地方政府法律行为性质不清的困境。在常规机制失效的情况下,解决冲突的替代机制是合谋或撤退。所谓合谋是指扶贫企业迎合地方政府意图作出扶贫产业开发决策,不进行真实投资,套取产业扶贫项目经费或补贴,地方政府只进行形式检查,不搞实质审查;所谓撤退是指扶贫企业无法忍受地方政府的行政干预撤出投资的行为。无论是合谋还是撤退,都会消耗国家的扶贫资源,增加社会成本,降低产业精准扶贫质量。

三、扶贫产业参与嵌入性与挤出性之间的冲突

扶贫产业开发对于贫困农户具有重要意义,对有劳动能力、非因病、年老、教育和自然灾害等因素致贫的农户意义更为显著。长期贫困,不仅会消磨贫困农户的脱贫意志,使其安于现状、认命和不愿意主动努力脱贫,而且会降低贫困农户提升工作能力或技能的意愿,除了依赖"一亩三分地"勉强维持生计之外,贫困农户不愿意承担任何风险参与扶贫产业[①]。动员贫困农户积极参与扶贫产业是产业精准扶贫的主要目标之一。通过参与扶贫产业,贫困农户不仅可以获得收入实现脱贫,更重要的是,还可以培养工作能力或技能,激发脱贫意愿,提升脱贫能力。一般情况下,地方政府会将产业扶贫项目发包给扶贫企业,由扶贫企业开发扶贫产业,带动贫困农户参与扶贫产业实现脱贫。在项目协议书中,一般会明确约定带动参与扶贫产业的贫困农户数量,这是地方政府补贴扶贫企业的重要依据。

在产业精准扶贫实践中,企业带动贫困农户参与扶贫产业的方式多种多样,常见的有订单农业、土地流转、劳务用工和合伙经营等。无论何种参

---

① 郑瑞强.贫困群众脱贫内生动力激发:行动框架拓展与实证——以内蒙古兴安盟为例[J].贵州社会科学,2019(01):154-161.

与方式,企业更愿意与社会嵌入程度高的贫困农户合作。所谓"社会嵌入"是指社会主体在长期的社会生活中形成的稳定的社会结构,比如家庭关系、老乡关系和同学关系等。在经济活动中,社会嵌入表现为长期合作形成的稳定关系,或者稳定的产业链供给关系等①。根据社会资本理论,社会嵌入能够显著降低契约方之间的交易成本从而提高效率②。因此,扶贫企业在产业精准扶贫中倾向于选择社会嵌入程度高的贫困农户,在经济上是理性且无可厚非的。扶贫产业参与嵌入性对部分贫困农户有"挤出效应"。与扶贫企业社会嵌入程度低的贫困农户,基本上都有工作能力或技能低下、在扶贫产业圈中没有社会关系、参与扶贫产业愿意较低等特征。为了提高投资效率,企业必定会优先选择社会嵌入程度高的贫困农户。如果社会嵌入较高的贫困农户较少,那么企业可能会优先选择社会嵌入程度高的非贫困农户,将贫困农户"挤出"扶贫产业。

扶贫参与嵌入性与挤出性之间的紧张,实质上是扶贫企业与贫困农户之间关于扶贫产业参与决策的"剩余控制权"冲突。在产业扶贫项目协议书中,明确约定了扶贫企业带动贫困农户的最低数量要求,这构成了扶贫企业开发扶贫产业的特定责任与贫困农户的特定权利。但是,对于超过最低数量要求的贫困农户,是否还是扶贫企业的特定责任或者贫困农户的特定权利,则是不明确的。在这个意义上,这种权利属于"剩余控制权"。产业精准扶贫的根本目标之一通过"发展生产脱贫一批",贫困农户应当拥有扶贫产业参与决策的"剩余控制权"。但是,扶贫企业为了提高投资效率,会争夺这一"剩余控制权",将贫困农户挤出扶贫产业。在产业精准扶贫实践中,这种冲突具体表现为"精英俘获",即乡村精英更多地参与扶贫产业,获得国家产业扶贫项目实施带来的实际利益。比如,据实地调查发现,湘西土家族苗族自治州黄金茶扶贫产业开发中,参与者大多是经济条件比较好的村民,一些贫困农户则被排斥在黄金茶产业之外无法获得产业发展带来的利益。

在四种常规解决冲突的机制中,明确贫困农户"剩余控制权"的产业清晰机制虽然可行,但地方政府大多不愿意牺牲经济发展效率;扶贫企业与贫困农户合资或合伙经营的产权整合机制,面临着土地、户籍等制度障碍

---

① 黄中伟,王宇露.关于经济行为的社会嵌入理论研究述评[J].外国经济与管理,2007(12):1-8.
② 周小虎.企业理论的社会资本逻辑[J].中国工业经济,2005(03):84-91.

而基本不可行;对社会嵌入程度不高的贫困农户而言,自我实施机制无疑解决不了冲突;因扶贫企业与被挤出的贫困农户并无实质上的契约关系,法律机制也无法解决冲突。在常规机制失效时,主要的替代解决机制是上访或泄愤。通过上访,希望上级政府通过干预来达到参与扶贫产业的目的;所谓泄愤就是利用贫困农户的本土优势,无理阻挠企业开发扶贫产业的行为。上访或泄愤,无疑会增加扶贫产业开发的交易成本,降低产业精准扶贫质量。

第三节 产业精准扶贫剩余控制权冲突的治理

综上所述,产业精准扶贫"剩余控制权"冲突的成因主要有二:一是权利界定不清,可争议的权利过多;二是冲突解决机制失效,交易成本过高。治理产业精准扶贫的"剩余控制权"冲突应当从这两个方面入手,具体措施如下。

一、明确产业精准扶贫中的权利义务关系

根据契约经济学派的解释,产权清晰是降低交易成本提高经济效益的关键因素。在产业精准扶贫过程中,地方政府与上级政府、地方政府与扶贫企业、扶贫企业与贫困农户之间以实施产业扶贫项目而展开的权利义务关系,有一部分有法律或国家政策的明确规定,有一部分在项目协议书中有明确约定。但是,还有很大一部分处于模糊或不明确状态,这是产生大量"剩余控制权"冲突的根源所在。这种模糊或不明确状态,有很大一部分是可以预见或发现的,但为了政绩、避免"一票否决"或利益最大化等各种动机,扶贫主体无明确权利义务关系的积极意愿,以保留治理策略的灵活性,应对产业扶贫环境的变化。产业精准扶贫中权利义务关系模糊或不明确的状态,很大程度上与产业扶贫政策过于宏观,原则性措施多,不明确、不清晰或不稳定的内容过多等因素有关,与明确权利义务关系的激励或制约措施不多等因素也有一定的关系。为了最大限度地消除"剩余控制权"冲突,首要措施就是要完善产业扶贫政策,明确规定或约定上级政府与地方政府关于扶贫产业选择决策、地方政府与扶贫企业关于扶贫产业开发决策、扶贫企业与贫困农户关于扶贫产业参与等事项的权利义务关系,增加政府、扶贫企业和贫困农户行为的可预见性。

二、制定产业精准扶贫中的产权整合规则

在不完全契约理论中,纵向或横向一体化产权整合是解决"剩余控制权"冲突的主要机制之一。为了提高效率,资产专有性较为重要的契约方应当整合不太重要的契约方。在产业精准扶贫中,地方政府与扶贫企业、扶贫企业与贫困农户之间的"剩余控制权"冲突,主要是地方政府与扶贫企业对扶贫产业开发决策、扶贫企业与贫困农户对扶贫产业利益联结方式等方面的争议。如果扶贫企业能够整合地方政府国有资产或者贫困农户能够以各种方式入股扶贫企业等,那么就可以消解地方政府与扶贫企业、扶贫企业与贫困农户之间的"剩余控制权"冲突,降低交易成本,提高产业精准扶贫效率。但是,在现行体制下,产权整合面临着许多困难,扶贫企业整合地方政府的产业扶贫项目投资、扶贫企业整合贫困农户的土地承包经营权或贫困农户整合扶贫企业的产业扶贫项目投资等,涉及国有资产入股私营企业、土地承包经营权入股和产业扶贫项目资金入股等制度性障碍。为了从根本上解决冲突,必须在现有体制的基础上,根据产业精准扶贫的实际情况,制定新的产权整合规则,允许产业精准扶贫中公私合资、土地承包经营权和产业扶贫项目资产化等行为,提高产权整合机制解决冲突的有效性。

三、提高产业精准扶贫中的社会嵌入程度

根据社会资本理论,在经济活动中,社会嵌入程度越高,越能够有效降低交易成本提高效率。在产业精准扶贫中,实施产业扶贫项目的扶贫企业除了接受政府补贴之外,还需要投入大量资本,资产专有重要性明显高于地方政府和贫困农户。扶贫企业在投资前有一定的谈判优势,投资后易被地方政府以不支付、延期支付补贴或者提高税率等方式"敲竹杠",被贫困农户以收回土地承包经营权、阻止经营或强采偷采农产品等方式"敲竹杠"。在当前体制下,扶贫企业大多为外来企业,与地方政府和贫困农户间的社会嵌入程度较低,相互间缺乏信任,扶贫企业担心被"敲竹杠",地方政府和贫困农户担心违约或被欺诈。在发生"剩余控制权"冲突时,这种状况导致自我实施解决冲突机制失效。为了解决问题,在支持扶贫企业时,地方政府应当优先考虑长期在本地区经营的或者有较好社会信誉的企业;在支持扶贫产业参与时,地方政府应当优先考虑合伙经营等利益联结紧密的

参与方式;在组织实施产业扶贫项目时,地方政府应当信守承诺,提高社会公信力,提升贫困农户遵守契约的意识。

四、完善产业精准扶贫中的法律解决机制

社会冲突"司法最终解决原则"是法治社会的主要标志之一。公正、便捷和完善的法律解决机制可以一劳永逸地解决纠纷,降低经济交往中的交易成本提高效率。在产业精准扶贫中,上下级政府间关于产业扶贫项目选择决策的冲突,属于内部行政行为,不能通过诉讼方式解决;政府与扶贫企业关于产业扶贫开发决策的冲突,法律性质不明确,法院基本不会受理此类诉讼;扶贫企业与贫困农户关于扶贫产业参与的冲突,由于两者没有实质上的契约关系,在法律上也不可诉。在当前法律框架下,法律解决产业精准扶贫"剩余控制权"冲突的机制基本处于失效状态。为了解决问题,可以考虑修订产业扶贫政策,明确上下级政府的职责权限,设立必要的权力清单;修订诉讼法或出台相关的司法解释,明确地方政府干预扶贫产业开发决策的法律性质,授予贫困农户在未获得扶贫产业参与资格时提起诉讼的特别权利等。

第四节 结论与讨论

在产业精准扶贫过程中,以产业扶贫项目为纽带,政府、扶贫企业和贫困农户之间形成了特定意义上的契约关系。产业精准扶贫契约的不完全性,导致政府间关于扶贫产业选择决策合理性与紧迫性之间的冲突,以及地方政府与扶贫企业关于扶贫产业开发决策营利性与政治性之间的冲突、扶贫企业与贫困农户关于扶贫产业参与嵌入性与挤出性之间的冲突。这些冲突会显著增加产业精准扶贫中政府、扶贫企业和贫困农户之间的交易成本,影响产业精准扶贫质量的提升。为有效解决冲突,在现行体制下,需要稳定产业扶贫政策,明确产业精准扶贫中的权利义务关系,尽量减少可能存在的"剩余控制权";需要修订产权整合规则,增加地方政府、扶贫企业和贫困农户之间进行产权整合的可行性;需要地方政府和贫困农户信守契约和承诺,提高社会信誉,优先支持社会嵌入程度高的扶贫产业参与方式;完善法律解决机制,厘清上下级政府间职责关系,设置权力清单,明确地方政府干预决策行为的法律性质,授予贫困农户特别诉讼权等。

产业精准扶贫中扶贫产业选择的合理性与紧迫性、扶贫产业开发的营利性与行政性、扶贫产业参与的嵌入性与挤出性之间的冲突,影响了政府、扶贫企业或科研院校和贫困农户等扶贫脱贫主体间的关系和谐,为产业精准扶贫合作设置了体制机制上的障碍。如果不能进行有效治理,那么将严重影响产业精准扶贫质量的提升。通过明确权利义务关系、制定产权整合规则、提高社会嵌入程度和完善法律解决机制等政策措施,可以有效减少产业精准扶贫中的"剩余控制权"争议,促进扶贫脱贫主体间的关系和谐,提高合作质量或合作绩效,进而提升产业精准扶贫质量。

第九章 产业精准扶贫、风险转化与治理对策

在"五个一批"精准扶贫措施中,产业精准扶贫具有最为重要的意义,不仅是维持精准脱贫成效的重要措施,更是有效衔接乡村振兴战略的有效措施。在国家乡村振兴战略的二十字方针中,"产业兴旺"具有最为重要的意义,是"生态宜居、乡风文明、治理有效和生活富裕"的基础。实施乡村振兴战略,应当以开发乡村产业为首要任务,以维持乡村产业兴旺为基本目标。在国家治理进入项目制时代的背景下[1],为振兴乡村产业,维持产业精准扶贫成效,地方政府需要转变政府职能,以产业项目为抓手,整合各行政部门资源[2],引导企业、事业单位、社会组织、合作社或农户共同参与乡村产业开发,提升地方经济的"造血"能力[3]。乡村产业大都存在产业基础薄弱、资源特色不显著[4]、融资渠道少、人力资源缺乏和创新能力不足等问题[5],如果没有政府以产业项目予以支持,很难在市场竞争中存活[6]。大多数乡村产业参与者风险承受能力脆弱,即使有政府产业项目的支持,也可能遭遇市场风险而出现亏损。政府以产业项目推进乡村产业开发与发展,与乡村产业参与者形成复杂的"社会嵌入"关系[7],乡村产业参与者遭

---

[1] 渠敬东.项目制:一种新的国家治理体制[J].中国社会科学,2012(05):113-130,207.

[2] 陈家建.项目制与基层政府动员——对社会管理项目化运作的社会学考察[J].中国社会科学,2013(02):64-79,205.

[3] 李祖佩.项目制的基层解构及其研究拓展——基于某县涉农项目运作的实证分析[J].开放时代,2015(02):123-142,6.

[4] 许汉泽,李小云.精准扶贫的地方实践困境及乡土逻辑——以云南玉村实地调查为讨论中心[J].河北学刊,2016(06):184-188.

[5] 李博,左停.精准扶贫视角下农村产业化扶贫政策执行逻辑的探讨——以Y村大棚蔬菜产业扶贫为例[J].西南大学学报(社会科学版),2016(04):66-73.

[6] 张晓山.实施乡村振兴战略的几个抓手[J].人民论坛,2017(33):72-74.

[7] 李博,左停.精准扶贫视角下农村产业化扶贫政策执行逻辑的探讨——以Y村大棚蔬菜产业扶贫为例[J].西南大学学报(社会科学版),2016,42(04):66-73,190.

遇的市场风险可能随政府产业项目治理策略不同而转化为政治、责任和信任风险。

有研究者认为,地方政府以产业项目推进乡村产业开发与发展存在市场风险和政治风险等两类基本风险。市场风险是指乡村产业参与者发生亏损的风险,政治风险是指影响社会稳定的风险。如果乡村产业参与者发生亏损,因承受能力脆弱,可能会聚集向地方政府讨要赔偿或补偿,影响社会稳定。为避免市场风险转化为政治风险,大多数地方政府都会妥协①。事实上,在前项目制时代,地方政府也有强迫农户脱贫致富的习惯做法,在部分地区,由于农户遭受市场风险发生亏损还引发了一些群体性事件②。最新研究显示,在项目制时代,某些地方政府对乡村产业开发倾向于采取收敛性干预措施。与全面干预措施相比,收敛性干预措施注重产业链前端干预、典型户动员、建立正式关系、引入第三方治理和弱化关联性。由于在地方政府与乡村产业参与者之间形成了弱关联性,培育了乡村产业参与者"自负其责"的意识,可以有效地避免市场风险向政治风险转化③。

在乡村振兴战略背景下,产业项目制发生了一些显著变化,进入了后项目制时代。这些变化表现在:一是明显加强了对地方政府实施乡村产业项目的绩效考核。对于绩效不高的地方政府,项目审批部门会削减下年度的项目数量和经费,在发现违规、违纪情况时,还会追究主管领导的责任④;二是明显加强了乡村产业项目的分类实施。一些乡村产业项目是普惠性的,主要适用普通农户,比如良种补贴、种植补贴和农机补贴等,更多的乡村产业项目是竞争性的,主要适用于乡村产业开发能力较强的企事业单位、社会组织或合作社等。通过实施乡村产业项目,地方政府委托这些组织带动农户参与乡村产业开发⑤。在后项目制时代,地方政府以产业项

---

① 向静林.市场纠纷与政府介入——一个风险转化的解释框架[J].社会学研究,2016(04):27−51.

② 古学斌,张和清,杨锡聪.地方国家、经济干预和农村贫困:一个中国西南村落的个案分析[J].社会学研究,2004(02):79−88.

③ 冯猛.项目化时代农村地方产业的风险分担机制——以特拉河镇大鹅产业为例[J].南京农业大学学报(社会科学版),2019,19(02):28−37,156.

④ 李祖佩.项目下乡、乡镇政府"自利"与基层治理困境——基于某国家级贫困县的涉农项目运作的实证分析[J].南京农业大学学报(社会科学版),2014(05):18−25.

⑤ 胡振光,向德平.参与式治理视角下产业扶贫的发展瓶颈及完善路径[J].学习与实践,2014(04):99−107.

目推进乡村产业开发与发展,除了存在市场风险和政治风险之外,还可能存在责任风险和信任风险。责任风险是指地方政府实施产业项目绩效不高而需要承担行政或法律责任的风险,信任风险是指地方政府实施产业项目遭受民众质疑或冷漠对待的风险或社会公信力降低的风险。市场风险不仅可能转化为政治风险,也可能转化为责任风险和信任风险。除此之外,竞争性乡村产业项目逐渐成为主流之后,地方政府、乡村产业项目承包者和农户形成了三方动态博弈关系,地方政府以产业项目推进乡村产业振兴面临着更复杂多变的环境①,收敛性干预措施并不足以使地方政府摆脱风险转化困境。

本章要讨论的问题是,在后项目制时代,乡村产业振兴中地方政府产业项目治理策略与风险转化的逻辑关系,即地方政府以产业项目推进乡村产业开发与发展时,市场风险为何与如何向政治、责任或信任风险转化。结合笔者对湖南省湘西土家族苗族自治州黄金茶产业开发的多年跟踪调查,本章采用"不完全契约—剩余控制权"理论框架进行分析,认为乡村产业项目的契约不完全性生成大量"剩余控制权",乡村产业项目参与者争夺"剩余控制权"引发争议,而争议解决机制失效最终导致市场风险向政治、责任和信任风险转化。

第一节 案例:湘西土家族苗族自治州黄金茶扶贫产业开发

湘西土家族苗族自治州位于湖南省西部,常住人口 260 多万人,以山地为主,人均土地面积少,绝大多数为农民,主要收入来源于种养殖业。因地理环境特殊,湘西土家族苗族自治州盛产品质优异的各种茶叶,但在政府主导开发之前,由农户分散种植,大部分为群体品种,产量不高,品质也不稳定,基本上为自产自销,年总产值非常有限。20 世纪 90 年代,省茶叶研究所一位副研究员在湘西土家族苗族自治州 A 县发现了一种品质极其优异的黄金茶树,口感非常特殊,深受消费者喜爱。但是,黄金茶树为群体品种且不育,当地农户没有技术力量大规模种植。自 2005 年开始,A 县政府就与省茶叶研究所合作研发黄金茶,先后选育了 1 号、2 号和 168 号等 3

---

① 许汉泽,李小云.精准扶贫背景下农村产业扶贫的实践困境——对华北李村产业扶贫项目的考察[J].西北农林科技大学学报(社会科学版),2017(01):9-16.

个良种,供 A 县政府在区域内推广种植,取得了一定成效,黄金茶的种植面积快速扩张,在消费者中的知名度也越来越高,拥有较好的市场前景。

在这种情况下,自 2015 年开始,湘西州政府决定在全市范围内推进黄金茶产业。为此,湘西州政府制定了黄金茶产业发展十年规划,提出要到 2020 年实现全区域 500 亿元的综合年产值,从国家和省政府争取产业项目经费,配套至各相关县(市),要求各县(市)整合涉农产业项目,全力支持黄金茶产业开发。从这年开始,笔者跟随一位到湘西土家族苗族自治州挂职锻炼的干部进行调查,收集整理了近五年以来黄金茶产业开发的基本情况。黄金茶原产地为 A 县,但核心产区跨越 B、C 两县(市)。B 县原来就拥有全省知名的茶叶品牌和茶业产业,茶产业基础较好;C 市为湘西土家族苗族自治州政府所在地,经济发展水平较高,但发展不均匀,农村还有大量贫困人口,基本上没有开发茶产业的经验和产业基础。为落实湘西州的黄金茶产业开发战略,A、B、C 三县(市)都整合了涉农产业项目经费,支持黄金茶产业开发。但是,由于开发黄金茶产业的条件和面临的问题不同,三县(市)分别采取了不同的产业项目治理策略,A 县政府偏向于积极干预的产业项目治理策略,B 县倾向于消极无为的产业项目治理策略,而 C 市以动态调整的产业项目治理策略为主。

经过五年开发,湘西土家族苗族自治州的黄金茶产业开发取得了一定的成效,产量和知名度都同步获得显著增长。但是,主导开发黄金茶产业的 A、B、C 三县(市)分别遭遇了不同的风险转化问题。A 县政府因积极干预产业项目实施,出现了市场风险向政治风险转化的现象;B 县政府因消极对待产业项目实施,出现了市场风险向责任风险转化的苗头;C 市政府因动态调整产业项目实施,导致市场风险转化为信任风险。经笔者调查,地方政府主要负责人对此也非常困惑,声称不知道"在乡村产业项目实施中,政府应该干些什么才能避免承受风险"。这足以引发我们思考,地方政府在组织实施乡村产业项目时,市场风险是如何向政治、责任和信任风险转化的呢?

第二节 政府治理行为与扶贫产业风险转化

乡村产业项目大致可以分为两类:一类由上级政府指定项目承包者,俗称"戴帽"项目或专项;一类由地方政府决定项目承包者,称为普通或通用项目①。普通项目一般采用竞争性申报的方式确定,由申报者提交书面申请,地方政府组织专家进行评估,最后根据评估结果决定项目承包者。无论何种项目类型,地方政府都需与项目承包者签订项目协议书,约定产业项目实施过程中的权利义务关系。产业项目承包者应当按协议实施产业项目,与农户达成土地流转、劳务用工、种植养殖或加工等协议,合作实施产业项目。除了受项目协议书约束之外,国家或政府的产业政策也对相关当事人有约束力。但是,产业项目协议书和产业政策不可能事无巨细地规定产业项目实施过程中的所有事项,对于约定或规定模糊之处、没有约定或规定的事项,以及环境变化后需要调整的事项等,都需要地方政府、项目承包者和农户等主体相互协商来解决问题。事实上,地方政府凭借其项目发包者(俗称"甲方")和行政管理者的双重身份,在协商过程中拥有绝对话语权,支配着整个协商过程,项目承包者和农户基本上都只能据此调整自己的行为策略。在湘西土家族苗族自治州黄金茶产业开发案例中,A、B、C三县(市)政府就表现出了完全不同的产业项目治理策略。

一、强作为转化为政治风险

A县是黄金茶种质资源原产地,不仅有开发发展黄金茶产业独特的资源优势,而且有长达10余年的茶产业发展基础。A县政府的黄金茶产业开发态度非常积极,从2015年开始,连续以县委、县政府的名义发布了全力开发黄金茶产业的规划、方案和措施。规划要求,到2020年,全县黄金茶园面积达8万~10万亩,产值达到10亿元以上,每年为县财政创造利税4000万元,解决5万名农民工的就业问题,使A县成为中国绿茶大县。

为了实现黄金茶产业开发目标,A县政府将整合后的黄金茶产业项目发包给茶企、合作社和种茶大户,并签订了产业项目协议书,约定了各方在黄金茶产业项目实施过程中的权利义务关系。在履行产业项目协议的过程中,A县政府几乎每年都会调整产业项目协议书的内容,根据笔者整理,先后调整的事项有:修订黄金茶苗繁育企业的年度繁育目标任务,规定其必须实现的目标;统购统销黄金茶苗繁育企业繁育的所有黄金茶苗,不准其向外地销售;调整茶企、合作社和种养大户的黄金茶年总产值目标,只有完成规定任务才能获得补贴;调整财政补贴数额以动员农户种植黄金茶,

---

① 周雪光.项目制:一个"控制权"理论视角[J].开放时代,2015(02):82-102,5.

并聘请茶叶专家提供免费技术服务；建立黄金茶品牌推广平台，组织各种推广活动，以财政补贴支持在各大城市建立黄金茶专销店面。

A县政府全面干预黄金茶产业的治理策略，快速扩大了黄金茶产业规模，但很快就出现了令地方政府不安的问题：在黄金茶苗市场需求非常旺盛时，A县政府从价格和产量两方面限制茶苗繁育企业，使这些企业无法实现预期利润，在产业项目经费补贴不足以弥补且与A县政府协商无果时，引发这些企业的罢工停业等抗议行为。部分企业为了获利，偷偷将黄金茶苗卖到外地，被A县政府发现后，进一步升级了政企冲突；在市场行情不佳时，A县政府要求项目承包者以固定价格收购黄金茶鲜叶以保护茶农利益，在市场行情较好时，许多茶农将鲜叶卖给外地茶企，致使项目承包者陷入无鲜叶可做、无干茶可卖的境地。项目承包者所获得的产业项目经费补贴不足以弥补亏损时，通过县茶业协会向A县政府施加压力，要求增加产业项目经费或给予一定的经济补偿。A县政府必须在给予一定经济补偿和事情可能被闹大而影响社会稳定之间作出选择。在一定程度上，由于A县政府对黄金茶产业开发的全面干预，黄金茶产业开发的市场风险，通过项目承包者的集体抗议行为，转化为A县政府承担的政治风险。

二、不作为转化为责任风险

B县紧邻A县，地理气候环境类似，原来就出产一种省名优绿茶，有悠久的茶产业发展历史，茶产业从业人员多，省茶叶研究所还设有专门的茶叶科研观测站，茶产业基础比较好。但是，B县产出的省名优绿茶以群体品种为主，尽管干茶外形辨识度高，但是茶叶品质不稳定，产量非常有限，年总产值也不高。在湘西州政府提出全市黄金茶产业开发战略之后，B县政府的反应并不积极，一是因为区域内本身就有省名优绿茶，政府对全力主推黄金茶产业开发心存疑虑；二是因为与A县相比无竞争优势，盲目开发黄金茶可能会造成产量过多、价格下降，引发市场风险，进而可能会转化为政治风险。

B县政府开发黄金茶产业的消极态度，体现在对项目承包者履行黄金茶产业项目协议的监管方面。对产业项目协议书和产业政策约定或规定的事项，一般只在项目验收时才组织专家进行评估，对实施过程基本上不管；对产业项目协议书和产业政策约定或规定模糊之处、没有约定或规定的事项、需要根据实际情况进行调整的事项，几乎任由项目承包者自行决定。

B县政府"放养式"的黄金茶产业治理策略，项目承包者虽然感到比较满意，但却引发了一些意想不到的问题：获得黄金茶产业项目的当地茶企，因其原来从事本县的名优绿茶开发，对黄金茶产业并不感兴趣，申报黄金茶产业项目主要是为了利用项目经费补贴增强竞争力，这导致黄金茶产业开发进展非常缓慢。因黄金茶产业项目包含着土地流转、订单农业和劳务用工等与茶农利益相关的事项，黄金茶产业开发进展缓慢使一些茶农非常不满；部分项目承包者为了保证黄金茶产业项目验收合格，弄虚作假或搞一些形式主义的项目实施行为，导致多地出现一些"烂尾"项目，当地群众意见比较大。这导致许多茶农到上级政府投诉，理由是本地茶农也应当与邻县茶农一样，有权利享受黄金茶产业项目实施带来的利益。在这种情况下，B县政府面临着巨大的治理压力，必须在调查项目承包者的项目实施行为和承担渎职责任之间作出选择。在一定程度上，B县政府为避免市场风险转化为政治风险，采取消极无为的黄金茶产业项目治理策略，通过黄金茶产业项目受益茶农的维权行为，转化为B县政府承担的责任风险。

三、乱作为转化为信任风险

C市是湘西州政府所在地，在地理位置上也与A县相邻，A县黄金茶核心产区有部分区域位于C市行政区划内。C市虽然拥有开发黄金茶产业的地缘优势，但由于C市经济发展水平较高，一开始并不重视黄金茶产业开发。在湘西州政府提出全区黄金茶产业开发战略后，C市政府才开始重视黄金茶产业开发工作。由于缺乏茶产业开发经验，C市政府的黄金茶产业项目治理策略以动态调整为主。

在开始推进黄金茶产业开发时，C市政府的策略非常激进。引进了一个上市公司，并与之签订了黄金茶产业项目协议书，重点支持其引领开发黄金茶产业。除此之外，还与多家本地茶企、合作社和种养大户签订了黄金茶产业项目协议书。但是，在开始阶段，上市公司实施黄金茶产业项目的积极性不高，为了调动积极性，C市政府调整了黄金茶产业项目补贴政策，决定加大对龙头企业的补贴力度，同时减免其开发黄金茶产业的部分税费，而其他项目承包者的补贴力度、税费不变和目标任务都保持不变。实施一段时间之后，很快就出现了问题：上市公司拥有明显的竞争优势，在黄金茶市场行情较好时，大幅抬高茶叶鲜叶收购价格，使其他茶企无茶可做、无茶可卖。在黄金茶市场行情不佳时,上市公司被迫按固定价格收购鲜叶,亏损严重。尽管理由各不相同,本地茶企和上市公司向C市政府提出了给予一定经济补偿的请求,C市政府如果不回应就可能会影响社会稳定。

为了避免可能发生的政治风险,C市政府再次调整了黄金茶产业补贴政策,取消了上市公司的补贴特权,放弃了鲜叶保护价收购的产业政策,对所有项目承包者不再进行过程监管,只负责组织产业项目验收。失去补贴特权的上市公司,很快暂停了几个茶苗繁育、茶叶生产基地的建设工作,开始退还从农民手中流转的土地使用权,解雇在茶叶繁育和生产基地上工作的农民,与签订订单收购协议的茶农解除合同。利益受损的茶农向C市政府反映情况,要求解决问题。C市政府感受到压力后,又试图部分恢复对上市公司的补贴,但上市公司去意已决,转而到A县与A县政府合作设立新龙头企业。为了避免市场风险转化为政治风险和责任风险,C市政府动态调整黄金茶产业项目治理策略,虽然在一定程度上保持了政绩稳定,但是由于其治理行为的不可预见性,通过项目承包者"用脚投票"的行为,转化为C市政府承担的信任风险。

概括而言,后项目制时代,为实现乡村产业振兴,在实施乡村产业项目过程中地方政府、项目承包者与农户之间形成了复杂的合作博弈关系。尽管地方政府在乡村产业项目实施中拥有绝对话语权,可以完全掌握"剩余控制权"的行使方式,主导乡村产业项目的实施过程。但是,由于乡村产业开发与发展存在固有的市场风险,地方政府对乡村产业项目实施的任何干预行为,都可能会使市场风险分别转化为政治、责任或信任风险,使地方政府陷入风险转化困境之中。

第三节 解释:剩余控制权争夺导致风险转化

从乡村产业项目实施过程来分析,乡村产业项目实质上是一种契约关系,地方政府、项目承包者和农户之间不仅有正式的书面项目协议,还有一些约定俗成的非正式协议,约束着各方实施产业项目的行为。除此之外,书面项目协议一般还约定各方要受国家或政府产业政策的约束。乡村产业项目协议是一种不完全契约,由于其特殊性,其不完全程度远高于普通契约,留下大量的"剩余控制权"。地方政府、项目承包者和农民之间争夺

"剩余控制权"且争议解决机制失效是导致市场风险转化为政治、责任和信任风险的主要原因。

不完全契约理论源自科斯的交易成本理论[①],由格罗斯曼和哈特共同提出。根据不完全契约理论,契约必然是不完全的,因为人们在签订契约时无法预测到所有可能的情况,人们无法用完美准确的语言将契约内容表述得毫无争议,人们也无法向法院或其他第三方争议解决机构完全证实契约内容[②]。在一份契约中,明确约定且契约各方都认同的权利为"特定权利",没有明确约定、模糊不清且契约各方存在争议的权利为"剩余控制权"[③]。从降低交易成本和提升资源配置效率的角度而言,不完全契约的剩余控制权应当由资产专有性较强的契约方掌握,以避免在市场交易过程中被他方"敲竹杠"[④]。但是,在实际的经济活动中,剩余控制权并不会自动以最有效率的方式配置,契约各方大多会基于各种理由争夺剩余控制权,以实现自身利益最大化。

"剩余控制权"争议一般通过明晰产权、产权整合、自我实施和法律裁决等四种机制解决。明晰产权是指明确约定或法律明确规定交易各方的"特定权利"消除"剩余控制权"的争议解决机制;产权整合是指交易各方通过横向或纵向兼并使"剩余控制权"归为同一主体的争议解决机制;自我实施是指交易各方相互协商确定"剩余控制权"归属的争议解决机制;法律裁决是指通过法定程序决定"剩余控制权"归属的争议解决机制。这四种解决机制,交易成本依次递增,效率依次下降。理论上,争议方一般会优先使用交易成本最低的解决机制,如果缺乏此种机制或机制失效,则会依次选择下一种解决机制,直到某种争议解决机制的交易成本高于争议解决所能够获得的利益为止。如果上述四种解决机制均无法解决争议,契约当事人会寻找一些非理性的替代解决机制,可能引发一些严重的社会问题。

一、产业项目生成剩余控制权

在乡村产业项目协议中,一般会明确包含项目的目标任务、项目具体

---

① Coase R. The Nature of the Firm[J]. *Economica*,1937,4(16):386—405.
② Williamson O. *The Economic Institutions of Capitalism:Firms,Markets,Relational Contracting* [M]. New York:Free Press,1995.
③ Grossman S J & O Hart. The Costs and Benefits of Ownership:A Theory of Vertical and Lateral Integration[J]. *Journal of Political Economy*,1986, 94(04):691—719.
④ Hart O & J Moore. On the Design of Hierarchies:Coordination Versus Specialization[J]. *Journal of Political Economy*,2005, 113(04):675—702.

内容、实施过程阶段、任务完成标准、经费支付方式和违约责任等条款,地方政府和项目承包者都可以从书面文字的含义中获知在产业项目实施过程中自己可以享有的权利与应当要承担的义务,不仅如此,双方都确认这些权利义务的约束力。这些权利是明确且具体的,属于乡村产业项目实施中的"特定权利",一般不会产生较大的争议。

在乡村产业项目实施过程中,项目协议书、国家或政府产业政策都可能存在约定或规定模糊之处,只有经过解释之后才能明确各方的权利义务关系;地方政府和项目承包者在签订项目协议书时可能有一些不太明确的口头承诺或非正式协议,或者有一些约定俗成的权利义务关系,需要以诚信原则为基础,协商确定双方的权利义务关系等。由谁来解释,按照何种原则或方法来解释对确定权利归属至关重要,未确定归属的这些权利无疑属于乡村产业项目中的"剩余控制权"。比如,在A县签订的项目协议书中,有"政府捆绑涉农项目予以支持"的表述。在实施过程中,对于政府捆绑哪些涉农项目、如何捆绑,以及捆绑是否违反国家或政府政策等问题都需要解释才能确定。

在乡村产业项目实施过程中,可能会发生项目协议书签订时未预料到的新问题,导致继续按原产业项目协议履行极其不合理,项目协议书需要重新修订,以重新确定双方的权利义务关系。这些可以被调整的权利属于"剩余控制权",对契约各方的利益都可能会产生重要影响。比如,A县调整黄金茶苗繁育目标、年度产量和统购统销黄金茶苗,B县项目承包者实施乡村产业项目不及时,C市政府调整上市公司的补贴力度等,都属于在乡村产业项目实施过程中发现不合理之处后,需要对项目协议进行修订的地方。但是,地方政府、项目承包者和农民的意见并不统一。

除此之外,在乡村产业项目协议书中一般都有"保留条款",即地方政府保留根据国家或政府产业政策对协议内容进行解释或调整的权利。这些权利的不确定性更高,也属于乡村产业项目中的"剩余控制权"。比如,随着国家脱贫攻坚战略的确定,对乡村产业项目实施提出了明确的期限和标准要求,地方政府可能会与项目承包者协商或者直接作出决定,以缩短或延长乡村产业项目的实施期限,按新标准验收乡村产业项目等。

二、争夺剩余控制权引发争议

在乡村产业项目实施过程中,地方政府凭借契约当事人和行政管理者的双重身份,在"剩余控制权"争夺中占绝对优势,项目承包者和农户只能根据地方政府对乡村产业项目的治理策略来调整行为,通过比较交易成本与可能收益,选择服从或不服从。无论是选择服从还是选择不服从,因乡村产业开发固有的市场风险,故都有可能引发争议。

1.地方政府全面干预引发的争议。完成乡村产业项目的行政压力[①]、以地区生产总值增长率为主要指标的晋升竞赛[②],激励地方政府进行全面干预。地方政府全面干预意味着地方政府完全掌握乡村产业项目实施中的"剩余控制权"。为了降低交易成本,提高资源配置效率,考虑到项目承包者为实施乡村产业项目投入了前期专有资本,资产专有性较强,为避免被"敲竹杠",项目承包者应当拥有"剩余控制权";但是,为了实现产业开发与发展规划目标,地方政府应当完全掌握"剩余控制权"。面对地方政府的全面干预,项目承包者有两种选择:选择退出、选择服从。如果选择退出,地方政府不同意,就会引发争议。比如,A县部分项目承包者的停产抗议就是此类争议。若地方政府同意,就必须对乡村产业项目进行清算,相互之间可能会请求补偿或赔偿,争议难以避免。比如,A县政府要求退出的项目承包者退还项目经费,而项目承包者认为项目经费已经使用且自身出现了亏损而不愿意退;如果选择服从,项目承包者就必然会增加运营成本,若增加的收益无法弥补损失或收益没有增加,项目承包者就会请求补偿或赔偿,争议也不可避免。比如,A县政府决定统购统销黄金茶苗后,黄金茶苗繁育企业因产能无法消化而出现亏损,多次向政府提出补偿请求。

2.地方政府消极无为引发的争议。担心政府干预乡村产业项目会导致市场风险转化为政治风险,或者地方政府产业开发战略变更等原因,部分地方政府倾向于消极无为。地方政府消极无为意味着项目承包者完全掌握乡村产业项目实施中的"剩余控制权"。为实现乡村产业项目中的国家功能,比如扶贫功能,地方政府和贫困农民应当掌握乡村产业项目实施中的"剩余控制权";为降低交易成本,提高资源配置效率,项目承包者必须掌握乡村产业项目实施中的"剩余控制权"。地方政府消极无为的治理策略使项目承包者实际上完全掌握了"剩余控制权",导致乡村产业项目实施过分偏向项目承包者的利益,弱化了乡村产业项目中的国家功能,使项目承包者与依赖项目国家功能受益的农民之间发生争议。比如,听说相邻县

---

① 杨雪冬.压力型体制:一个概念的简明史[J].社会科学,2012(11):4-12.
② 周黎安.中国地方官员的晋升锦标赛模式研究[J].经济研究,2007(07):36-50.

(市)相同项目实施中贫困农户可以获得土地流转、生态补偿、订单生产或劳务用工等生成的利益,B县的一些贫困农户到湘西土家族苗族自治州和B县两级政府反映情况,请求政府加强监管,使项目承包者认真实施乡村产业项目;除此之外,为了自身利益最大化,在项目承包者实际掌握"剩余控制权"时,有较大的机会弄虚作假或搞形式主义,化公为私,浪费或消耗乡村产业项目经费。比如,B县部分项目承包者流转土地进行简单平整后长期闲置,最后变成"烂尾"项目,当地群众多次到县政府反映情况,并与项目承包者经常发生摩擦。

3. 地方政府动态调整引发的争议。实施乡村产业项目经验不足,为了避免政府干预过度或不足导致市场风险转化为政治风险或责任风险,或者为了维持政绩稳定等原因,部分地方政府倾向于动态调整。为了降低乡村产业项目实施中的交易成本,提升资源配置效率,应当根据资产专有性强度配置"剩余控制权";为了实现乡村产业项目中的国家功能,应当根据政府职责和受益角色配置"剩余控制权"。当效率和国家功能并不兼容时,地方政府有必要动态调整干预行为,实现效率与国家功能的平衡。这会使"剩余控制权"在政府、项目承包者和农民之间摇摆,"剩余控制权"经常性错配,地方政府全面干预和消极无为引发的争议交替出现。比如,C市政府在项目开发刚开始实施时,态度积极,干预程度也较深,要求上市公司必须实现既定的开发目标,受到挫折之后,又变得消极,放松监管,任由上市公司停产停业。

三、解决机制失效致风险转化

根据不完全契约理论,发生"剩余控制权"争议后,可以采用明晰产权、产权整合、自我实施和第三方法律程序等四种机制予以解决。在当前体制下,除了自我实施机制之外,明晰产权、产权整合和第三方法律程序机制对解决乡村产业项目的"剩余控制权"争议都存在障碍。国家和政府产业政策的不稳定性和模糊性使明晰产权机制很难发挥作用;公私产权整合缺乏制度支持导致产权整合机制不可行;乡村产业项目争议的法律性质不明,仲裁机构或法院受理困难,使第三方法律程序机构无法发挥作用。通过相互协商解决乡村产业项目"剩余控制权"争议的自我实施机制,是当前唯一可行的争议解决机制。自我实施机制发挥作用依赖于信任,信任水平越高,自我实施机制解决争议能力越强。但是,信任是非常脆弱的,一旦利益受损超过承受限度,信任水平就会降低,甚至不复存在,自我实施机制就会逐渐失效。在其他三种机制都失效的情况下,争议方会寻找替代机制解决争议。

地方政府全面干预可能引发退出、补偿或赔偿等争议,如果项目承包者利益受损不严重,信任水平也较高,那么可以通过协商解决争议。但是,如果项目承包者利益受损过于严重,地方政府无力或无意进行补偿或赔偿时,项目承包者就会寻找非理性替代机制来解决争议。比如,非法聚集"闹事",来胁迫地方政府予以补偿或赔偿。在这种情况下,市场风险会转化为政治风险。

地方政府消极无为可能引发"上访"或投诉等争议,如果国家和农民利益受损不严重,信任水平也较好,那么可以通过协商解决争议。但是,如果项目承包者获得过多不当利益,使国家或农民利益受损严重,项目承包者无力或拒绝退还和赔偿时,国家或农民会寻找替代机制来解决争议。在追究项目承包者法律责任存在制度障碍的条件下,农民会通过"上访"来解决争议,国家会以追究地方政府及其主要官员的责任来解决争议。在这种情况下,市场风险会转化为责任风险。

地方政府动态调整可能导致退出、补偿、赔偿或投诉等争议交替出现,如果争议方利益受损不严重,那么可以在短期内通过协商解决争议。如果长期处于争议之中,项目承包者和农民可能会逐渐丧失信心,不愿意参与实施乡村产业项目;如果争议方利益受损严重,又无法获得有效补偿或赔偿,那么非理性、"上访"和追究责任等替代机制会交替出现,无人再愿意参与实施乡村产业项目。在这种情况下,市场风险会转化为信任风险。

第四节 结论与讨论

后项目制时代,防范乡村产业振兴中的风险转化,提升产业精准扶贫质量,要从完善乡村产业政策和产业项目协议,优化配置乡村产业项目中的"剩余控制权"入手。只有明确权利边界,才能做到风险自负,化解风险转化困境。整体而言,可以考虑以下三个策略:一是扩张"特定权利",尽量减少乡村产业项目中的"剩余控制权";二是明确政府与市场边界,根据产业项目中的国家功能和资产专有程度分别配置"剩余控制权";三是完善第三方法律解决机制,独立公正地裁决乡村产业项目中的"剩余控制权"

争议。

具体而言,可以采取以下措施:一是由国家或省级政府统一制定格式化的乡村产业项目协议书,并规定由制定机构享有协议条款的最终解释权。通过这个措施,可以最大限度地减少因文字表述模糊而生成的"剩余控制权";二是在乡村产业项目协议书中,明确约定项目承包者作为市场主体应当享有的经营决策和实施方式等权利,明确约定地方政府作为监管主体和公共服务主体应当享有的权利,将"剩余控制权"转化为"特定权利"。通过这个措施,进一步划清地方政府和乡村产业项目承包者之间的权利边界,达到各司其职、各负其责的状态;三是制定政府在乡村产业项目实施中的负面权力清单制度,明确禁止政府随意调整乡村产业项目的目标任务、直接干预承包者经营决策和实施方式等行为。通过这个措施,为乡村产业项目承包者提供稳定的心理预期,提高地方政府产业行为的可预见性;四是制定政府在乡村产业项目中的职责清单制度。明确地方政府进行基础设施建设、提供公用事业和公共服务的具体内容和日程表,并将其作为附件,与乡村产业项目协议书具有同等效力;五是完善第三方法律解决机制。剥离地方政府在乡村产业项目实施中"运动员"和"裁判员"的双重身份,裁决地方政府、产业项目承包者和农民之间的"剩余控制权"争议,为产业项目承包者和农民提供权威救济渠道。

本章通过分析湖南省湘西土家族苗族自治州黄金茶产业开发案例,发现在乡村产业振兴过程中,乡村产业项目已经进入后项目制时代,具体表现为两个方面:一是普惠型与竞争型乡村产业项目的分离。前者主要适用于普通农户,后者主要适用于企事业单位、社会组织、合作社或种养大户等。竞争型产业项目以竞标方式确定项目承包者,包含着地方政府委托项目承包者带动一定数量农户参与产业开发的内容,在地方政府、项目承包者和农户三者之间形成了复杂的动态博弈关系;二是乡村产业项目实施绩效考核变得更加严格。绩效不达标的项目,地方政府会被相应削减次年产业项目数量和经费。在后项目制时代,地方政府以乡村产业项目推动乡村产业振兴时,很难把握好干预尺度,全面干预可能导致市场风险转化为政治风险,消极无为可能导致市场风险转化为责任风险,动态干预可能导致市场风险转化为信任风险。乡村产业振兴中风险转化困境的成因在于:乡村产业项目中存在过多的"剩余控制权",地方政府、项目承包者与农民在"剩余控制权"下引发争议,常规争议解决机制失效导致市场风险向政治、责任和信任风险转化。为防范化解乡村产业振兴中的风险转化困境,应当尽量减少乡村产业项目中的"剩余控制权",明确政府与市场的权利边界,完善第三方法律解决争议机制。

第十章　产业精准扶贫、治理困境与治理对策

在国务院提出的"五个一批"精准扶贫措施中,"发展生产脱贫一批",即产业精准扶贫,对于培育贫困地区内生"造血"能力、提高脱贫质量和促进乡村振兴具有非常重要的意义。在产业精准扶贫过程中,需要发挥地方政府的积极作用,以产业扶贫项目引导扶贫企业和贫困农户参与扶贫产业开发,以实现产业兴旺和精准脱贫的双重目标。开发或参与扶贫产业有市场或经济风险,在市场经济条件下,风险一般由市场主体"自负其责"。但是,为了实现产业精准脱贫目标,地方政府必须对扶贫产业开发进行一定程度的干预,使本应当"自负其责"的市场或经济风险,可能转化由地方政府承担的稳定、责任或信任风险,使地方政府陷入产业精准扶贫治理的风险困境之中。

产业精准扶贫实践中,有些地方政府在实施产业扶贫项目时,逼迫或以补贴引诱贫困农户参与扶贫产业,引导扶贫企业与贫困农户签订收购协议,一旦市场形势不好,产品滞销,造成亏损,扶贫企业和贫困农户就会聚集要求地方政府补偿[①]。如果地方政府以市场或经济风险自负为由拒绝补偿,那么市场或经济风险就可能转化为企业或贫困农户非法聚集或集体上访等社会稳定风险[②]。同时,如果地方政府担心市场或经济风险转化为稳定风险而对产业精准扶贫放任不管,则可能会由于无法按时完成精准脱贫任务而遭受渎职处分或者财政转移支付资金被收回或核减等行政责任

---

① 古学斌,张和清,杨锡聪.地方国家、经济干预和农村贫困:一个中国西南村落的个案分析[J].社会学研究,2004(02):79-88.
② 向静林.市场纠纷与政府介入——一个风险转化的解释框架[J].社会学研究,2016(04):27-51.

风险①。还有学者通过案例研究指出,地方政府在经历产业精准扶贫的市场或经济风险转化为稳定风险之后,开始采取收敛性干预措施,以培养贫困农户"自负其责"的风险意识②,但可能因政策多变而产生信任风险。

对于产业精准扶贫治理风险困境产生的原因,有学者指出,主要是由地方政府与市场主体的复杂关系决定的。地方政府兼具行政主体与民事主体身份,拥有行政管理、产业开发和公共服务等多项职能,很难避免市场或经济风险向稳定或责任风险转化③。还有学者认为,贫困农户参与能力和积极性不高,参与具有被动性,对产业扶贫政策不知情等是产业精准扶贫治理风险困境产生的重要因素④。除此之外,有研究指出,地方政府执行产业扶贫政策以产业开发优先或以精准扶贫优先的行为逻辑⑤,以及贫困地区村庄特有的社会结构和乡土文化⑥等因素也是造成产业精准扶贫治理风险困境的影响因素。

现有的研究大多仅讨论了产业精准扶贫治理风险困境的某一方面,从整体上考察产业精准扶贫治理风险困境的比较少。在风险困境形成原因上,从地方政府职能、扶贫产业参与、扶贫政策执行逻辑和乡村文化结构等方面研究得比较多,较少考虑组织与市场、政府与社会、福利与程序等体制、治理和价值等方面因素的影响。本章以笔者跟踪调查五年的湘西土家族苗族自治州黄金茶产业精准扶贫为例,全面分析地方政府治理与产业精准扶贫风险困境的关系,从组织目标、治理边界和价值权衡等方面解释产业精准扶贫治理风险困境的根本缘由,并在此基础上提出产业精准扶贫治理风险困境的解决对策。

湘西土家族苗族自治州某县生长着一种特殊的茶树地方品种——黄金茶,制成的干茶因品质优异而深受消费者喜爱。但是,因茶树为群体品

---

① 李祖佩.项目下乡、乡镇政府"自利"与基层治理困境——基于某国家级贫困县的涉农项目运作的实证分析[J].南京农业大学学报(社会科学版),2014(05):18-25.
② 冯猛.项目化时代农村地方产业的风险分担机制——以特拉河镇大鹅产业为例[J].南京农业大学学报(社会科学版),2019,19(02):28-37,156.
③ 许汉泽,李小云.精准扶贫背景下农村产业扶贫的实践困境——对华北李村产业扶贫项目的考察[J].西北农林科技大学学报(社会科学版),2017(01):9-16.
④ 胡振光,向德平.参与式治理视角下产业扶贫的发展瓶颈及完善路径[J].学习与实践,2014(04):99-107.
⑤ 李博,左停.精准扶贫视角下农村产业化扶贫政策执行逻辑的探讨——以Y村大棚蔬菜产业扶贫为例[J].西南大学学报(社会科学版),2016(04):66-73.
⑥ 许汉泽,李小云.精准扶贫的地方实践困境及乡土逻辑——以云南玉村实地调查为讨论中心[J].河北学刊,2016(06):184-188.

种且不育,黄金茶产量一直不高,而且品质不稳定。后经过某县政府与省茶叶研究所合作开发,选育了品质优异稳定的1号、2号和168号等三个良种,纯化了黄金茶的品种,稳定了品种性状,并以扦插技术解决了品种不育的问题。自2007年开始,某县政府以产业扶贫项目推进黄金茶产业开发,至2012年止,收到了良好的经济和社会效益,成为某县的主要产业之一。从2013年开始,考虑到黄金茶产业巨大的市场前景,湘西州政府决定在全市范围内推进黄金茶产业精准扶贫,在保留某县黄金茶产业的同时,提出要打造湘西黄金茶产业。湘西土家族苗族自治州各县(市)拥有相似的地理环境,不存在推广开发黄金茶产业扶贫的环境制约因素。但是,部分县(市)原来就拥有全省知名的茶叶品牌和茶业产业,部分县(市)则完全没有开发茶产业的经验和产业基础,却都需要执行湘西土家族苗族自治州开发黄金茶产业的战略部署。在推进黄金茶产业精准扶贫过程中,各县(市)政府的治理策略或开发政策各异,产生了不同的风险困境,值得深入分析研究。

第一节 产业精准扶贫治理风险困境的表现

中国的行政体制在近年来发生了一些显著变化:一是压力型体制压缩了地方政府的自治空间。中央政府的政策意图,通过各级政府层层加码,完成政策任务的行政压力向地方政府累积,地方政府施政压力越来越大,自治空间越来越小[1];二是项目式治理打破行政部门间的鸿沟。中央政府和上级政府以项目为杠杆,以项目资金转移支付为支点,以绩效考核为手段,撬动地方政府整合相关行政部门的治理权力、资金和资源,全力实施中央政府和上级政府的既定政策,确保政策意图获得实现[2];三是目标管理驱动晋升锦标赛。尽管没有明文规定,地方政府主要官员的晋升竞争,基本上都默认以某些政绩指标为主要依据[3]。比如,地区生产总值增长水平,在贫困地区则可能是年度脱贫率等。然而,在这种行政体制下,地方政府的行为模式却并未统一,反而表现出了较大的差异性,地方政府主导的

---

[1] 杨雪冬.压力型体制:一个概念的简明史[J].社会科学,2012(11):4—12.
[2] 张新文.典型治理与项目治理:地方政府运动式治理模式探究[J].社会科学,2015(12):13—21.
[3] 陶然,苏福兵,陆曦,朱昱铭.经济增长能够带来晋升吗?——对晋升锦标竞赛理论的逻辑挑战与省级实证重估[J].管理世界,2010(12):13—26.

产业精准扶贫治理正是如此。

一、市场风险与政治风险困境

在当前的行政体制下,某些贫困地区的地方政府对产业精准扶贫进行全面干预是一种相对合理的选择。在压力型体制下,如果无法按期完成产业扶贫任务,地方政府主要官员的工作绩效可能被"一票否决";在项目式治理中,由于不能有效利用项目资金,地方政府的财政转移支付资金可能被削减;在目标管理中,由于达不到优秀,地方政府主要官员可能失去晋升机会。为避免这些不利后果的产生,从产业扶贫项目选择、发包和开发方式,到开发规模、范围、贫困农户参与和利益联结方式,甚至对扶贫产业的品牌推广和市场营销等活动,地方政府都会进行干预,以体现政府意志,确保实现既定的产业精准扶贫目标。在某些地区,地方政府甚至会采用半强制方式进行干预。比如,要求乡镇村干部入户做工作,动员贫困农户参与扶贫产业;在贫困农户缺人力或资金不能参与扶贫产业时,基层政府还会出资帮助雇佣劳动力,或者请求农村金融机构配合提供无息或低息贷款等。比如,根据笔者对湘西土家族苗族自治州黄金茶扶贫产业开发的跟踪调查,某些县(市)的地方政府为完成产业扶贫任务,由地方政府统购黄金茶苗,免费提供给贫困农户,并据此给予财政补贴,帮助贫困农户脱贫。在春季采茶时,如果市场行情不好,地方政府要求茶叶企业以保护价收购鲜叶,同时为企业提供一些补贴;地方政府还经常举办各种形式的黄金茶产业推介会,邀请上级政府官员和茶业精英共同推广黄金茶,为销售黄金茶的经营者提供补贴。

不同于其他扶贫措施,开发和参与扶贫产业有市场或经济风险,扶贫企业和贫困农户可能因经营不善或市场不佳等原因而出现亏损或负债。一旦出现这种状况,扶贫企业和贫困农户可能会寻求转移风险,要求地方政府赔偿或补偿,替代承担亏损或负债责任。如果地方政府拒绝承担责任,扶贫企业和贫困农户可能会聚集向地方政府讨要补偿、到上级政府集体上访甚至进行群体性"闹事",使开发和参与扶贫产业的市场或经济风险,转化为政府治理的稳定风险。发生这种风险转移,对地方政府非常不利,不仅有损政府公信力,而且对政府绩效及主要官员的晋升机会也是灾难性的。比如,在黄金茶扶贫产业开发案例中,部分县(市)政府对扶贫企业生产经营的过度干预,引发了企业的停产抗议活动;政府将黄金茶种质资源交给外来企业开发,引发了村民的集体抗议,村民聚集阻止企业在村庄施工,并到上级政府上访,影响了社会稳定,对地方政府公信力造成了不良影响。

二、政治风险与责任风险困境

在当前的行政体制下,由于某些地区扶贫产业基础较好,资源禀赋优势也比较突出,已经形成了相对成熟的产业链,地方政府对产业精准扶贫放任不管是比较合理的选择。地方政府以产业扶贫项目引导扶贫企业扩大规模,带动贫困农户参与扶贫产业,尽管有助于实现精准扶贫目标,但可能会干扰企业的自主经营决策,影响地区经济发展质量。对地方政府而言,精准脱贫目标可以通过替代方式实现,比如易地搬迁、生态扶贫和教育扶贫等,在脱贫任务紧迫时,甚至可以直接提高保障标准实现脱贫目标。在压力型体制下,以替代方式实现脱贫目标并不会给地方政府带来不利后果。地区经济发展是地方政府施政的首要目标,是实现其他目标的前提和基础,也是决定政绩的主要标准。在晋升锦标赛中,影响了地区经济发展水平,就会影响主要官员的晋升机会,还会影响地方财政收入,间接拖累精准扶贫目标的实现。在项目式治理中,地方政府以竞争方式发包产业扶贫项目,不干涉扶贫企业的自主经营行为,仅对项目实施结果进行验收,尽管可能会影响精准脱贫目标的完成,但有利于提高产业扶贫项目的资金使用效率,提高经济发展质量,有助于以替代方式完成精准脱贫目标。比如,在黄金茶扶贫产业开发案例中,有一个县的茶产业基础比较好,原来就出产一种省名优绿茶。在湘西州政府提出黄金茶产业开发精准扶贫战略后,该县没有采取强力措施推进黄金茶产业开发,而是采取放任不管的治理策略,直接将产业扶贫项目发包给开发和参与黄金茶产业的企业和贫困农户,对没有参与黄金茶产业的贫困农户则用搬迁或补贴等替代方式实施精准扶贫。

在地方政府放任不管的情况下,扶贫企业和贫困农户一般会主动承担开发和参与扶贫产业的市场或经济风险,不会将风险转移给地方政府,从而避免发生稳定风险。但是,地方政府以替代方式实施精准扶贫可能会引发责任风险。在"五个一批"的精准扶贫措施和路径中,只有"发展生产脱贫一批",即产业精准扶贫,属于"造血式"扶贫,其他基本上都属于"输血式"扶贫,以保障贫困农户的基本生计需求为主要目标。产业精准扶贫以培养贫困农户的工作能力和社会资本等为主要目标,有利于提升贫困农户的脱贫信心,稳定脱贫成效,防止返贫。更重要的是,能够培育贫困农户对政府的信任,增加贫困农户的获得感和幸福感。地方政府对产业精准扶贫放任不管,以替代方式扶贫,尽管也可以保障贫困农户的基本生计需求,但对有劳动能力的贫困农户而言,长期不劳而获不利于培养其自食其力的意识,容易形成重度依赖心理,一旦停止提供生计保障,还会对地方政府产生抱怨心理,引发投诉、上访或举报,影响地方政府及主要官员的绩效考核成绩及晋升机会。比如,在黄金茶产业扶贫案例中,采取放任不管治理策略的某县,据笔者实地走访,有劳动能力的贫困农户对地方政府的治理策略有一些不理解,认为地方政府应当认真实施国家的产业精准扶贫政策,落实上级政府发布的黄金茶扶贫产业开发战略,带动贫困农户通过发展生产脱贫,而不是仅仅享受社会保障兜底待遇。近五年,该县黄金茶产业精准扶贫的行政绩效一直处于较低水平。

三、责任风险与信任风险困境

在当前的行政体制下,某些贫困地区的地方政府为避免产业精准扶贫中的稳定风险和责任风险,保持政绩稳定,倾向于对产业精准扶贫进行收敛干预。所谓收敛干预是指处于全面干预和放任不管中间状态的干预,裁量空间比较大,可以指比全面干预少一些的干预,也可以指比放任不管多一些的干预。一般情况下,地方政府扶贫任务压力不大,需要以产业项目引导产业开发时,更倾向于放任不管式的收敛干预,以尽量避免产业开发或参与的市场或经济风险转化为政府治理的稳定风险。在扶贫压力较大的地区,产业扶贫是最紧迫的任务之一,地方政府更倾向于全面干预式的收敛干预。对产业精准扶贫进行收敛干预,与放任不管的治理策略相比,有利于地方政府应对来自中央和上级政府传导的扶贫任务压力,也有利于更好地提高产业扶贫项目资金使用效率,防止贫困农户产业脱贫不力的经济风险转化为责任风险,但不利于提高经济发展水平;与全面干预的治理策略相比,收敛干预有利于地方政府避免产业精准扶贫的市场或经济风险向稳定风险转移,有利于提高经济发展水平,但不利于完成产业精准扶贫目标任务。收敛干预比较灵活,可收敛范围大,在产业精准扶贫政策环境多变的情况下,隐藏着产业精准扶贫治理的信任风险。

产业精准扶贫治理包括产业开发和精准脱贫两大目标。从性质上而言,产业开发属于经济发展行为,由市场主导,效率较高,精准脱贫属于社会保障行为,由政府主导,效果较好。两大目标本质上相互冲突,难以调和。从压力型体制和晋升竞赛的角度来看,地方政府应当根据政策环境作出最佳治理决策。如果产业精准扶贫政策重视产业开发,地方政府就要尽量少干预。反之,则要多干预,否则就会对地方政府绩效考核及其主要官员晋升产生不利影响。然而,从扶贫企业和贫困农户的角度来看,地方政府根据政策环境作出的决策是不稳定的,可预见性比较差。如果产业精准扶贫政策从重视产业开发转向精准扶贫,地方政府就会加强干预,不利于开发扶贫产业的扶贫企业。反之,则不利于贫困农户。反复如此,扶贫企业和贫困农户可能会失去对地方政府产业精准扶贫的信任。比如,在黄金茶扶贫产业案例中,某县级市经济发展水平地区差异较大,在实施上级政府的黄金茶扶贫产业开发战略时,一度在重视产业开发和精准脱贫目标上出现摇摆,地方政府的产业精准扶贫政策不仅政出多门,而且多变,有时强调多提供基础设施服务,有时直接干预扶贫企业决策,强制要求扩大生产规模,有时则强调必须带动一定数量的贫困农户参与。贫困农户同样感到困惑,有时被政府动员种植黄金茶苗可以获得补贴,有时主动参与以期获得补贴却被政府拒绝。在近五年开发期间,该地区的黄金茶产业不仅发展缓慢,而且扶贫企业和贫困农户对政府的治理策略感到非常疑惑。

第二节 产业精准扶贫治理风险困境的缘由

产业精准扶贫风险治理困境产生的缘由非常复杂,与政府治理、市场培育、社会结构和价值观念等都有一定的关系。更深层的原因在于,产业精准扶贫治理置于政府与社会、行政与市场、福利与正义等相互矛盾或冲突的结构之中,任何置身于其中的主体都可能会面临着风险困境。

一、行政绩效与市场效率的内在矛盾

在政府治理的目标体系中,行政绩效与市场效率之间往往存在着难以调和的内在矛盾。在科层制中,行政绩效由官僚组织的目标体系决定,政府行为越接近目标体系,行政绩效越高[①]。在晋升锦标赛中,行政绩效的

---

① 张新文.典型治理与项目治理:地方政府运动式治理模式探究[J].社会科学,2015(12):13—21.

高低将直接影响政府主要官员的晋升机会①。根据经济学的一般原理,市场效率是指经济资源配置的帕累托最优,即经济资源配置达到了无法再继续优化否则将损害某个市场主体的状态②。市场效率与贫富分化的"马太效应"是相容的,也就是说,贫富分化的社会经济资源配置状态也许是帕累托最优的。如果政府的目标是提升市场效率,那么应当在微观上尽量减少对市场的干预,在宏观上对市场加强引导,维护市场自发秩序的稳定性;如果政府的目标是减少贫富分化,那么应当对市场配置资源的方式进行干预。比如,通过征税和社会保障等制度进行资源再分配。换句话说,如果行政绩效以减少贫富分化为目标,那么政府积极减贫的行为或政策,将不可避免地影响市场配置经济资源的效率。在这个意义上,两者是自相矛盾的。

产业精准扶贫治理包括产业发展和精准扶贫两项工作,前者以市场效率为导向,后者以行政绩效为导向,在一定程度上存在着不可调和的内在矛盾。地方政府如果以发展产业为主要目标,就应当尊重产业发展的市场规律,以竞争性方式发包产业开发项目,以法治方式维护公平的市场秩序,尽量减少对开发主体经营决策的不当干预。唯有如此,才能提高产业发展的市场效率;地方政府如果以精准扶贫为主要目标,就应当精准识别农户贫困的真正原因,根据贫困农户的具体情况精准施策,引导其参与产业开发,帮助其提高工作能力或技能,树立勤劳致富的信心和志气。产业发展以市场效率为导向,需要尽量减少政府干预,意味着资源以竞争性方式配置,只有拥有竞争优势的主体才会获得更好的资源;精准扶贫以行政绩效为导向,政府要积极干预,动员贫困农户参与扶贫产业,意味着资源以指令性方式配置,只有拥有贫困资格的主体才有机会获得政府资助的资源。产业发展与精准扶贫正如杠杆的两极,地方政府重视一端,另一端就会失控,反复试错验证,则会造成摇摆不定。地方政府过度干预产业开发,尽管暂时有利于精准扶贫工作,有利于提高扶贫行政绩效,但会影响市场效率,可能会扩大产业开发的市场或经济风险,进而可能转化为聚集、上访等稳定风险;地方政府对产业开发放任不管,有利于提高产业开发的市场效率,但不利于实现精准扶贫目标和提升扶贫行政绩效,可能转化为渎职不作为或被收回或削减转移支付资金等责任风险;为规避稳定风险和责任风险,地

---

① 周黎安.中国地方官员的晋升锦标赛模式研究[J].经济研究,2007(07):36-50.
② 于维生,王芳琴.经济权力与效率[J].数量经济研究,2012,3(02):130-138.

方政府根据产业精准扶贫的政策环境,对产业开发进行收敛干预,有时可能有利于提高市场效率,有时可能有利于提高行政绩效,但扶贫企业和贫困农户很难预见地方政府的治理行为,可能转化为冷漠怀疑或被动参与等信任风险。

二、政府治理与社会自治的边界不清

在社会治理中,政府治理与社会自治的范围始终存在着模糊地带,且不断处于演变之中。从政府仅是负责国家社会安全的"警察国家",到维护财产和契约自由的"有限政府",再到"罗斯福新政"之后由政府提供社会保障的"福利国家"之演变过程,说明政府治理与社会自治的范围并非确定且一成不变的[①]。政府治理与社会自治是互补关系,一方扩大治理范围,另一方的治理空间则会被压缩。政府治理以形成组织秩序为目标,所谓组织秩序是指为实现政府提出的政策目标,政府运用国家强制性权力要求社会主体完成政府任务而形成的社会秩序;社会自治以形成自生自发秩序为目标,所谓自生自发秩序是指社会主体为实现各自的具体目标,依照契约和社会习惯行为而形成的社会秩序[②]。面对政府治理,社会主体有服从政府的法定义务;面对社会自治,社会主体有服从契约或习惯的约定义务。根据国家与社会关系的一般原理,如果法定与约定义务相互冲突,社会主体应当优先服从法定义务。如果政府治理范围明确,法定与约定义务相互冲突并不会产生严重问题,因为社会主体在立约前可以预见从而能够有效避免冲突;如果政府治理范围模糊不确定,法定与约定义务相互冲突则可能会产生非常严重的问题,因为社会主体的约定义务经常被无法预见的法定义务干扰,会严重影响社会信用状况,包括政府信用和民间信用,前者会影响政府治理的绩效,后者则会影响社会自治的效果。

产业精准扶贫治理涉及政府治理与社会自治的交融。在产业开发中,政府治理应当定位于基础设施建设、公共服务提供、市场秩序维护和宏观经济管理等方面,只有保障扶贫企业和贫困农户开发和参与产业的自主决策权,才能提高产业开发的市场效率。在精准扶贫中,政府治理应当定位于积极干涉扶贫企业和贫困农户的自主决策,动员贫困农户参与产业开发,监督扶贫企业带动贫困农户参与开发,才能提高精准扶贫的行政绩效。

---

① 孙晓莉.西方国家政府社会治理的理念及其启示[J].社会科学研究,2005(02):7—11.
② 胡余清.马克思与哈耶克自由观之比较[J].广东社会科学,2008(05):73—76.

在当前的行政体制下,产业精准扶贫政府治理与社会自治的边界不清晰,政府治理的范围、方式和程序比较随意,缺乏明确的法律或政策支持。政府对产业开发的过度干预,扶贫企业有遵守的法定义务,但可能会造成扶贫企业对其他市场主体的违约,一旦发生市场或经济风险,就可能会转化为要求政府承担责任的稳定风险;政府对产业开发放任不管,扶贫企业可能不会选择与贫困农户签约履约,导致政府无法完成精准脱贫任务,可能会转化为被追究行政责任的责任风险;政府对产业开发的收敛干预,由于环境多变,产业精准扶贫治理在政府无法完成精准脱贫任务与扶贫企业或贫困农户违反约定义务之间摇摆,可能会转化为产业精准扶贫治理的信任风险。

三、社会福利与程序正义的价值冲突

在现代社会中,政府治理经常面临着社会福利与程序正义之间的价值权衡与选择问题。在自由放任资本主义时代,政府没有义务提供社会福利,只需要维护社会秩序和财产安全;进入福利社会之后,政府被认为有义务提供保障性社会福利,以促进社会公平[①];在当代社会主义中国,政府以提高整体社会福利水平、减少贫富差距实现共同富裕,以及提高人民群众的获得感、幸福感和安全感等为奋斗目标。为实现提高整体福利水平和均等分配的目标,政府需要适时调整政策和治理策略,以应对经济、社会和政治等环境的变化。这种治理方式有利于实现既定目标,但可能会影响制度的稳定性和可预见性。在当代中国,建设社会主义法治国家是一项重要的历史使命。法治国家必须坚持两项基本正义:实质正义、程序正义。根据罗尔斯的观点,程度正义中最重要的价值之一是法律制度的安定性价值,即要求法律或政策保持足够的稳定性,为公民的工作生活提供稳定的心理预期和可预见性[②]。在这个意义上,社会福利与程序正义价值在一定程度上是相互冲突的,政府在治理过程中必须根据实际情况进行权衡并作出相对合理的选择。

产业精准扶贫治理面临着社会福利与程序正义的价值冲突。一方面,政府需要开发地方产业,提高经济发展水平和质量,从整体上提升地区福

---

① 陈银娥.西方福利经济理论的发展演变[J].华中师范大学学报(人文社会科学版),2000(04):89-95.

② 张文显.法治与国家治理现代化[J].中国法学,2014(04):5-27.

利水平；另一方面，政府还需要实施精准扶贫，对非因病、因老、因教育和因自然灾害或意外事故等原因致贫的，要"发展生产脱贫一批"，实施产业精准扶贫，引导企业带动贫困农户参与扶贫产业，积极推动贫困农户参与扶贫产业。开发地方政府产业，有利于提升地区整体福利水平，实施精准扶贫，有利于减少贫富差距，实现社会福利均等化。但是，提升社会整体福利水平和实现社会福利均等化，要求政府采取不同的政策或治理策略。开发地方产业，可以提升整体福利水平，要求政府减少干预，加强竞争性；实施精准扶贫，可以减少贫困人口，要求政府积极干预，引导和动员企业与贫困农户积极配合。产业开发的市场环境多变，市场繁荣时，可能出现"精英俘获"和扶贫脱嵌现象。市场艰难时，产业开发可能无法持续，为达成提升社会整体福利水平和社会福利均等化的双重目标，需要政府根据实际情况，因势利导，精准施策，适时调整治理策略或政策。这无疑符合社会福利最大化的价值要求，但扶贫企业和贫困农户很难形成稳定的心理预期，也很难预见政府的治理行为，不符合程序正义中制度安定性的价值要求，可能会转化为对地方政府的社会信任风险。如果地方产业开发或发展态势较好，可能会暂时隐藏或掩盖这种风险，一旦情势发生变化，则可能会显现或扩大这种风险。

第三节　产业精准扶贫治理风险困境的对策

政府治理产业精准扶贫过程中的稳定、责任和信任等风险困境，与政府绩效评价体系、治理策略或政策、治理方式等直接相关，化解风险困境，需要识别困境产生的真正缘由，精准施策，提出科学合理的解决方案。

一、建构产业精准扶贫绩效评价指标体系

针对产业精准扶贫治理中行政绩效与市场效率内在矛盾引发的风险困境，需要建构科学合理的行政绩效指标体系，正确评价地方政府治理产业精准扶贫的行为、策略或措施，引导扶贫产业健康发展，提高精准扶贫质量。产业精准扶贫治理的行政绩效应当从两个维度进行评价：一是产业发展；二是精准扶贫。两个维度所占权重应当根据地区经济发展水平和扶贫任务等实际情况权衡确定，地区经济发展水平不高的地区应当以产业发展为主，扶贫任务重的地区应当以精准扶贫为主。在产业发展维度中，可以

从产业发展战略、产业项目实施、产业公共服务和产业基础设施等方面进行评价,严格控制地方政府干预扶贫企业和贫困农户开发和参与决策的行为或政策;在精准扶贫维度中,可以从精准识别、参与动员、能力培训和金融支持等方面进行评价,在不干预贫困农户自主参与决策的前提下,努力提高其参与扶贫产业的信心和工作能力。在每个二级指标中,还可以进一步细分,建构出完整的产业精准扶贫行政绩效评价指标体系。只有建构了科学合理的行政绩效评价指标体系,才能较好地避免地方政府过度干预、放任不管或收敛干预等可能引发的稳定、责任和信任等风险。

二、制定产业精准扶贫政府权力清单制度

针对产业精准扶贫治理中政府治理与社会自治边界不清引发的风险困境,需要加强制度建设,明确规定政府在产业精准扶贫中的治理范围或界限。在具体措施方面,可以考虑采用地方政府产业精准扶贫职责的正面清单和禁止干涉产业精准扶贫社会自治的负面清单相结合的管理制度。为督促地方政府积极履职,避免消极不作为可能引发的责任风险,或者随意作为可能引发的信任风险,需要根据国家扶贫法律或政策,创造性地开展产业精准扶贫工作,制定正面权力清单,包括产业扶贫项目实施、产业基础设施建设、地理标志商标管理、产业发展平台搭建和产业地方文化宣传等方面;为预防地方政府过度积极或者随意履行职责,避免由此可能引发的稳定风险或信任风险,需要根据国家扶贫法律或政策,制定负面清单,包括禁止下达产业发展强制指令性计划、禁止干预企业正常生产经营决策、禁止干预贫困农户自主参与产业决策、禁止干预企业和贫困农户开发或参与其他产业的决策、禁止随意增加产业开发的经济和非经济负担等。除此之外,根据国务院政府机构改革"放管服"的精神,负面清单中还可以考虑简化产业开发和参与的正式程序,禁止地方政府随意增加不必要的程序,最大限度地简政放权,提高产业精准扶贫社会自治的水平和能力。

三、建立产业精准扶贫地方政策缓冲机制

针对产业精准扶贫治理中社会福利与程序正义价值冲突引发的风险困境,需要建立地方政策缓冲机制,维持产业精准扶贫政策的相对稳定性,妥善处理政策调整后的遗留问题。在具体措施上,为保证产业精准扶贫地方政策调整的科学性、合理性和民主性,可以考虑在政策调整前设立听证

程序,邀请扶贫企业、贫困农户和行业协会等参加听证会,保障其发表意见或提出建议的权利与知晓政策调整的权利等,使其有充分的时间调整经营决策以适应调整后的产业精准扶贫政策。为消除产业精准扶贫政策调整后可能出现的社会不满情绪,提高社会信任水平,可以考虑在政策调整后设立补偿程序,对受政策调整影响的扶贫企业和贫困农户进行补偿,消除产业精准扶贫政策调整对扶贫企业和贫困农户的不利影响,增加其应对产业环境变化的能力,提升其对政府实施产业精准扶贫政策的信心。在补偿方式上,可以根据实际情况确定,采取包括经济补偿、项目补偿、延长政策期限或保留原政策效力等方式实施补偿。在补偿原则上,以保障扶贫企业和贫困农户的预期利益不受损害为标准比较合适,有利于树立其对地方政府调整政策的公信力。

第四节 结论与讨论

在"五个一批"的精准扶贫措施和路径中,对有劳动能力的贫困人口采取"发展生产脱贫一批"的措施或路径,因存在着市场或经济风险,相对于其他"四个一批"的精准扶贫措施和路径而言,难度和不确定性更大。在产业精准扶贫过程中,地方政府由于采取过度干预的治理策略可能会导致市场风险向政治风险转化,放任不管的治理策略导致政治风险向责任风险转化,收敛干预的治理策略导致责任风险向信任风险转化。在压力型体制、项目式治理和晋升锦标赛等当代中国行政体制下,产业精准扶贫治理的风险困境可能由行政绩效与市场效率的内在矛盾、政府治理与社会自治的边界不清、社会福利与程序正义的价值冲突等因素导致的。为了化解产业精准扶贫治理的风险困境,可以从建构产业精准扶贫绩效评价指标体系、制定产业精准扶贫政府权力清单制度和建立产业精准扶贫地方政府政策缓冲机制等方面采取相应的对策。只有有效化解了产业精准扶贫治理的风险困境,才能鼓励地方政府采取积极行动,引导扶贫产业开发,提升产业精准扶贫质量。本章提出的风险困境解决对策,主要针对引发产业精准扶贫治理风险困境的缘由,未进行实证分析研究,其有效性还有待验证。在后续的研究中,可以进行案例研究或统计分析,以验证其解决产业精准扶贫治理风险困境的实际效果。

第十一章 产业精准扶贫、商标争议与治理对策

2019年6月,国务院发布了《关于促进乡村产业振兴的指导意见》(以下简称《意见》)。《意见》指出:"产业兴旺是乡村振兴的重要基础,是解决农村一切问题的前提。发展乡村产业,要因地制宜、突出特色,依托种养业、绿水青山、田园风光和乡土文化等,发展优势明显、特色鲜明的乡村产业,更好彰显地域特色、承载乡村价值、体现乡土气息。"①培育壮大乡村产业的关键之一在于突出优势特色,推动乡村产业向品牌化方向发展。

申请地理标志商标保护是推动乡村产业品牌化发展的主要措施之一,对产业精准扶贫、促进乡村产业振兴具有重要意义。但是,地理标志商标保护在制度和实践方面存在一些问题,导致对乡村产业品牌化发展的保障力度不够,影响产业精准扶贫和乡村产业振兴的质量和效率。具体而言包括:一是地理标志多轨制保护问题影响产业精准扶贫和乡村产业振兴质量和效率。有学者认为,我国采用"以商标法和行政专门法为主的二元化'双轨制'保护模式,使得地理标志的保护很不充分"②。这直接造成了地理标志商标、农产品地理标志和地理标志保护产品之间的重叠保护和权利冲突③。这种地理标志多轨制保护体制也是直接影响农业经济发展的主要原因之一④;二是地理标志所标示的商品与产地的关联性问题影响产业精准扶贫和乡村产业振兴质量和效率。有学者认为,"产品与产地的关联性是地理标志的核心要素,是构建地理标志独立理论的基础。对于关联性要

---

① 国务院网站,http://www.gov.cn/zhengce/content/2019-06/28/content_5404170.htm,最后访问时间:2019-08-16.
② 孟祥娟,李晓波.地理标志保护制度存在的问题其解决[J].知识产权,2014(07):61.
③ 孙智.我国地理标志注册保护:现状、问题及对策——基于贵州省的实证观察[J].贵州师范大学学报(社会科学版),2018(05):147.
④ 曹新明.我国地理标志保护制度之完善——以促进我国农业经济发展为视角[J].知识产权,2007(01):26.

素存在主、客观两种理解,分别构成反不正当竞争等一般法保护和专门法保护的理念基础"①。这是造成中国当前地理标志保护法律体系混乱的主要原因之一。还有学者认为,"法律对于地理标志的保护是对既有的社会关系的认可而非创制。地理标志的表现形式一般都应是既有的实然形态而不能任意创设或选择"②。也就是说,法律不能创造而只能承认地理标志保护的社会关系或实然形态,在地理标志商标注册管理过程中,商标局应当要对商品与产地的关联性进行实质审查,以确保地理标志商标的独特性,推动乡村产业品牌化的快速发展。

上述研究从体制和核心要素方面解释了地理标志保护在制度和实践中面临的困境,提出了制定地理标志专门法的立法建议③。但是,在国务院进行机构改革成立国家市场监督管理总局与国家提出乡村振兴战略的背景下,以地理标志商标制度为基础整合地理标志产品质量监督制度为相对合理的立法选择④。作者在长期跟踪调查黄金茶产业的过程中发现,相邻县(市)地方政府为争取黄金茶产业开发主导权,在地理标志商标的申请、使用和保护上存在严重的利益冲突,严重影响产业精准扶贫质量提升。本章以剩余控制权为理论视角,分析产业精准扶贫和乡村产业振兴过程中商标局、注册人和使用人之间的剩余控制权争议及争议解决效率,在此基础上提出完善地理标志商标制度和提高产业精准扶贫和乡村产业振兴质量的立法建议。

第一节　剩余控制权与地理标志商标制度

不完全契约—剩余控制权理论源于科斯的交易成本理论⑤,由格罗斯曼和哈特共同提出。根据这一理论,人们在签订契约时无法预测所有可能情况,表述契约的文字总是存在漏洞或模糊之处,或者无法完全向仲裁机

---

① 王笑冰.关联性要素与地理标志法的构造[J].法学研究,2015(03):82.
② 冯术杰.论地理标志的法律性质、功能与侵权认定[J].知识产权,2017(08):3.
③ 王笑冰.关联性要素与地理标志法的构造[J].法学研究,2015(03):82.
④ 孙智.我国地理标志注册保护:现状、问题及对策——基于贵州省的实证观察[J].贵州师范大学学报(社会科学版),2018(05):147.
⑤ Coase R. The Nature of the Firm[J]. *Economica*,1937,4(16):386—405.

构或法院证明契约的实施内容,导致契约必然是不完全的①。在一份契约中,明确约定当事人无异议的权利为"特定权利",契约不完全导致的约定不明确或模糊且当事人有异议的权利为"剩余控制权"。剩余控制权是引发契约争议的主要原因。契约不完全性越高,剩余控制权就越多,就越有可能引发争议。为化解矛盾,可以通过明晰产权、产权整合、协商谈判和法律诉讼等方式解决剩余控制权争议。明晰产权是指通过修订契约规则,减少契约的不完全性,增加特定权利,减少剩余控制权来解决争议;产权整合是指通过契约当事人之间的纵向或横向兼并,使契约当事人成为一个主体,以化解剩余控制权争议;协商谈判是指通过契约当事人协商谈判达成一致以解决剩余控制权争议;法律诉讼是指通过向法院提起诉讼、由法院裁决以解决剩余控制权争议。从降低争议解决的交易成本、提高争议解决效率的角度分析,只有"资产专有性"更强的一方当事人实际掌握着剩余控制权,上述四种争议解决方式才有可能是最有效率的。否则,"资产专有性"更强的一方当事人就可能会被其他当事人"敲竹杠",不得不放弃部分利益才能解决争议。所谓"资产专有性"是指契约当事人在履行契约时用于特定用途的后很难再用途其他性质的资产,如果改作他用会显著降低资产价值,甚至变得毫无价值②。

从社会契约的角度而言,法律也是一种契约③,也可以使用不完全契约—剩余控制权的理论框架进行分析:首先,法律同样具有不完全性。因为在法律制定时,立法者无法预测到所有可能情况,表述法律的文字必然存在模糊之处,在诉讼过程中也不能完全证明法律事实;其次,法律中也有剩余控制权。法律明确规定且当事人无异议权利的为特定权利,法律规定模糊且当事人有异议的权利为剩余控制权;再次,法律越模糊,剩余控制权越多,就越有可能引发争议。但是,在中国的法律体制下,法律的不完全性基本上不可能通过产权明晰、产权整合、协商谈判和法律诉讼等方式来解决,只能通过立法程序或最高院的司法解释等方式来解决。在这种情况下,只要"资产专有性"更强的一方没有实际掌握剩余控制权,就必然会经常面临着被他方"敲竹杠",从而导致合法权益受损的情形,严重影响法律

---

① Williamson O. *The Economic Institutions of Capitalism:Firms,Markets,Relational Contracting*[M]. New York:Free Press,1985.
② 威廉姆森.资本主义经济制度[M].王伟译,北京:商务印书馆,2002:130.
③ 卢梭.社会契约论[M].李平沤译,北京:商务印书馆,2011:21.

的实施效率。

根据《中华人民共和国商标法》《中华人民共和国商标法实施条例》和《集体商标、证明商标注册和管理办法》等法律法规的规定,商标局享有地理标志集体商标或证明商标的注册许可权和商标管理权,注册人享有地理标志集体商标或证明商标的使用管理权,使用人享有地理标志集体商标或证明商标的无偿使用权。因地理标志商标法律法规的模糊性,在商标局与注册人、注册人与使用人,以及商标局与使用人之间可能会生成大量剩余控制权,在商标局、注册人和使用人之间引发剩余控制权争议,在争议解决方式效率不高时,会显著增加地理标志商标法律法规实施过程的交易成本,降低地理标志商标法律法规的实施效率。

第二节 产业精准扶贫中商标局与注册人的商标争议

在产业精准扶贫过程中,地方政府、社会组织、扶贫企业或合作社等主体为维持乡村产业的可持续发展、提高产业精准扶贫质量,需要申请地理标志集体或证明商标以保护不受不正当市场竞争的损害。但是,作为乡村产业地理标志集体或证明商标的注册人,地方政府、社会组织、扶贫企业或合作社等主体可能与商标局之间产生剩余控制权争议或冲突。

一、法律模糊生成剩余控制权

根据《中华人民共和国商标法》《中华人民共和国商标法实施条例》和《集体商标、证明商标注册和管理办法》等法律法规的规定,在地理标志商标保护中,商标局享有注册管理权。对符合法定条件的地理标志商标注册申请,商标局享有注册许可权,对拥有地理标志商标的注册人,商标局享有商标管理权。地理标志商标注册人对地理标志商标享有主体权利和使用管理权。对外作为地理标志商标的所有权人,对内作为地理标志商标的使用管理人。这些权利由法律法规明确规定,是商标局和地理标志注册人的"特定权利",各自享有控制权。但是,在地理标志商标保护实践中,对于地理标志商标注册管理的某些事项,上述法律法规没有规定如何规范或规定得比较模糊,其权利归属处于不确定状态,生成了剩余控制权。具体而言,主要出现在以下三个方面。

1.如何审定注册申请书中对地理标志所标示商品的说明。根据法律规定,地理标志商品注册申请书要说明所标示商品的特性、商品特性与所标示地区的相关性和所标示的地区范围。商标局在审查注册申请说明书时,可进行形式审查或实质审查。形式审查只需审查注册申请说明书的形式要件是否符合法定要求,而实质审查则需要验证注册申请说明书的真实性。由于法律对此并未明确规定,商标局审定地理标志注册申请说明书的方式处于不确定状态。

2.如何审定地理标志商标注册人提交的使用管理规则。根据法律规定,地理标志商标注册人在申请注册时要提交地理标志商标的使用管理规则,应当包含使用宗旨、商品品质、使用手续、使用权利与义务、责任承担和商品监督检验等内容。商标局在审查地理标志商标的使用管理规则时,可进行形式审查或实质审查。形式审查只需审查地理标志商标使用管理规则是否具有法律规定的内容,实质审查则要审查地理标志商标使用管理规则是否符合特定标准。由于法律对此并未明确规定,商标局审查地理标志商标使用管理规则的方式处于不确定状态。

3.如何解释地理标志商标的使用管理规则。根据法律规定,地理标志商标使用人在履行地理标志商标使用管理规则规定的手续后,有权使用地理标志商标,地理标志商标注册人不得拒绝办理手续。商标局有权裁决地理标志商标注册人与使用人之间关于地理标志商标使用过程中的争议。商标局在裁决争议时,可能涉及对地理标志商标使用管理规则的解释问题。地理标志商标使用管理规则可能存在两种以上的解释,可能有利于地理标志商标注册人或使用人,也可能对两者都不利。由于法律对此并未明确规定,商标局是否有权解释地理标志商标使用管理规则,以及按照何种原则或标准解释使用管理规则处于不确定状态。

二、争夺剩余控制权产生争议

在地理标志商标保护实践中,商标局与注册人之间的理念、地位和利益诉求等存在较大差异,因法律没有规定或规定模糊所生成的剩余控制权,其归属问题可能很难在两者间达成一致,引发争议的可能性非常大。具体表现为以下两个方面。

1.关于地理标志商标注册申请说明书的审查标准问题。从商标局的角度而言,商标注册的主要目的在于利用商标局的公信力,通过公示方式,使地理标志注册商标能够发挥防止混淆的功能。为防止注册商标混淆,普通注册商标必须在外观设计上保持独特性,以区别于其他普通注册商标。但是,地理标志注册商标不仅在外观设计上需要保持独特性,其所标示的商品品质也必须具有独特性,而且此种独特性与其所标示地理区域必须有相关性。唯有如此,才能确保地理标志注册商标发挥防止混淆的功能。因此,商标局必然认为,商标局必须对地理标志商标注册申请书说明书进行实质审查,验证注册申请说明书的真实性。但是,从注册人的角度而言,商标局作为商标注册管理的行政职能机构,现行行政法律体系并没有授权商标局实施商品品质检验的相关职能,商标局也缺乏检验商品品质的技术能力。也就是说,商标局在法律上无权、在实践中无能力对地理标志商标注册申请说明书进行实质审查。因此,注册人必然会认为,商标局只能对地理标志注册申请说明书进行形式审查。

2.关于使用管理规则的审查标准和解释问题。从商标局的角度而言,为防止地理标志商标注册人滥用权力,将地理标志商标授予不符合条件的人使用,或者不将地理标志商标授予符合条件的人使用,商标局应当要对商标使用管理规则进行实质审查,只有符合商标局认定标准的商标使用管理规则才能获得批准。如果地理标志商标注册人与使用人之间因商标使用管理规则理解不同而发生争议,商标局有权对商标使用管理规则作出最终解释。因此,商标局的态度必然是,商标局应当对商标使用管理规则进行实质审查,并且对商标使用管理规则有最终解决权。但是,从注册人的角度而言,维持地理标志商标所标示商品的品质稳定,提升地理标志商标商誉等事项都是注册人的内部管理事务,商标局不应当予以干涉。每一个地理标志商标注册人面临的管理情境和市场环境都不相同,为更好发挥地理标志商标的品质保障和商誉承载功能,地理标志商标注册人需要根据实际情况制定或修改商标使用管理规则。商标局如果坚持使用同一标准来审定注册人提交的商标使用管理规则,那么就会抹杀地理标志商标注册人之间必然存在的差异性,使地理标志商标很难发挥品质保障和商誉承载的功能。因此,地理标志商标注册人必然会认为,商标局只能对商标使用管理规则进行形式审查,其实质内容应当由注册人决定。与之相应,商标局也不能享有商标使用管理规则的最终解释权。

三、争议解决方式的效率评价

根据剩余控制权理论,地理标志商标注册人与使用人之间发生剩余控制权争议后,可通过明晰产权、产权整合、协商谈判和法律诉讼等方式解决。但是,不同争议解决方式的效率并不相同。具体而言,有以下几个方面。

1.商标局和注册人通过明晰权利的方式解决争议。商标局和注册人以此种方式解决争议需要修改法律法规,进一步明确双方的权利义务关系,将剩余控制权转化为特定权利。但是,在当前中国的立法体制下,修改法律法规的程序非常复杂,一般不会针对特殊个案而启动法律法规修改程序。因此,商标局和注册人以此种方式解决争议几乎是不可能的。

2.商标局与注册人通过产权整合的方式解释争议。商标局与注册人以此种方式解决争议需要调整政府组织机构,重新分配政府组织机构的行政职能,将剩余控制权转化为特定权利。比如,将地理标志商标注册人调整为地方政府商标局的一个职能部门,行使地理标志商标使用管理的行政职能。但是,在当前中国的行政体制下,除非有中央政府的顶层设计与推动,否则为解决个案争议而调整政府组织机构的行政职能是完全不可能的。

3.商标局与注册人通过协商谈判的方式解决争议。商标局与注册人以此种方式解决争议需要由资产专有性较强的一方当事人掌握剩余控制权,否则资产专有性较强的一方当事人在协商谈判过程中就可能会被另一方当事人"敲竹杠",增加争议解决的社会成本。但是,在地理标志商标注册管理实践中,与商标注册管理相关的剩余控制权却处于错配状态。为确保地理标志商标的独特性,避免地理标志商标在使用中出现混淆,商标局应当有权对注册申请说明书进行实质审查,但在实践中商标局缺乏商品检验的行政职能和技术能力,商标局实际上不能对注册申请说明书进行有效的实质审查,容易被地理标志商标注册人以形式合格的注册申请说明书实施欺诈。另外,在地理标志商标使用管理过程中,注册人更了解地理标志商标的使用情况,且与地理标志商标的利益联结更紧密,理论上应当由注册人决定商标使用管理规则的具体内容,但商标局实际上掌握了这一权利,不仅制定了商标使用管理规则范本供注册人在申请时使用,还有权解释规则裁决注册人和使用人之间的争议。剩余控制权的此两种错配状态,使协商谈判解决争议的社会成本非常高,资产专有性更强但实际上又没有掌握剩余控制权的当事人只有放弃部分权利或利益才能达成一致。比如,商标局放弃实质审查权或注册人放弃使用管理规则制定修改权。

4.商标局与注册人通过行政诉讼的方式解决争议。商标局与注册人通过行政诉讼的方式解决争议需要修改法律法规,制定商标局在地理标志商标注册管理中的负面权力清单条款。在中国的行政诉讼体制下,法院主要审查商标局注册管理行为的合法性,只有在极特殊的情况下才审查注册管理行为的合理性。而在现行地理标志商标注册管理的法律规范中,授权商标局实施地理标志商标的注册管理工作,并没有列出其不能为的负面权力清单。如果注册人起诉至法院,法院很难判断商标局的注册管理行为是否违法,也很难判断商标局的注册管理行为是否合理,因为从理论上而言,法院审查地理标志商标注册管理的专业程度定然不及商标局。这说明,在现行法律体系下,商标局和注册人很难通过行政诉讼来解决剩余控制权争议。

第三节 产业精准扶贫中注册人与使用人的商标争议

在产业精准扶贫过程中,乡村产业地理标志集体或证明商标的注册人一般为地方政府、社会组织或其他集体性组织,使用人为行政区域内所有从业者或集体成员。在申请乡村产业地理标志集体或证明商标时,注册人需要提交商标使用规则,作为约束注册人与使用人之间关系的基本规范。因使用规则的模糊性或现实使用情况的复杂性,注册人与使用人之间可能发生剩余控制权争议或冲突。

一、规则模糊生成剩余控制权

在《中华人民共和国商标法》《中华人民共和国商标法实施条例》和《集体商标、证明商标注册和管理办法》等法律法规中,仅规定了地理标志商标使用管理规则应当具备的内容,未规定使用管理规则的具体内容。为弥补这一缺陷,商标局以网站公告的形式公布了《地理标志集体商标管理使用规则(范本)》和《地理标志证明商标管理使用规则(范本)》(以下简称"范本"),供地理标志商标注册人申请地理标志商标时使用。根据范本的内容,地理标志商标注册人享有地理标志商标的主体权利和使用管理权利。主体权利主要体现在:一是申请或变更注册的权利;二是制定修改使用管理规则的权利;三是请求停止侵害或赔偿的权利等。使用管理权利主要体现在:一是决定使用人能否使用商标的权利;二是监督检验商品品质的权利;三是决定使用人责任承担的权利等;地理标志商标使用人享有商标使用权和商标监督权。商标使用权主要体现在:一是在产品或包装上使用地理标志商标的权利;二是使用地理标志商标进行宣传的权利。商标监督权主要体现在:一是监督地理标志商标注册人使用管理商标的权利;二是监督地理标志商标使用费使用方式的权利。这些权利由使用管理规则范本明确规定,属于地理标志商标注册人和使用人的"特定权利",各自享有控制权。

但是,在地理标志商标保护实践中,对于地理标志商标使用管理的某些事项,范本没有规定如何规范或规定得比较模糊,其权利归属处于不确定状态,生成了大量剩余控制权。具体而言,主要出现在以下三个方面。

1.使用人如何参与制定修改商标使用管理规则。地理标志商标注册人在制定修改商标使用管理规则时需要商标使用人的参与。但是,地理标志商标使用人的参与方式和程序非常多样化。在《地理标志证明商标使用管理规则(范本)》中,没有涉及这个问题,由注册人完全享有制定修改商标使用管理规则的权利。在《地理标志集体商标使用管理规则(范本)》中,规定注册人应当组织使用人制定修改商标使用管理规则。但是,对于组织方式和最终决定权等关键问题则没有明确规定,使用人参与制定修改商标使用管理规则的权利处于不确定状态。

2.使用人如何请求停止地理标志商标的侵权行为。地理标志商标注册人在制止商标侵权行为时需要商标使用人的参与。但是,地理标志商标使用人的参与方式包括参与决策、接受委托或代位行使等多种方式。如果地理标志商标注册人怠于行使商标主体权利,在商标遭到侵权时不积极采取救济行动,使用人如何采取行动制止侵权行为,是否享有代位请求权,范本没有明确规定,法律也没有明确授权,权利处于不确定状态。

3.使用人如何请求维护地理标志商标所标示商品的品质。地理标志商标注册人在维护地理标志商标所标示商品的品质时需要商标使用人的参与。但是,地理标志商标使用人的参与方式包括举报使用不当行为、请求注册人采取措施或代位行使等多种方式。如果地理标志商标注册人怠于使用商标使用管理权利,不积极监督检验使用人的商品品质,纵容使用人将商标随意授予他人使用,使用人如何采取行动制止不当使用商标的行为,是否享有代位管理权,范本没有明确规定,法律也没有明确授权,权利处于不确定状态。

4.注册人如何使用地理标志商标管理费。根据范本规定,地理标志商标使用人应当缴纳商标管理费,注册人应当要专款专用,将地理标志商标管理费用于地理标志商标注册和管理所需的费用。但是,地理标志商标注册和管理所需费用的概念非常宽泛,至少可以包括业务性费用和人员薪酬费用等。对于注册人是否可以将商标管理费用于发放员工工资薪酬或奖金,使用人可以采取何种方式监督商标管理费的使用等问题,范本没有明确规定,法律也没有明确授权,权利处于不确定状态。

二、争夺剩余控制权产生争议

地理标志商标注册人和使用人在商标使用管理过程中,由于组织性质和利益诉求不同,必然会对使用管理规则存在不同的理解,导致对剩余控制权归属问题难以达成一致,发生争议的可能性比较大。具体表现为以下几个方面。

1.关于地理标志商标使用管理规则的制定修改问题。从注册人的角度而言,注册人是地理标志商标的法定主体,对商标享有主体权利和使用管理权。只有注册人有资格向商标局提交制定的使用管理规则或修订后的使用管理规则,使用人不能向商标局提交制定的使用管理规则或修订后的管理使用规则。因此,注册人必然认为,使用管理规则制定修改的剩余控制权应当归属于注册人。但是,从使用人的角度而言,只有地理标志商标使用人才是商标使用管理的真正利益相关者,商标信誉提升或受损。使用人才会直接受益或受损。反之,使用人生产销售地理标志商标所标示商品的行为也会提升或损害商标信誉。然而,商标信誉提升或受损基本上不会直接损害注册人的利益,而注册人的使用管理行为却可能会提升或损害商标信誉。因此,使用人必然认为,使用管理规则制定修改的剩余控制权应当归属于使用人。

2.关于制止地理标志商标侵权的代位请求权问题。从注册人的角度而言,注册人享有地理标志商标的主体资格,使用人有使用地理标志商标的权利,但不是地理标志商标的法定主体。因此,只有注册人才有资格对外行使制止商标侵权的请求权,提起仲裁或诉讼请求停止侵害和赔偿损失。但是,从使用人的角度而言,商标侵权真正的受害者是商标使用人,商标使用人将承担商标信誉受损的直接损失。商标注册人因不会从商标侵权中真正受到直接损失,商标被侵权后缺乏行使请求权的动力。因此,使用人应当享有代位请求权,一旦商标注册人怠于行使请求权,使用人应当有资格提起诉讼。

3.关于维护地理标志商标所标示商品品质的代位管理权问题。从注册人的角度而言,注册人是地理标志商标法定的使用管理主体,有权检验监督使用人生产、销售的使用地理标志标识的商品品质,有权通过追究责任等方式及时纠正使用人生产销售和使用商标的不当行为。因此,只有注册人才有资格行使使用管理权,使用人没有行使使用管理权的资格,不能行使商品品质检验监督的代位管理权。但是,从使用人的角度而言,其他使用人生产销售地理标志商标标示商品的行为,如果损害商标信誉,使用人才是直接受害者,对注册人的直接利益没有实质性影响,注册人缺乏行使商标使用管理权的动力。因此,使用人应当享有代位管理权,一旦商标注册人怠于行使使用管理权,使用人可以替代行使使用管理权。

4.关于地理标志商标管理费的使用方式问题。从注册人的角度而言,注册人是商标管理费的所有权人,完全有权决定商标管理费的使用方式。但是,从使用人的角度而言,使用人缴纳商标管理费的目的在于妥善管理地理标志商标,主要用于支付管理地理标志商标所需要的费用。注册人如果通过收取商标管理费谋利或用于给员工发放正常薪酬之外的奖励,那么使用人应当有权干预,决定商标管理费的最终使用方式。

三、争议解决方式的效率评价

根据剩余控制权理论,地理标志商标注册人与使用人之间发生剩余控制权争议后,可通过明晰产权、产权整合、协商谈判和法律诉讼等方式解决。但是,不同争议解决方式的效率并不相同。

1.注册人和使用人通过明晰权利的方式解决争议。注册人和使用人以此种方式解决争议需要修改商标使用管理规则,进一步明确双方的权利义务关系,减少剩余控制权,增加特定权利。但是,此种解决争议的方式面临着行政审批不确定性的难题。在当前法律制度下,商标局提供地理标志商标使用管理规则的范本,地理标志商标注册人只能在此基础上进行修改,然后提交至商标局。根据前述,商标局是否允许地理标志注册人修改范本或允许修改的程度等问题都处于不确定状态。在这种条件下,地理标志商标注册人和使用人为了顺利获得商标注册,对商标使用管理规则范本进行大幅修改的意愿不高。商标获得注册之后,注册人对使用管理规则所进行的任何修改,都必须报经商标局审查核准。也就是说,如果商标局不同意商标使用管理规则的修改,注册人和使用人则无法进行修改。在何种内容的修改是否会获得商标局同意处于不确定状态时,注册人和使用人修改使用管理规则的意愿不会太强烈。因此,注册人和使用人通过明晰权利的方式来解决争议的可能性不大。

2.注册人和使用人通过产权整合的方式解决争议。注册人和使用人以此种方式解决争议需要改变利益联结方式和组织治理结构,采用地理标志商标使用人按比例出资入股的方式重组地理标志商标注册人,将注册人和使用人整合为一个利益共同体。但是,此种解决方式面临着法律障碍。根据《中华人民共和国商标法》等法律法规的规定,地理标志集体商标注册人必须是协会、团体或其他组织。从中国的实践来看,这些组织基本上为非营利性组织,虽然由集体成员组成,但采取的是会员制组织结构,利益联结关系松散,通过会员缴纳会费或商标管理费等方式来维持注册人运转,一般不能实施营利性活动。地理标志证明商标注册人不能在自己提供的商品上使用此商标,这意味着注册人基本上也只能是非营利性组织。如果由使用人按比例出资重新组建注册人,就需要改变注册人的非营利性组织性质,而这是当前法律制度所不允许的。因此,在法律未明确注册人的组织性质之前,注册人和使用人通过产权整合的方式来解决争议非常困难。

3.注册人和使用人通过协商谈判的方式解决争议。注册人与使用人以此种方式解决争议需要剩余控制权实际归属于资产专有性较强的一方当事人,以避免在协商谈判过程中被另一方当事人"敲竹杠",增加争议解决的社会成本,降低争议解决的效率。但是,此种争议解决方式在实践中面临着剩余控制权错配的困境。在当前法律体制下,地理标志注册人享有注册商标的主体权利和管理权利,却不需要承担注册商标被侵权或商誉受损的直接损失,也无须承担管理不善的法律责任,而使用人正相反,不享有注册商标的主体权利和管理权利,却需要承担注册商标被侵权或商誉受损的直接损失,需要承担商标管理不善的直接后果。这意味着,注册商标的主体权利和管理权利的剩余控制权应当由资产专有性更强的使用人掌握,但实际上却由资产专有性较弱的注册人掌握。在协商谈判过程中,注册人拥有较强的话语权,可以对使用人"敲竹杠",因此很难达成对双方都有利的谈判结果。

4.注册人和使用人通过法律诉讼的方式解决争议。注册人和使用人以此种方式解决争议需要有创设规则功能的司法体制,在没有规则或规则模糊的情况下,法院可直接创设规则进行裁决,以最终解决剩余控制权争议。但是,此种解决方式面临着司法体制障碍。在中国当前的司法体制下,法院的职能是适用法律或规则作出裁决以解决争议,在绝大多数情况下,法院在作出裁决时必须有法或有规则可依,法院不能主动代替当事人制定规则,并以此为依据进行裁决。这意味着,注册人和使用人如果通过法律诉讼方式来解决争议,首先就会面临着立案难的问题,因为在没有规则或规则模糊的条件下,当事人很难找到诉由。即使法院最终受理诉讼,在裁决过程中,法院也会受到没有规则或规则模糊的困扰,作出有效裁决的可能性非常低。

第四节 完善地理标志制度提高产业精准扶贫质量的建议

在产业精准扶贫地理标志商标保护实践中,商标局与注册人、注册人与使用人之间产生剩余控制权争议,以及争议解决途径不通畅、效率不高,其主要原因在于地理标志商标法律制度和使用管理规则存在诸多模糊之处。要化解剩余控制权争议,提高争议解决方式的效率,应当从完善地理标志商标法律制度和使用管理规则入手,调整商标局、注册人和使用人之间的权利义务关系。

一、调整商标局地理标志商标的注册管理职能

在地理标志商标注册管理过程中,商标局对地理标志商标注册申请说明书和使用管理规则进行实质审查的剩余控制权错配,是引发商标局与注册人之间剩余控制权争议,以及争议解决方式效率不高的主要原因。为解决地理标志商标注册申请说明书实质审查剩余控制权错配问题,可以考虑从两个不同的途径完善地理标志商标法律制度:一是完善商标局与市场监督管理部门之间的协调机制。商标局在审查地理标志商标注册申请说明书时,法律可以授权商标局将商品品质检验职责委托给市场监督管理部门,由市场监督管理部门出具注册申请说明书的检验报告,作为商标局对地理标志商标注册申请说明书进行实质审查的主要依据之一;二是明确地理标志商标注册申请说明书的真实性证明机制。商标局在审查地理标志商标注册申请说明书时,法律可以要求地理标志商标注册人先向指定的市

场监督管理部门申请检验,商标局以市场监督管理部门的真实性检验报告作为实质审查的主要依据之一。

为解决地理标志商标使用管理规则实质审查的剩余控制权错配问题,可以考虑从两个方面完善地理标志商标法律制度:一是明确取消商标局对地理标志商标使用管理规则的实质审查权。只要地理标志商标注册人提交的商标使用管理规则达到了法定的形式要件且没有违反法律的禁止性规定,商标局就应当审定通过;二是明确取消商标局裁决地理标志商标注册人与使用人之间争议的权利。在法律性质上,地理标志商标注册人与使用人之间的争议是民事争议,法律可以授予商标局行政调解权,但应当明确取消商标局的民事争议裁决权。

二、调整地理标志商标注册人的组织治理结构

在地理标志商标使用管理过程中,地理标志商标注册人对地理标志商标使用管理的剩余控制权错配,是引发注册人与使用人之间剩余控制权争议及争议解决效率不高的主要原因。为解决地理标志商标使用管理的剩余控制权错配问题,可以考虑从以下两条不同途径完善地理标志商标使用管理规则:一是将地理标志商标注册人调整为地方政府相关职能部门。修改地理标志商标法律法规,授予地方政府相关职能部门对地理标志商标的使用管理权。地理标志商标涉及地方政府所在行政区域的集体利益或公共利益,将地理标志商标使用管理权授予政府相关职能部门,可以避免地理标志商标注册人的使用管理权与责任承担不匹配的问题,保证地理标志商标使用管理的权责利相统一;二是将地理标志商标注册人调整为股份有限公司。修改地理标志商标法律法规,要求地理标志使用人按资产比例出资组建地理标志商标注册人。所有使用人组成地理标志商标注册人的股东大会,按出资比例行使表决权,聘任地理标志商标注册人的董事会成员和经理人员行使商标使用管理权,将地理标志商标注册人和使用人结成利益共同体,一荣俱荣,一损俱损。唯有如此,才能保证地理标志商标使用管理的责权利相统一。

三、调整地理标志商标使用人的权利义务关系

在地理标志商标使用管理过程中,地理标志商标使用人对地理标志商标使用管理的剩余控制权错配,是引发注册人与使用人之间剩余控制权争

议及争议解决效率不高的主要原因。为解决地理标志商标使用管理的剩余控制权错配问题,可以考虑从以下两条不同途径完善地理标志商标使用管理规则:一是将地理标志商标注册人与使用人的关系调整为行政主体与行政相对人的关系。如果地理标志商标法律法规将注册人调整为政府相关职能部门,那么应当将注册人与使用人之间的关系调整为行政法律关系,注册人为行政主体,使用人为行政相对人,注册人享有地理标志商标使用的行政管理权,使用人应当接受注册人管理。如果注册人怠于使用商标的使用管理权,使用人可以提起不作为的行政诉讼,以维护地理标志商标使用管理中的合法权益;二是将地理标志商标注册人与使用人的关系调整为公司与股东的关系。如果地理标志商标法律法规将注册人调整为股份有限公司,那么应当将注册人与使用人之间的关系调整为公司法律关系,注册人为股份有限公司,使用人为股东,注册人享受地理标志商标的使用管理权,使用人有权进行监督。如果注册人怠于行使地理标志商标的使用管理权侵犯全体股东利益,使用人可以提起股东代表诉讼,如果侵犯个别股东利益,使用人可以提起股东直接诉讼,以维护地理标志商标使用管理中的合法权益。

在乡村产业振兴背景下,完善地理标志商标制度,加强地理标志商标保护工作,对做强、做精乡土产业,提高产业精准扶贫质量,促进乡土产业品牌化发展具有非常重要的意义。在现行地理标志商标制度中,因制度表述不清楚或模糊,导致商标局、注册人和使用人之间的权利义务关系不明确,引发三者之间的剩余控制权争议。在现行法律体制下,明晰产权、产权整合、协商谈判和法律诉讼等争议解决方式,在解决商标局、注册人与使用人之间的剩余控制权争议时,都存在着难以逾越的制度障碍,导致地理标志商标制度的实施效率低下。只有通过修改地理标志商标制度,调整商标局的注册管理职能、注册人的组织治理结构和使用人的权利义务关系等,才能从根本上大幅减少剩余控制权,提高地理标志商标制度的实施效率。

第十二章 产业精准扶贫、品种困境与治理对策

党的《十九大报告》指出,实施乡村振兴战略,要坚持农业农村优先发展,按照产业兴旺、生态宜居、乡风文明、治理有效和生活富裕的总要求,加快推进农业农村现代化。习近平同志指出,产业兴旺是乡村振兴的重要基础,是解决农村一切问题的前提。产业兴旺对提升产业精准扶贫质量具有非常重要的现实意义。在2019年国务院印发的《关于促进乡村产业振兴的指导意见》(以下简称《意见》)中,明确提出要"突出优势特色,培育壮大乡村产业"。对于如何突出优势特色的问题,《意见》指出,要实行分类指导,根据实际情况培育乡土产业"特色"。对于地方植物资源特色鲜明的县域,应当因地制宜发展小宗类、多样性特色种植业,加强地方品种种质资源的保护和开发,做精乡土特色种植产业。只有做精乡土特色产业,才能保证乡村产业的可持续发展,也能够稳步提升产业精准扶贫的质量。

早在2016年,农业部就形成了《发展优势特色产业带动精准脱贫的范例》报告,此后与九部门联合发布了《贫困地区发展特色产业促进精准脱贫指导意见》,推出了扶贫特色产业开发项目,即所谓"一村一品""一镇一品""一县一品"工程。在许多贫困地区,资源禀赋、产业基础和基础设施等都不具有比较优势,但却拥有一些地方特色植物资源,有开发为乡土特色植物产业的巨大潜力。以扶贫特色产业项目为抓手,在各级政府的积极推动下,许多贫困地区的特色种植产业开发获得了成功,涌现了一批知名乡土

特色种植产业,比如保靖黄金茶和石门柑橘等,取得了良好的经济社会效益[1]。但是,有些地区的特色种植产业在发展过程中也相继出现了一些问题:一是特色农产品的市场需求不旺,难以支撑乡土特色种植产业的持续发展[2];二是特色农产品的特色不够鲜明,同质化现象比较严重,市场波动较大,乡土特色种植产业发展不稳定[3];三是特色产品的"特色"容易被模仿,无序不正当竞争严重,市场秩序混乱,乡土特色种植产业的可持续性差[4]。

对于特色种植产业发展困境的成因,主要有以下三种观点:一种观点认为,特色种植产业选择不当。有研究者认为,部分地方政府在选择特色种植产业时,未充分考虑地方资源禀赋、产业基础和市场需求,也未对特色种植产业的环境容量和经营主体带动脱贫能力等进行评估,致使特色种植产业选择不当,特色不够鲜明,市场需求不旺盛[5];一种观点认为,特色种植产业开发缺乏宏观调控。有学者指出,有些地方政府为了避免承受特色种植产业开发的市场风险,以及可能由市场风险转化而来的责任或政治风险,争相模仿相邻县(市)开发成功的特色种植产业,以特色种植产业项目推动开发相同或相似的特色种植产业,项目主管单位只对实施结果进行监督,不对特色产业项目选择进行宏观调控,致使特色种植产业同质化现象严重,可持续性不强[6];还一种观点认为,特色种植产业的地方保护主义严重。有研究发现,有些乡土特色种植产业的地理标志证明商标或集体商标被相邻县(市)的经营主体冒用,不仅未受严厉打击,还得到了当地地方政

---

① 贺林波,邓书彬,李赛君.地方政府产业扶贫:合作质量与网络结构——基于自我中心网的理论视角[J].华东经济管理,2019,33(06):45-53.王小洪,刘纳新,张静,汤武."金融服务站+互联网+农村电商"扶贫模式探析——基于湖南省炎陵县扶贫实践[J].武汉金融,2017(11):70-73.谌文,彭新沙.湖南农业旅游名牌发展战略和开发模式及对策[J].农业现代化研究,2011,32(01):64-68.

② 李玉双,邓彬.我国乡村产业发展面临的困境与对策[J].湖湘论坛,2018,31(06):159-165.

③ 李兴江,肖锋.特色农产品竞争优势培育的技术创新机制分析[J].兰州学刊,2009(06):94-97.

④ 游泓.地方特产的地理标志与地方性文化知识保护——对湖北省西部利川市农业经济发展的思考[J].湖北社会科学,2009(02):69-72.

⑤ 杨艳琳,袁安.精准扶贫中的产业精准选择机制[J].华南农业大学学报(社会科学版),2019,18(02):1-14.

⑥ 张琦,张涛.我国扶贫脱贫供给侧结构性矛盾与创新治理[J].甘肃社会科学,2018(03):82-89.

府的默许或鼓励,致使乡土特色种植产业的市场混乱,可持续性比较差[①]。

乡土特色种植产业的发展困境确实与上述因素有一定的关系。但是,考虑到乡土种植产业的"特色"主要由地方特色植物及生长环境所决定的,地方特色植物品种权保护的制度、管理或方法存在偏差,也可能是导致乡土特色种植产业发展困境的主要原因之一。然而,到目前为止,鲜有研究文献涉及地方特色植物品种权保护与乡土特色种植产业振兴和产业精准扶贫质量提升的关系问题。本章从阐述乡土特色种植产业开发中的品种权入手,探讨乡土特色种植产业开发中品种权保护与乡土种植产业"特色"开发困境的关系,在此基础上提出振兴乡土特色种植产业,提升产业精准扶贫质量的有效策略。

第一节 乡土特色种植产业开发中的品种权

根据《意见》中"做精乡土特色产业"的精神,乡土产业的"特色"主要由地方动植物品种、地方传统工艺和非物质文化遗产等要素来体现,分别支撑着特色种植、特色养殖、特色制造和特色文化等乡土特色产业。本章主要关注乡土特色种植产业,探讨地方特色植物的品种权保护与乡土种植产业"特色"开发的关系问题。地方特色植物是指生长于特定自然环境除稻、小麦、玉米、棉花和大豆等五种主要农作物之外的非主要农作物。国家对非主要农作物进行目录管理,目录内的非主要农作物必须进行品种登记才能进行商业育种和销售。2017年3月,农业部发布了第一批非主要农作物品种登记目录,包括马铃薯、甘薯、水果和茶叶等29种。在乡土特色种植产业开发中,地方特色植物是乡土种植产业"特色"的种质来源,对培育和保护乡土种植产业"特色"具有非常重要的现实意义。在当前法律体制下,乡土特色种植产业开发中的品种权主要涉及以下三个方面。

一、地方特色植物品种的登记效力

根据品种登记的程序和内容不同,地方特色植物品种分为未登记品种、登记品种和新品种权登记等三种基本类型。根据《中华人民共和国种子法》等法律法规的规定,农作物品种登记应当要审查申请登记品种的特

---

① 黄贤涛,王文心,李士杰.加强原产地保护 建设现代农业强国——关于加强和完善地理标志制度的思考[J].求实,2012(07):40-43.

异性、一致性和稳定性,申请新品种登记还需要审查申报登记品种的新颖性。特异性是指申请登记的品种明显区别于在递交申请以前已知的农作物品种;一致性是指申请登记的品种经过繁殖,除可以预见的变异外,其相关的特征或者特性一致;稳定性是指申请登记的品种经过反复繁殖后或者在特定繁殖周期结束时,其相关的特征或者特性保持不变;新颖性是指申请登记的品种在未被销售或经品种权人许可未在法定期限外销售。品种登记申请人应当按照登记程序提交相关材料,登记获得批准之后,政府主管部门向品种登记申请人颁发品种登记证书。品种登记证书除了记录申请人和品种名称等基本信息之外,还记录品种来源、适种区域和适种季节等技术性信息。与此同时,政府主管部门还采用公告形式公开品种登记的所有相关信息。

无论是否经过品种登记,国家对境内所有植物品种享有主权,国家禁止未经审批许可的植物进出口行为。未登记地方特色植物品种是指未经政府农林业主管部门登记,一般由农民零星种植于农地上或者野生于荒地上的非主要农作物品种。未登记地方特色植物品种由植物所有人管理使用,农民有权自繁自用,除非是国家非主要农作物目录之外的地方特色植物品种,任何单位或个人不得进行商业性育种和销售。也就是说,植物所有人对未登记的地方特色植物享有所有权,除此之外,任何单位或个人对国家非主要农作物目录之内未登记特色植物品种不享有品种权利,包括署名权、商业育种权、商业销售权和排他独占权等。对国家非主要农作物目录之外未登记特色植物品种,除了法律有特别规定之外,任何单位或个人都有权进行商业育种和销售,但是,任何单位或个人不得享有署名权和排他独占权。

登记的地方特色植物品种是指经过政府农林主管部门登记,享有署名权、商业育种权和销售权等权利的非主要农作物品种。登记申请人对登记的地方特色植物品种享有署名权,不享有排他独占权,除了法律有特别规定之外,任何单位或个人都有权进行商业育种和销售。地方特色植物新品种是指经过政府农林主管部门登记,享有署名权、商业育种权、商业销售权和排他独占权等权利的非主要农作物品种。地方特色植物新品种权人不仅对地方特色植物享有署名权、商业育种权和销售权,而且还享有排他独占权,有权禁止未经许可的商业育种和销售行为,但无权禁止科研育种和农民自繁自用的行为。

根据《中华人民共和国种子法》和农业农村部《非主要农作物登记办法》等相关法律法规的规定,地方特色植物品种的登记证书和政府公告中记录和发布的适种区域、关键技术和适种季节等技术信息的法律强制性存疑,超越适种区域育种销售是否需要承担责任与承担何种责任均不明确。但是,在一般情况下,技术性信息作为民事责任构成要件中是否存在主观过错的依据是没有疑问的。根据农业农村部《农作物种子生产经营许可管理办法》规定,种子销售不受种子经营许可证载明的有效区域限制,商业育种企业或组织可以跨区域育种销售,但种子终端销售地应当品种登记的适宜区域内。也就是说,农业农村部的行政规章禁止超适宜种植区域的种子终端销售行为,但没有明确规定超适宜种植区域终端销售种子应当承担何种行政责任[1]。但是,如果商业育种单位或个人超适宜种植区域终端销售种子的行为产生实质损害,且销售行为与实质损害之间存在一定的因果关系,那么商业育种单位或个人需要为此承担相应的民事责任。

二、地方特色植物品种的繁殖利用

根据繁殖利用的主体和方式不同,地方特色植物品种的繁殖利用分为科研育种、农民自繁自用、商业育种销售和新品种权人育种销售等四种基本类型。科研育种是指科研机构或组织以科学研究为目的实施的育种行为。根据《中华人民共和国野生植物保护条例》等法律法规规定,采集国家一级、二级和省级重点保护野生植物品种的繁殖材料进行科研育种的,需要取得政府农林主管部门的许可。采集其他植物的繁殖材料进行科研育种的,不需要取得政府农林主管部门的许可,也无须取得植物新品种权人的许可。完成科研育种的单位或个人经政府主管部门审定登记可以获得新品种权,享有排他独占权利。

农民自繁自用是指农民以在承包经营地或自留地上种植农作物为目的实施的育种行为。流转获得农民承包经营地的组织、企业或非农民身份的个人等主体以种植农作物为目的而实施的育种行为不属于农民自繁自用。根据《中华人民共和国野生植物保护条例》等法律法规的规定,禁止农

---

[1] 冯猛.销售不在适宜种植区域农作物种子的法律后果分析[J].中国种业,2017(04):32-35.张立根,冯猛,刘瑞江.从品种审定角度看销售不在适宜种植区域种子行为定性处罚[J].中国种业,2018(06):51-53.忽瑞,张田.对超越品种适宜种植区域推广销售种子现象的探讨[J].种子世界,2017(12):4.

民采伐国家一级、二级和省级重点保护野生植物品种的繁殖材料,确需采集进行人工培育的,需要获得政府农林主管部门的许可。采集其他植物的繁殖材料进行人工培育的,不需要获得政府农林主管部门的许可,也无须获得新品种权人的许可,自繁自用有剩余的,可以在当地集贸市场上出售和串换,但不得实施以销售种子为主要目的的商业育种行为。

商业育种销售是指获得种子生产经营许可证的企业或组织以销售种子或以生产经营为目的实施的育种行为。除了仅从事非主要农作物种子生产的企业或组织之外,其他从事种子生产的企业或组织都只有办理种子生产经营许可证才能实施商业育种行为。根据《中华人民共和国种子法》等法律法规规定,商业育种企业或组织不得繁育销售纳入非主要农作物目录未进行品种登记的地方特色植物品种,可以繁育销售未纳入非主要农作物目录未进行品种登记的地方特色植物品种,如果涉及国家或省级重要保护野生植物的,还应当获得政府农林主管部门的许可。对于纳入非主要农作物目录并完成品种登记的地方特色植物品种,如果品种登记人不享有植物新品种权,那么商业育种企业或组织无须取得品种登记人的同意,也无须支付使用费。

新品种权人育种销售是指获得种子生产经营许可证的新品种权人以销售种子或以生产经营为目的实施的育种行为,或者新品种权人授权获得种子生产经营许可证的商业育种企业或组织以销售种子或以生产经营为目的实施的育种行为。除了仅从事非主要农作物种子生产的企业或组织之外,其他都需要办理种子生产经营许可证才能实施新品种育种销售行为。根据法律规定,地方特色植物新品种权人有权自繁、自用和销售,也可以授权其他商业企业或组织繁殖、使用和销售。未获得新品种权人同意并支付使用费,商业企业或组织不得繁殖和销售受新品种权保护的地方特色植物种子。

三、地方特色植物品种的法律责任

在乡土特色种植产业开发过程中,当事人繁殖利用地方特色植物品种的行为违反《中华人民共和国野生植物保护条例》《中华人民共和国种子法》《中华人民共和国植物新品种权保护条例》和农业农村部《非主要农作物登记办法》等法律法规,损害国家、社会或公共利益或损害组织或个人合法权益的,应当依法承担相应的行政或民事责任,构成犯罪的,必须依法承担刑事责任。

根据《中华人民共和国野生植物保护条例》等相关法律法规的规定,在乡土特色种植产业开发过程中,任何单位或个人采集或采伐国家和省级重点保护的野生地方特色植物时,应当取得政府农林主管部门的许可。未经许可或者超越许可范围采集或采伐的,由政府农林主管部门没收采集或采伐的野生地方特色植物,没收违法所得,可以并处违法所得10倍以下的罚款,还可以并处吊销采集许可证。非法出售、收购国家和省级重点保护的野生地方特色植物的,由工商行政管理部门或农林主管部门没收野生地方特色植物和违法所得,可以并处违法所得10倍以下的罚款。

根据《中华人民共和国种子法》等相关法律法规的规定,在乡土特色种植产业开发过程中,商业育种企业或组织非法繁殖、销售纳入非主要农作物目录未进行品种登记的地方特色植物的,由政府农林主管部门责令停止违法行为,没收违法所得和种子,并处2万元以上20万元以下罚款;商业育种企业或组织繁殖、销售假冒或伪劣的经过品种登记和未经过品种登记的地方特色植物种子的,由政府农林主管部门责令停止生产经营,没收违法所得和种子,并根据法律规定处以相应金额的罚款。如果种子消费者的合法权益受到侵犯,上述行政处罚就不影响消费者向法院提起违约或侵权赔偿诉讼的权利。

根据《中华人民共和国种子法》和《中华人民共和国植物新品种保护条例》等法律法规的相关规定,未经植物新品种权人授权或超越授权范围,繁殖、使用和销售拥有植物新品种权的地方特色植物种子的,植物新品种权人有权请求政府调解或向人民法院提起诉讼,要求违约人或侵权人按照法定标准予以赔偿。与此同时,政府农林主管部门有权责令侵权人停止侵权行为,没收违法所得和种子,按照法定标准并处罚款。

第二节 品种权保护与乡土种植产业的特色困境

在当前治理环境下,地方政府推动开发乡土特色种植产业,存在着产业"特色"开发困难的特殊问题。在一定程度上,现行地方特色植物品种权保护的制度和策略与乡土种植产业"特色"开发的现实需求不匹配,是导致乡土种植产业"特色"开发困境的主要原因。

一、地方特色植物的适种区域与特色选择不匹配

根据《意见》和农业农村部特色产业开发项目的相关政策,地方政府开发乡土特色种植产业时,以"县级行政区域"为主,争取形成"一县一品"的乡土特色种植产业格局。在此基础上,如果县级行政区域特色植物资源丰富的,还可以形成"一镇一品"或"一村一品"的乡土特色种植产业格局。从实践层面而言,地方政府以乡土特色种植产业项目为抓手,推动开发乡土特色种植产业时,一般以县级行政区域为基础来规划乡土种植产业"特色"。乡土特色种植产业"特色"开发与行政区域相匹配,可以确保地方政府在推动开发乡土特色种植产业时,做到人权和事权相统一,职权、职责和政绩相统一,有利于提高乡土特色种植产业的开发效率。

地方特色植物的适种区域区分为自然区域和登记区域等两种基本类型。自然区域是指地方特色植物自然生长的地域范围,是地方特色植物适应环境的结果。登记区域是指国家进行野生植物重点保护管理、植物种子管理和非主要农作物品种登记管理时,以地方特色植物的自然生长区域为基础由法律文件明确规定的适宜种植地域。登记区域具有一定的法律效力,商业育种企业或组织在推广、销售地方特色植物种子时,应当在登记区域内实施。超越登记区域,如果导致消费者减产或绝收等实际损害的,商业育种企业或组织就需要为此承担相应的民事赔偿法律责任。但是,超越登记区域,如果未造成实际损害后果的,商业育种企业或组织是否需要承担责任与承担何种法律责任并不明确,在农业行政执法实践中也存在较大争议。

在绝大多数情况下,地方特色植物的适种区域与行政区域并不一致,导致适种区域与特色选择不匹配。无论是自然区域,还是登记区域,地方特色植物的适种区域一般都会超过单一的县级行政区域,存在于数个县级行政区域内。在开发乡土特色种植产业时,如果一个县级政府推动开发某种地方特色种植产业,一旦获得成功,适种区域内的县级政府就可以合法地"搭便车",模仿开发相同或相似的乡土特色种植产业,导致乡土特色农产品供过于求,乡土种植产业"特色"难以维系。即使不在适种区域内的县级政府,也可以"搭便车",因为对超越地方特色植物适种区域的推广、销售行为,除非对消费者产生实际损害或发生用种安全事故,政府的行政执法权存疑,可能无权禁止商业育种企业或组织的推广、销售行为。由此看来,

地方特色植物的适种区域与行政区域不匹配,以及地方特色植物适种区域的法律强制性存疑,是乡土种植产业特色选择困境的主要原因之一。

二、地方特色植物的繁殖利用与特色培育不匹配

地方特色植物繁殖利用的主要方式之一是农民自繁自用。根据前文所述,农民除自繁自用国家、省级重点保护的地方特色野生植物需要获得政府农林主管部门许可之外,自繁自用登记或未登记的地方特色植物与受植物新品种权保护的地方特色植物,无须取得品种登记人或权利人的许可,也无须向其支付使用费。法律允许农民自繁自用地方特色植物有积极意义:首先,有利于维护生物多样性和生态平衡。农民用种决策的分散性,可以部分抵消规模农业用种决策单一性的弊端,促进农作物种植类型的多样化,有利于生物多样性和生态平衡;其次,有利于维护用种安全。地方特色植物的多样化和分散化种植,有利于防止生物安全事故的大规模扩散,维护用种安全;再次,有利于减轻农民负担。允许农民自繁自用,可以减少农民购买种子的支出,降低农作物种植成本,有利于减轻农民负担。但是,从地方政府培育乡土种植产业特色而言,允许农民自繁自用存在两个弊端:一是乡土种植产业特色的影响力有限。农民自繁自用地方特色植物,一般种植规模不大,种植区域分散,特色农产品产量不高,很难满足消费者的需求,"特色"口碑的影响力非常有限;二是乡土种植产业特色的稳定性不佳。一般情况下,农民自繁自用地方特色植物,取种的繁殖材料可能不同,生长环境也有差异,生长管理水平更是参差不齐,导致特色农产品的品质极不稳定,很难形成统一的"特色"口碑。因此,在这个意义上,允许农民自繁自用地方特色植物的品种权制度与乡土种植产业特色培育的现实需求不匹配,是乡土种植产业特色培育困难的原因之一。

地方特色植物繁殖利用的另一种主要方式是商业育种销售。商业育种销售分为无新品种权和有新品种权等两种基本类型。商业育种企业或组织育种销售无新品种权的地方特色植物种子,只要主营业务是非主要农作物,在一般情况下,商业育种企业或组织无须取得种子生产经营许可证,无须获得品种登记人的许可,也无须支付任何使用费。这种制度的积极意义在于:首先,有利于扩大地方特色植物的育种规模。地方特色植物一般为非主要农作物,市场规模小,许多育种企业或组织不愿意育种销售。降低商业育种销售的门槛条件,有利于提高商业育种企业或组织育种销售地

方特色植物种子的积极性；其次，有利于扩大地方特色植物的产业规模。降低地方特色植物商业育种销售的门槛条件，最终会降低地方特色植物的种子价格，降低农户的购种成本，有利于提高地方特色植物的种植规模。但是，这种制度对地方政府培育乡土种植产业特色有不利影响，主要体现在两个方面：一是影响乡土特色种植产业的市场美誉度。育种销售非主要农作物无须获得种子生产经营资质，繁殖材料来源或标准无特殊要求或管制，可能使大量劣质地方特色植物种子以低价占领市场，将优良地方特色植物种子逐出市场，降低地方特色农产品品质，影响乡土特色种植产业的市场美誉度；二是影响乡土特色种植产业的市场规模。特色农产品价格较高时，会引诱大量无种子生产经营资质的商业育种企业或组织涌入，向县级行政区域外甚至是适种区域外的县级行政区域销售种子，导致乡土特色种植产业的市场规模失控，特色农产品失去特色，市场价格暴跌。由此，商业育种销售无新品种权种子的品种权制度与乡土种植产业特色培育的现实需求不匹配，是乡土特色种植产业特色培育困境的原因之一。

有新品种权的商业育种销售必须由地方特色植物新品种权人自己或者授权育种企业或组织实施育种销售，被授权者应当按约定支付使用费。有新品种权的商业育种销售必须获得新品种权人的许可并向其支付使用费，否则就可能需要承担行政和民事责任。这种制度的积极意义在于，有利于保护地方特色植物新品种权人的合法权益，维护种子创新或改良的动力，保证地方特色植物种子质量的稳定性。但是，这种制度对地方政府培育乡土种植产业特色也有不利影响，主要表现在：一是影响乡土特色种植产业的生产积极性。因地方特色植物新品种权人需要收取使用费，除非获得授权，其他商业育种企业或组织无权育种销售，这必然会抬高地方特色植物的种子价格，影响农户种植的积极性，对快速提升乡土特色种植产业的种植规模有不利影响；二无法控制乡土特色种植产业的市场规模。地方特色植物新品种权人有权控制育种销售或授权他人育种销售的范围，地方政府无权干涉。一旦乡土特色种植产业开发成功，地方特色植物新品种权人必然会扩大育种销售规模，将地方特色植物种子销售至其他行政区域，为相邻地区的地方政府复制乡土特色种植产业提供便利，使市场规模失去控制。因此，商业育种销售有新品种权种子的品种权保护制度与乡土种植产业特色培育的现实需求不匹配，也是乡土种植产业特色培育困境的原因之一。

三、地方特色植物的权利结构与特色保护不匹配

根据《意见》与农业农村部特色产业扶贫项目的相关政策,地方政府应当要重点培育乡土种植产业的"特色",要保护好地方特色植物种质资源。在这个意义上,在做精乡土特色种植产业的过程中,地方政府承担着培育乡土种植产业"特色"的主体责任。一方面,地方政府应当充分利用好项目式治理的优势,以特色产业项目为抓手,引导企业、组织和农民共同开发乡土种植产业,培育种植产业"特色",夯实种植产业"特色"基础;另一方面,地方政府要充分运用行政管理权和执法权,通过加强植物种质资源的保护,严厉打击无种子生产经营资质的种子生产销售行为与生产经营假冒伪劣种子的行为,严格处罚侵犯新植物品种的违法行为,达到培育和保护乡土产业"特色"的目的。

但是,地方特色植物的品种权利结构不利于乡土种植产业的"特色"保护。农民自繁自用地方特色植物,除非是国家或省级重点保护野生植物,基本上不受任何法律限制,这是乡土种植产业"特色"稀释的传统途径,地方政府对此缺乏行政管理权和执法权;商业育种企业或组织、新品种权人或其授权的人,有权在适种区域内的任意行政区域生产销售地方特色植物种子,除非品种应当登记而未登记,地方政府对此无行政管理权和执法权。即使在适种区域外生产销售地方特色植物种子,只要没有造成实际损害,地方政府的行政管理权和执法权也存有疑问。因此,在大多数情况下,地方特色植物的品种权利结构使乡土种植产业"特色"可以被完全合法地稀释,直至"特色"完全消失为止。地方政府拥有的产业项目治理权、种植产业管理权和执法权等都对此无能为力,无法通过行使职权保护乡土种植产业"特色"不被稀释。这意味着,地方特色植物的品种权利结构与乡土种植产业"特色"保护的现实需求不匹配,是乡土种植产业特色保护困境的原因之一。

第三节 品种权保护与产业精准扶贫质量提升策略

综上所述,从品种权保护的角度分析,导致乡土种植产业"特色"开发困境的主要原因有三:一是品种权保护的制度问题;二是品种权保护的管理问题;三是品种权保护的方法问题。要解决困境,应当从以下三个方面

制定产业精准扶贫质量提升策略。

一、规定适种区域的法律效力,加强府际合作

根据《中华人民共和国种子法》《中华人民共和国植物新品种保护条例》等法律法规规定,除了在品种登记证书和登记公告中明示地方特色植物种子的适种区域之外,没有明确规定地方特色植物种子适种区域的法律效力。只有商业育种企业或组织在适种区域外推广、销售地方特色植物种子带来实际损害时,受害者才能以此作为侵害者主观上有过错的证据,追究其侵权或违约责任。无论是否发生实际损害,适种区域外的推广、销售行为一般都被认为是民事纠纷,政府能够进行调解,是否有权干涉在制度上存在疑问。地方政府如果无须承担乡土种植产业"特色"开发的主体职责,这种规定无疑是合理的,符合"有损害有赔偿"的法律原则,也符合社会主义法治的基本理念。但是,从做精乡土特色种植产业的角度而言,为了将乡土种植产业"特色"保留在适种区域的特定行政区域内,也为了减少商业推广、销售地方特色植物种子可能造成的实际损害,减少不必要的民事纠纷,应当调整法律制度,增设地方特色植物种子适种区域法律效力的条款,并明确授予政府相应的行政执法权,加强适种区域的强制性和权威性。

对于适种区域内有多个行政区域的,在立法增设适种区域法律效力的条款之后,适种区域内的地方政府都有权推进开发乡土特色种植产业。为避免无序的不正当竞争,降低交易成本,或者避免地方政府在开发地方特色种植产业中"搭便车",引发府际冲突,或者避免乡土种植产业"特色"扩散至适种区域外的行政区域,适种区域内的地方政府,尤其是地理位置相邻的地方政府,应当要加强合作,共同搭建乡土特色种植产业开发平台,共同治理乡土特色种植产业开发中的问题,共享乡土特色种植产业的产品声誉与由此而来的利益。比如,可以共同执法制止适种区域外的商业推广、销售行为,共同申报地理标志证明商标,共同出资精准投放特色农产品的公益广告,或共同举办特色农产品的推介会,等等。

二、实施繁殖利用的分类管理,制定地方标准

根据《中华人民共和国种子法》等相关法律法规规定,除特殊情况外,农民自繁自用地方特色植物基本上不受法律限制。商业育种企业或组织推广、销售地方特色植物种子受品种登记和新品种权的限制。除非发生实

际损害,商业育种企业或组织不受适种区域、销售区域和种子质量的限制。由于没有法律明确授权,地方政府在培育乡土种植产业特色时,不能禁止农民自繁自用地方特色植物,不能指定地方特色植物推广销售的企业或组织,不能指定推广销售区域,不能擅自提高种子质量标准等。但是,地方政府可以特色产业项目为杠杆,以财政补贴为工具,以项目契约的方式,对地方特色植物的繁殖利用实施分类管理。对非财政项目支持的特色种植产业,由市场调节地方特色植物种子供求关系,对财政项目支持的特色种植产业,由地方政府来调控地方特色植物种子的供求关系。

对于接受地方政府产业项目财政补贴的农民或商业育种企业或组织,地方政府可以制定地方特色植物种子推广、销售的地方标准,并在产业项目协议书中将其约定为特别条款,只有推广、销售符合地方标准要求的特色植物种子,才能按产业项目协议书的约定获得财政补贴,否则就核减相应的财政补贴数额。在地方特色植物种子的地方标准中,可以明确规定推广、销售企业或组织应当具备的最低资质、繁殖材料的来源渠道、采用的育种技术和可以销售的区域等内容。在特殊情况下,地方政府还可以从符合条件的商业育种企业或组织直接采购种子,以低价销售给种植农户或合作社。通过这种方式,地方政府可以在不违反《中华人民共和国种子法》等法律法规的前提下,以书面契约的形式提高地方特色植物种子推广、销售的资质门槛条件,提高地方特色植物的种子质量,提升特色农产品品质的稳定性。

三、加强新品种权的执法保护,签订特许协议

根据《中华人民共和国种子法》《中华人民共和国植物新品种保护条例》等法律法规规定,国家保护植物新品种权人的排他独占权。未经植物新品种权人同意,并向其支付使用费,不得繁殖、推广和销售受植物新品种权保护的种子。但是,植物新品种权极易受到侵犯,尤其是可以自行留种的地方特色植物,植物新品种权人很难发现和控制未经许可的商业繁殖、推广和销售行为。即使发现未经许可的商业繁殖、推广和销售行为,司法救济的成本也非常高昂,不利于保护植物新品种权人的合法权益。为培育保护乡土种植产业"特色",地方政府应当从两个方面入手:一是加强对地方特色植物新品种权的执法保护;二是与地方特色植物新品种权人签订独占排他的特许协议。

为加强乡土种植产业"特色"保护，地方政府应当主动加强执法，对商业育种企业或组织进行检查监督，及时制止商业育种企业或组织侵犯地方特色植物新品种权的繁殖、推广和销售行为，对查证属实的，要严格执法，根据《中华人民共和国种子法》等法律法规规定，没收违法所得和繁殖材料，处以法定数额的罚款。同时，积极支持地方特色植物新品种权人提起民事诉讼或协调侵权赔偿事宜等。为更好培育保护乡土种植产业"特色"，地方政府可以将地方特色植物新品种权列入公共服务采购目录，由地方政府与地方特色植物新品种权人签订排他独占的特许协议，买断地方特色植物新品种权在地方政府行政区域内繁殖、推广和销售的权利，由地方政府授权本地育种企业或组织在本地繁殖、推广和销售，防止地方特色新植物种子流向外地。

做精乡土特色种植产业对实现乡村产业振兴、提升产业精准扶贫质量具有非常重要的意义。地方特色植物品种是乡土种植产业"特色"的决定因素。地方政府培育保护乡土种植产业"特色"应当从保护地方特色植物的品种权入手。根据《中华人民共和国种子法》《中华人民共和国植物新品种保护条例》和农业农村部《非主要农作物登记办法》等法律法规规定，品种登记的适种区域、关键技术和适种季节等技术信息基本上没有法律强制力，仅具有证据效力，即作为违约或侵权损害赔偿中证明当事人主观上有过错的证据，或者作为登记人在登记过程中有弄虚作假行为的证据；在品种繁殖利用方面，除非是国家、省级重点保护野生植物，农民有权不经许可自繁自用地方特色植物；商业育种企业或组织有权育种销售非主要农作物目录内经过品种登记的地方特色植物，有权育种销售非主要农作物目录外的地方特色植物。但是，育种销售受植物新品种权保护的地方特色植物，应当获得植物新品种权人的许可并向其支付使用费。这种地方特色植物的品种权保护制度与乡土种植产业特色选择、特色培育和特色保护的现实需求不匹配，是导致乡土种植产业特色开发困境的主要原因。为化解乡土种植产业的特色开发困境，应当完善品种权保护制度，规定适种区域的法律效力，加强适种区域内各地方政府间的合作；应当加强乡土特色种植产业开发管理，实施无新品种权地方特色植物繁殖利用的分类管理，制定地方特色植物推广销售的地方标准；应当实施乡土特色种植产业开发新方法，加强新品种权的执法保护，与地方特色植物新品种权人签订排他独占的特许协议。

第十三章　产业精准扶贫、府际争议与治理对策

在国务院提出的"五个一批"扶贫措施和路径中,"发展生产脱贫一批"即产业精准扶贫,对于培育脱贫"造血"能力,实现乡村产业振兴目标有重要意义。为推进产业精准扶贫工作,国务院各部委推出了多种产业扶贫项目,如农业农村部的特色产业项目等,打包至省(市)政府,省(市)政府在此基础上,提供一定数量的配套经费,交由县、乡地方政府组织项目实施,并由上级政府进行监督和考核。在项目制时代,地方政府受压力型体制和项目经费转移支付的双重激励[1],有压力也有动力实施产业扶贫项目。在实施过程中,地方政府需要制定扶贫产业发展规划,决定开发何种"特色"扶贫产业,决定扶贫产业开发的项目承包者,积极推广搭建平台,做大做强扶贫产业[2]。地方政府主导开发的扶贫产业,在一些地区获得了成功,开发了一些优质的地方"特色"扶贫产业。比如,湘西保靖黄金茶、湖南武冈铜鹅和湖南大通湖大闸蟹等。但是,在实践中也出现了扶贫产业同质化现象严重、可持续性差和贫困农户返贫率高等多种困境[3],伤害了贫困农户参与扶贫产业的积极性和信心,消耗浪费了大量的产业扶贫项目资源,对地方政府公信力造成了一些负面影响。因此,笔者认为研究产业扶贫实践困境及形成缘由,对于提升农户脱贫的"志",提高扶贫产业项目经费使用效率,促进乡村产业振兴等有现实意义。

---

[1] 杨华,袁松.行政包干制:县域治理的逻辑与机制——基于华中某省 D 县的考察[J].开放时代,2017(05):182-198,9.

[2] 李祖佩.项目制的基层解构及其研究拓展——基于某县涉农项目运作的实证分析[J].开放时代,2015(02):123-142,6.

[3] 梁栋,吴惠芳.农业产业扶贫的实践困境、内在机理与可行路径——基于江西林镇及所辖李村的调查[J].南京农业大学学报(社会科学版),2019,19(01):49-57,164-165.

现有文献表明,产业扶贫实践困境主要表现在以下三个方面:一是扶贫产业"特色"容易被模仿超越。习近平总书记在安徽金寨考察扶贫工作时指出,扶贫产业应当要注重"特色",要充分利用贫困地区的资源禀赋优势。部分地方政府在主导开发扶贫产业时,发现本地区资源禀赋优势并不突出,扶贫产业"特色"不明显,市场前景不佳,或者发现本地扶贫产业"特色"虽然鲜明,但容易被跟风模仿,很难保持"特色"持续显著[1];二是扶贫产业开发困境。地方政府在主导扶贫产业开发时,经常陷入左右为难的困境。地方政府对产业扶贫干预程度过深时,容易导致扶贫产业开发的市场风险转化为政治风险。地方政府对产业扶贫干预不够时,可能需要承担产业扶贫项目实施绩效不高的责任风险[2];三是扶贫产业脱贫困境。参与扶贫产业的农户经常在脱贫与返贫之间徘徊。扶贫产业在市场行情好时,农户可以实现脱贫;在市场行情不佳时,当年又会返贫。因此,部分贫困农户对地方政府主导的扶贫产业逐渐失去了信心,不愿意再参与任何扶贫产业[3]。

当前,学界对产业扶贫实践困境的成因主要有以下几种看法:一是贫困地区资源禀赋优势不足以支持开发"特色"扶贫产业。有学者认为,贫困地区拥有的优质资源不多,资源特色也不够显著,与相邻或相似地区相比既无数量优势,也无特色优势,很难开发出具有足够"特色"并能够持续发展的扶贫产业[4];二是地方政府的治理策略扰乱了扶贫产业开发。有研究指出,在项目制时代,为了尽快完成上级政府指定的产业扶贫专项,部分地方政府盲目开发扶贫产业,以行政命令替代市场决策,或者搞形式主义扶贫开发,以应付上级政府监督检查为主要目标,这导致了地方政府过度干预扶贫产业开发或者对扶贫产业开发放任不管等行为,形成产业扶贫实践困境[5];三是贫困农户的能力资本不足以支撑扶贫产业开发。有研究认

---

[1] 刘鸿渊,柳秋红.欠发达地区农村特色产业发展困境与策略探析[J].农村经济,2015(12):57—61.

[2] 向静林.市场纠纷与政府介入——一个风险转化的解释框架[J].社会学研究,2016(04):27—51.

[3] 许汉泽,李小云.精准扶贫背景下农村产业扶贫的实践困境——对华北李村产业扶贫项目的考察[J].西北农林科技大学学报(社会科学版),2017(01):9—16.

[4] 梁琦,蔡建刚.资源禀赋、资产性收益与产业扶贫——多案例比较研究[J].中南大学学报(社会科学版),2017,23(04):85—92.

[5] 李博,左停.精准扶贫视角下农村产业化扶贫政策执行逻辑的探讨——以Y村大棚蔬菜产业扶贫为例[J].西南大学学报(社会科学版),2016,42(04):66—73,190.

为,贫困农户参与扶贫产业开发,必须具备一定的工作能力或经验,或者具备足够的金融资本或社会资本,否则就无法真正参与,而无法真正参与会导致贫困农户没有机会培养工作能力或经验,或者积累足够的资本,于是,产业扶贫容易陷入强迫参与与被动"脱嵌"的循环困境之中①。

上述研究大多认为,产业精准扶贫的实践困境是由资源禀赋、治理策略和能力资本等因素导致的,具有一定的合理性,能够解释实践困境的部分现象。但是,根据笔者实地调研,在一些地区,产业精准扶贫的实践困境主要是由产业精准扶贫地方政府间的竞争——府际竞争所导致的,而上述因素的作用并非决定性的。本章拟从府际竞争的角度,结合笔者对湖南省保靖县黄金茶产业开发过程的田野调查,描述产业精准扶贫面临的实践困境,以及与地方政府无序的不正当竞争策略的关系,探讨地方政府无序的不正当竞争的形成机制,在此基础上提出解决实践困境的政策建议。

第一节　湖南保障黄金茶产业扶贫的实践困境

湖南省湘西土家族苗族自治州保靖县地处武陵山区,属于集中连片特困地区,是国家扶贫攻坚的主战场。湘西土家族苗族自治州保靖县葫芦镇黄金村的黄金茶历史悠久,据《保靖县志》记载:"县内茶叶历史悠久。清嘉庆年间,传说某道台巡视保靖六都,路经冷寨河(现为黄金村),品尝该地茶叶后,颇为赞赏,赏黄金一两。后人遂将该地茶叶取名'黄金茶',该地改名为'黄金寨(现黄金村)',现尚有百龄以上半乔木型中叶茶株。"

至2014年7月,保靖黄金茶产区主要集中分布在龙颈坳、格者麦、德让拱、库鲁、夯纳乌、团田和冷寨河等乡镇。为落实国家产业扶贫政策,实施产业扶贫项目,实现产业精准扶贫目标,从2015年开始,保靖县政府决定大力开发黄金茶扶贫产业,制定了黄金茶扶贫产业发展规划,重点建设"一带八基地",即乡村旅游风光带和特色水果等八大产业基地,共吸纳5897户19462名贫困人口参与产业开发。保靖县政府加大资金投入力度,每年安排500万元扶持资金对"一带八基地"建设进行奖励;从2016年开始,保靖县财政每年预算安排并整合涉农资金2000万元,扶持黄金茶产业种植大户、专业合作组织等,加强技术培训推广,每年培训技术骨干600

---

① 贺林波,邓书彬,李赛君.地方政府产业扶贫:合作质量与网络结构——基于自我中心网的理论视角[J].华东经济管理,2019,33(06):45-53.

余人次、果农 1.3 万人次,设立了 5 个黄金茶优质高效栽培示范点、156 个科技示范户①;保靖县政府加强保靖黄金茶的品牌宣传,入选央视"国家品牌计划——广告精准扶贫"项目,积极开展黄金茶大会等特色旅游项目,助力保靖黄金茶成为全国品牌。保靖黄金茶产业的发展,使一大批山区贫困户因种植黄金茶摆脱了贫困。

但是,保靖黄金茶产业发展的可持续性并不强。2016 年保靖黄金茶的市场价格达到每公斤 100 多元,消费者需求非常旺盛,市场上"一桃难求"。然而,到 2018 年,随着相邻县(市)大量黄金茶上市,有的地区甚至还冒充保靖黄金茶在市场上销售,保靖黄金茶开始滞销,市场价格暴跌,种植保靖黄金茶已经脱贫的贫困农户收入下降,再度进入贫困户的行列,许多贫困农户开始砍伐黄金茶树,试图种植其他市场价格较高的经济作物。保靖黄金茶市场价格暴涨暴跌的成因非常复杂,可能有正常市场波动的因素,也可能有市场秩序维护不力的因素。但是,这两种因素难以解释保靖黄金茶市场价格暴涨暴跌程度远超正常市场波动幅度的现象。据笔者实地调查,相邻地方政府间产业扶贫的竞争策略起到了推波助澜的作用,是保靖黄金茶扶贫产业陷入困境的主要原因之一。

第二节 产业扶贫府际竞争的主要策略

湖南保靖黄金茶产业扶贫面临的实践困境,与地方政府间的竞争策略直接相关。为实施产业精准扶贫,需要"发展生产脱贫一批",国务院相关部门推出了一系列产业扶贫专门项目,即所谓专项。比如,农业农村部的特色产业扶贫项目(一村一品、一乡一品或一县一品等),要求各地方政府组织实施,按时按要求完成项目主管单位规定的产业扶贫任务②。为完成产业扶贫任务,各级政府层层签订"扶贫军令状",将实施产业扶贫专项的责任逐层传递至地方政府。在压力型行政体制下,地方政府面临着完成产业扶贫任务的巨大压力③。同时,产业扶贫项目伴随着大量的财政转移支付经费,如果实施得当,就有利于提升地区经济发展水平,增加地方政府主

---

① 资料来源:保靖县政府网站的保靖黄金茶产业介绍。
② 胡伟斌,黄祖辉,朋文欢.产业精准扶贫的作用机理、现实困境及破解路径[J].江淮论坛,2018(05):44—48.
③ 邢成举.压力型体制下的"扶贫军令状"与贫困治理中的政府失灵[J].南京农业大学学报(社会科学版),2016,16(05):65—73,155—156.

要官员的晋升机会①。在压力与动力并存的激励下,作为"经济理性人",为避免受到责任追究,或者为在产业扶贫府际竞争中占优,地方政府经常采取以下四种竞争策略。

一、扶贫产业选择的模仿跟随策略

为落实扶贫产业专项,地方政府首要考虑的问题是选择支持开发何种扶贫产业。一般有两种选择:一是选择充分利用本地特异资源开发特色扶贫产业;二是选择相邻地方政府已经开发成功的特色扶贫产业。在大多数贫困地区资源优势有待挖掘且不太突出的前提下,作为"经济理性人",地方政府主要决策者一般不会选择第一种方式,而是更倾向于选择第二种方式,即模仿跟随策略。第一种方式风险较大、收益不确定,第二种方式风险较小、短期收益较大,对任期较短的地方政府主要官员而言,第二种方式无疑是占优选择。据笔者访谈,一位地方政府官员的看法印证了这种观点:

> 政府主要领导的任期普遍比较短,都希望在任期内尽量避免决策风险,争取在任期内早出成绩。利用本地资源开发特色扶贫产业,因无成功经验可循,风险比较大,搞不好发生亏损可能会影响社会稳定。保靖县政府主持开发的黄金茶扶贫产业非常成功,说明黄金茶符合市场需求,消费者也认可。保靖黄金茶的价格非常高,说明供给还处于不足的状态,我县选择跟随保靖县政府开发黄金茶扶贫产业,市场风险比较小,而且很快就能够见到成效。

保靖县政府主持开发的黄金茶产业非常成功,2016年时市场价格最高时达到了每公斤100多元,这马上吸引了相邻县(市)政府的注意,争相主导开发黄金茶扶贫产业。在不到两年时间内,保靖县周边的吉首市、永顺县、古丈县、龙山县等县(市)政府都开始以扶贫产业项目支持黄金茶产业开发,甚至邻近保靖县的湖北来凤县也开始推广开发黄金茶扶贫产业。在相邻地方政府以产业扶贫项目为杠杆的积极推动下,保靖县主推的黄金茶品种——黄金茶1号,短期内在相邻县(市)被大面积种植,保靖黄金茶迅速进入供过于求的状态。

---

① 熊瑞祥,王慷楷.地方官员晋升激励、产业政策与资源配置效率[J].经济评论,2017(03):104-118.

二、扶贫产业投入的不计成本策略

选定扶贫产业之后,地方政府还需要发包产业扶贫专项,选择项目承包者。一般有两种发包方式:一是直接动员贫困农户参与扶贫产业,由地方政府给予专项补贴;二是委托扶贫企业、合作社或种养大户等主体开发扶贫产业,带动贫困农户参与,由地方政府给予专项补贴。对于第一种方式,考虑到贫困农户风险承受能力较差,参与扶贫产业的能力和意愿比较低下,为快速落实产业扶贫项目,实现产业精准扶贫目标,地方政府往往会加大对贫困农户参与扶贫产业的补贴力度,在国家产业扶贫专项的基础上增加配套经费。有些地方政府为了防止扶贫产业发生市场风险后,风险转化为农户闹事等政治风险,提供的配套补贴非常多,几乎达到了不计成本的程度,即使市场行情非常差,贫困农户也不会亏损。地方政府更倾向于选择第二种发包方式。因为在这种发包方式中,扶贫企业、合作社或种养大户需要投入前期资金,不仅有利于地方经济发展,而且使地方政府不需要直接面对市场风险或随市场风险转化而来的政治风险。但是,有资格、有能力的产业扶贫受托主体并不多,甚至处于稀缺状态,地方政府如果想获得产业扶贫的委托机会,就需要在发包扶贫产业项目时提供优惠条件。比如,在国家专项的基础上,提供配套项目经费、减免税费或提供较好的基础设施等。为了快速推进扶贫产业,地方政府必须比拼优惠条件,以争取更多受托主体来本地投资。据笔者调查,许多优惠条件的成本非常高,扶贫产业开发的预期收益根本无法收回成本。这种不计成本的投入策略看似不理性,实际上有一定的合理性,有受访者认为:

> 无论如何,政府投入黄金茶扶贫产业开发的经费对地区经济增长有利,年底的 GDP 增长率会好看一些。最关键的是,有能力投入前期资本快速开发黄金茶扶贫产业的企业并不多,提供最优惠的条件可以将这些企业固定在本地区,使他们去不了其他地方,可以就此获得黄金茶扶贫产业开发的竞争优势,使本地区的黄金茶扶贫产业快速发展。

地方政府开发黄金茶扶贫产业投入的不计成本策略使贫困农户和受托主体失去了成本约束,拿着政府投入的项目和配套经费就足以弥补参与黄金茶扶贫产业的亏损风险或开发成本,在市场行情看好时,受托主体甚至可以将国家产业扶贫专项资金作为企业利润计入企业账册。在地方政府不计成本的鼓励下,贫困农户种植黄金茶的积极性非常高,而许多受托主体同时接受数个县(市)政府的委托,开发黄金茶产业,实施精准扶贫,黄金茶种植面积快速扩张,黄金茶扶贫产业的发展规模就此失控。

三、扶贫产业公共品提供的搭便车策略

地方政府确定扶贫产业并且将产业扶贫项目发包给项目承包人之后,一般会根据项目协议书的约定或地方产业开发政策的规定,提供开发发展扶贫产业所需要的公共品。比如,种植或养殖产业的新品种研发、地理标志证明商标申请、集体商标申请、特色产业推介与宣传和基础设施建设等。地方政府提供的扶贫产业公共品具有非常明显的正外部性,相邻地方政府基本上不需要投入任何费用就可以享受到这种溢出收益。对于在相似扶贫产业开发中处于竞争劣势的地方政府而言,竞争优势地方政府投入扶贫产业的公共品越多,其收益越大,搭便车策略无疑是最优竞争策略。保靖县政府从上海市农业科学院引入的黄金茶品种——黄金茶1号,经过在保靖县大规模试种之后,发现这个品种在该地区的适种性与口感上的独特性,并赢得了消费者的喜爱。保靖县政府与上海市农业科学院为合作研发投入了大量的精力和经费。但是,黄金茶品种及在该地区的适种性并不具有排他性,相邻县(市)企业或贫困农户不需要获得授权就可以免费使用,生产出与保靖黄金茶品质几乎相同的黄金茶。除此之外,保靖县政府申请地理标志证明商标、集体商标、推介与宣传等提升黄金茶扶贫产业品牌知名度的行为,在提升保靖黄金茶扶贫产业品牌价值的同时,也提升了相邻县(市)黄金茶扶贫产业的价值。相邻地方政府在推进产业扶贫项目时,默认本地企业、合作社和贫困农户搭保靖黄金茶的"便车",经过一段时期的发展之后,有些地方政府甚至鼓励这样做。有受访者认为:

> 保靖黄金茶开发得非常成功,黄金茶品种经过了市场检验,深受消费者喜爱,我们(该县政府)在推进黄金茶扶贫产业时,不鼓励栽种其他黄金茶品种。保靖县政府将黄金茶扶贫产业的广告做到了中央电视台,扩大了黄金茶的市场需求,我们(该县政府)完全不需要另立门户,这样也可节省好多扶贫产业推介费用。

相邻地方政府的默认或支持,导致保靖县推介的黄金茶品种——黄金

茶遍布湘东南地区,更为致命的是,相邻各县(市)出产的黄金茶都在搭"保靖黄金茶"的便车,在外包装上使用相同或相似的地理标志证明商标和集体商标,冒充保靖黄金茶在市场上销售。尽管保靖县政府意识到了这个问题,联合长沙等市场管理部门在全省各主要水果批发市场进行打假,但根本无法阻止仿冒保靖黄金茶在市场上大规模流通。

四、扶贫产业公共资源使用的抢占策略

扶贫产业开发能够获得成功的关键在于"特色"。只有使一个地方的扶贫产业区别于其他地方,才能保持其垄断优势,获得足够的经营收益。但是,一个地方扶贫产业的"特色"往往是一种公共资源,容易引发相邻地区的抢占,导致被过度使用。在扶贫产业开发中,最为常见的公共资源是生长于特定地理或人文环境的植物或动物等地方特色品种,往往是形成地方"特色"产业的前提或基础。但是,因地方特色品种的公共资源属性,极易被过度使用,导致品种发生变异,品种特色难以维持。地方政府在产业扶贫竞争过程中,鼓励本地扶贫企业和贫困农户抢占特色公共资源不违反法律政策,也不需要为此支付费用,对于实现产业精准扶贫绩效目标而言是一个占优策略。保靖县政府在开发黄金茶扶贫产业时,根据黄金茶生长所需的地理环境,指定该县六个乡镇作为保靖黄金茶的核心产区,并与上海市农业科学院合作研究,确定了保靖黄金茶的种植技术标准,确保生产出来的保靖黄金茶拥有较为稳定的品质。为保证本县农户栽种的黄金茶品种统一,保靖县政府规定只有在政府指定的树苗繁育企业购买黄金茶树苗才能获得良种补贴。但是,从法律上而言,保靖黄金茶品种——黄金茶属于公共资源,任何单位和个人在任何地区都可以使用。一些相邻县(市)地方政府对黄金茶品种采取了抢占策略,鼓励本地企业和农户从保靖引种黄金茶。在推进本地黄金茶扶贫产业快速扩张时,许多种植者为了降低成本,不是从正规种苗繁育单位引种,而是通过私自取种获得黄金茶树苗。另外,受政府产业扶贫补贴吸引,许多种植者不管黄金茶栽种的技术规程,在不适宜栽种的区域也种上黄金茶。这导致了两个不良后果:一是保靖黄金茶品种发生了变异,市场上出现了许多难以确定来源的品种,影响了保靖黄金茶品质的稳定性;二是劣质保靖黄金茶在市场上大量流通,扰乱了保靖黄金茶的市场价格,挤占了保靖黄金茶的市场空间,出现"劣果驱逐良果"的现象。

第三节 产业扶贫府际竞争的约束机制

有学者认为,横向府际竞争是中国经济发展的动力之源,具有积极的正效应,在一定条件下有助于经济增长。但是,湖南保靖黄金茶扶贫产业的开发历程却表明,横向府际竞争中的模仿跟随、不计成本、搭便车和抢占等策略是扶贫产业开发陷入困境的主要原因之一。这说明横向府际竞争尽管有助于经济增长,但也有失灵的可能性。横向府际失灵不是传统意义上的政府失灵,如干预市场失败、提供公共品效率不高或权力寻租等,也不是传统意义上的市场失灵,如垄断、外部性、收入分配不公和经济波动失衡等,而是一种几乎无规则约束"丛林竞争"所导致的政府失灵。

一、产业扶贫府际竞争缺乏产权约束机制

哈耶克认为,为保障市场竞争的自发性秩序,必须建立包含三条规则的产权约束机制:一是财产权制度,规定每个市场主体确获保障的私域;二是契约自由制度,规定市场主体协商或交易的自由;三是损害赔偿制度,规定市场主体受到损害后的救济途径。只有在产权约束机制的约束下,才能确保市场主体作为"理性经济人"参与市场竞争,形成自生自发的市场秩序。反之,如果市场主体不受产权机制约束,就会出现争夺财产权、强买强卖、恣意违约或侵权等不正当市场竞争行为,扰乱正常的市场自发秩序。在产业扶贫府际竞争中,地方政府也需要受到产权约束机制的约束,否则就会导致无序的不正当府际竞争,消解府际竞争促进经济增长的积极效应,放大府际竞争资源配置无效率的消极效应。但是,在当前中国行政体制下,府际竞争明显缺乏产权约束机制。

1.国有财产权代理人制度使财产权失去成本约束作用。地方政府支配的产业扶贫项目经费,以及可以提供的补贴、税费减免和基础设施建议等项目实施优惠条件,都是国有资产,名义上的所有人是国家,地方政府仅仅是国家所有人的代理人,代表国家行使所有权。国家在法律上是一个拟制主体,无法自行行使权力,必须通过地方政府来行使权力,也必须承担地方政府行使权力的后果。这导致地方政府实际上行使着国有财产所有权,却并不需要承担伴随着国有财产所有权而来的义务。比如,地方政府可以作出如何使用国家资产的决策,并不必然承担国有资产亏损的责任,国家

才是最终责任的承担者。在这种条件下,国有资产财产权在很大程度上失去了对地方政府投资决策的成本约束作用,为了实现既定的绩效目标,理论上地方政府可以无限制地提供优惠条件。在实践中,地方政府为了竞争稀缺资源,争相提供优惠条件的行为,使府际竞争陷入恶性竞争的怪圈之中。比如,扶贫产业投入的不计成本策略就是证据之一。

2.非科层府际合作制度使行政协议失去体制约束作用。在中国的行政体制下,府际科层关系是按地域划分和按层级划分组合而成的府际关系,上级政府有权指挥和命令下级政府,下级政府有义务服从指挥和命令。府际非科层关系是指科层府际关系之外的府际关系,政府之间可以相互协商或者请求相互协助,可以达成口头或书面协助或合作协议,但任何一方没有接受的协商或进行协助的法定义务,即使达成协助或合作协议,也不能通过法律措施强迫实施或履行。也就是说,在非科层府际关系中,地方政府为解决本行政区域内的问题,可以与相关地方政府进行协商,达成请求协助的行政协议,但是无法保证行政协议必然会得到实施或履行,因为这种行政协议并非在科层府际关系内达成的,无法获得行政体制的支持。在这种条件下,府际合作制度基本上失去了对地方政府达成合作协议的约束作用,理论上地方政府间可以达成任何不违法的但又无须真正实施或履行合作协议。在实践中,许多地方政府达成合作协议的目的并不在于实施或履行,而是为了学习经验或获得信息,然后模仿"先进典型"地方政府作出相似决策,以减少决策失误的成本。比如,扶贫产业选择的模仿跟随策略就是证据之一。

3."民告官"行政诉讼制度使违约侵权失去法律约束作用。在中国的行政法律体系中,行政诉讼只适用于行政相对人(民)起诉行政主体(官),不适用于行政主体起诉行政相对人,更不适用于行政主体相互起诉。行政主体间的纠纷只能通过共同上级行政主体协调解决,如果行政主体跨省级行政区域,那么只能请求国务院协调解决彼此间的争议。这意味着如果有地方政府违反合作协议或者侵犯其他地方政府合法权益,如鼓励本地企业或农户使用非本地区的地理标志证明商标或集体商标,就无法通过行政诉讼的方式进行救济,只能请求共同上级政府协调解决。但是,到目前为止,此种解决争议的办法缺乏明确的制度支持,程序和解决措施大多依赖行政经验,不确定性非常大。在这种条件下,行政诉讼制度基本上没有对地方政府违约侵权的约束作用,理论上地方政府可以实施任何竞争策略而无须承担相应的损害赔偿责任。在实践中,许多地方政府作出扶贫产业公共品的搭便车策略和公共资源使用的抢占策略就是失去损害赔偿约束作用的证据之一。

二、产业扶贫府际竞争缺乏调控约束机制

现代经济学一般认为,治理市场失灵,维护有效率的市场秩序,必须建立包含一系列规则的宏观调控机制:一是收入分配调控规则,解决社会财富分配不平等问题;二是外部性效应治理规则,解决解决环境污染或公共品供给不足等问题;三是市场价格维护规则,防止操纵市场价格扰乱市场的行为。在调控机制的约束下,市场失灵的负面效应,诸如分配不公、环境污染、公共品供给不足和操纵市场等社会经济问题,可以得到有效控制。在产业扶贫府际竞争中,地方政府也需要受到调控约束机制的约束,否则就会出现竞争负面效应,影响扶贫产业的可持续发展。但是,在当前中国行政体制下,府际竞争明显缺乏调控约束机制。

1.缺乏平衡规则使府际竞争失去平等约束作用。在当前中国行政体制中,上下级政府实行财政分成制,地方政府拥有相对独立的财政权。尽管贫困县(市)地方政府能够接受上级政府更多的财政转移支付,但无法完全消除地方政府间财政规模的差距。在产业扶贫府际竞争中,地方政府争相提供优惠条件以吸引外来投资者到本地区开发扶贫产业,因缺少竞争平衡规则,财政实力越雄厚的地方政府越能够提供更优惠的招商引资条件,减免更多的税费,给予农户更多的项目配套补贴,吸引更多、更优质的外来资源开发扶贫产业,最终出现吸引外来投资"强者愈强、弱者愈弱"的"虹吸效应",导致扶贫产业外来投资大量集聚在财政实力较强的县(市)。即使财政实力较弱的县(市)先行开发扶贫产业,也会在竞争中落败。这不仅对财政实力较弱的县(市)极不公平,也会掠夺其拥有的特异资源,使其开发的扶贫产业无法持续。比如,黄金茶是保靖县率先引进试种并经市场检验的品种,在府际竞争中,财政实力较强的县(市)竞争性开发黄金茶产业的行为,实质上极其不公平地掠夺了保靖县拥有的特异资源。

2.缺乏配置规则使府际竞争失去责任约束作用。在当前中国行政体制中,一个地方政府引入负外部性效应明显的企业。比如,高环境污染性企业或落后产能企业等,如果对相邻县(市)造成损害时,由于缺乏相应的损害补偿或赔偿规则,大多数情况下只能通过地方政府协商解决;一个地

方政府在行政区域内投资公共品,比如地理标志证明商标、绿色有机食品认证、集体商标或基础设施建设,如果使相邻县(市)受益,地方政府根本无法获得补偿。在市场竞争中,政府通过制定环境保护、排污权交易和产权保护等权利配置规则,来约束市场主体在市场交易过程中履行社会责任。在产业扶贫府际竞争中,缺乏负外部性效应治理、补偿或正外部性效应激励等权利配置规则,地方政府在作出扶贫产业开发决策时极易失去了责任约束,为避免承受环境保护责任而争相引入重污染产业,导致相关区域重度环境污染;或者为获得正外部性收益而模仿相邻县(市)开发成功的产业,导致相关产业供过于求而无法持续。比如,相邻县(市)地方政府鼓励支持开发黄金茶扶贫产业就是明证。

3. 缺乏引导规则使府际竞争失去效率约束作用。在市场竞争中,价格充当着"无形的手",引导着市场主体作出理性决策,实现社会资源的有效配置。在府际竞争中,当前中国行政体制中缺少如价格机制等配置资源功能相似的引导规则,地方政府在作出竞争策略时,一般以实现政府绩效目标为导向,不以市场价格为导向。在实现政府绩效目标过程中,相邻地方政府作出的成功决策是最为重要的参考依据,为获得决策经验,按照惯例地方政府会派出政府考察团到实地调研考察。在产业扶贫府际竞争中,地方政府参考相邻县(市)政府做出的扶贫产业开发决策,只要能够落实上级政府的产业扶贫专项,符合项目验收要求,上级政府一般不会进行干预引导,使地方政府作出扶贫产业开发决策时容易失去了效率约束,争相以产业扶贫项目鼓励企业和农户进入市场前景看好的扶贫产业,使扶贫产业发展过热,农产品迅速供过于求,或者避免进入市场前景不被看好的扶贫产业,使扶贫产业发展不足,农产品供不应求。比如,保靖县黄金茶产业开发成功之后,很快就被相邻地方政府复制,导致黄金茶产业发展过热,价格一落千丈,保靖县许多农户开始砍伐黄金茶树木,准备栽种其他作物。

三、产业扶贫府际竞争缺乏监督约束机制

为了维护正常的市场秩序,降低交易成本,需要建立包含多项规则的市场竞争监督约束机制:一是反垄断规则,解决一家独大控制市场价格降低资源配置效率的问题;二是反不正当竞争规则,解决市场主体以不正当手段损害竞争对手利益、扰乱市场秩序的问题;三是反逆向选择规则,解决以次充好、假冒伪劣产品扰乱市场秩序的问题。在监督约束机制的约束

下,可以有效控制市场垄断、不正当竞争和逆向选择等多种扰乱正常市场秩序的行为。在产业扶贫府际竞争中,也需要建立类似的监督约束机制,控制扰乱正常竞争秩序的行为,维护府际间的公平竞争。但是,在当前中国行政体制下,明显缺乏府际竞争的监督约束机制。

1. 缺乏反不正当竞争规则使府际竞争失去了公平约束作用。在产业扶贫府际竞争中,地方政府的模仿跟随和不计成本策略,导致特色农产品供过于求后,为了帮助本地企业和农户解决销售困难问题,有些地方政府默认甚至鼓励实施诸如混淆与知名产品的差别、虚假宣传产品、低价倾销或通过组织关系强卖等不正当竞争行为。实施不正当竞争行为的企业和农户虽然受反不正当竞争法的约束,但由于受到了地方政府的支持或保护,利益受到损害的地方政府除了协商或请求上级政府协调解决问题之外,别无其他有效办法。在缺乏府际反不正当竞争规则约束的条件下,地方政府协商或上级政府协调解决争议的途径,有效性极不确定,可预见性非常差。在上述案例中,保靖县政府每年派出大量执法人员,在各大市场进行监督执法,收效甚微,很难阻止保靖黄金茶产业受到不正当市场竞争的冲击,就是府际竞争失去公平约束作用的明证之一。

2. 缺乏反逆向选择规则使府际竞争失去了择优约束作用。在产业扶贫府际竞争中,地方政府的模仿跟随和不计成本策略,会支持或鼓励一些本地企业或农户生产低品质甚至假冒的农产品,以低价倾销将优质农产品挤出市场。由于农产品的品质主要依赖消费者主观感觉来辨识,农产品防止逆向选择的地理标志证明商标、原产地标志和有机绿色食品认证等措施,效果远不如工业产品,更容易受到逆向选择行为的侵害。如果农产品逆向选择行为获得了地方政府的默认或鼓励,在缺乏府际反逆向选择规则的约束下,受到损害的地方政府通过协商或上级政府协调解决争议的可能性微乎其微。在上述案例中,相邻县(市)的企业和农户将生产的劣质黄金茶运往保靖县或者直接销售给保靖县的一些销售商,以保靖黄金茶的名义销售,极大地扰乱了保靖黄金茶的市场秩序,使优质保靖黄金茶的价格一跌再跌,直至被完全挤出市场,就是府际竞争失去择优约束作用的证据之一。

有条件的产业扶贫府际竞争有助于促进地方经济增长和精准扶贫目标实现,但无序的产业扶贫府际竞争会导致地方政府选择不正当的竞争策略,使扶贫产业开发不可持续。为促进产业扶贫府际竞争发挥正效应,抑制负效应,应当要建立产业扶贫府际竞争的相关约束制度:一是要建构产业扶贫府际竞争中的产权保护制度。加强地方政府财政支出的制度建设,强化财政支出决策的责任追究。设立横向府际沟通平台,监督履行府际协议。引入府际争议仲裁制度,确保因侵权或违约而受到损害的地方政府获得救济途径;二是要建立产业扶贫府际竞争中的宏观调控制度。建立产业扶贫项目实施的实质审查机制,保护地方政府申报开发的"特色"扶贫产业,限制相邻县(市)以产业扶贫项目推进相同或相似的扶贫产业;三是要完善产业扶贫府际中的市场监督执法制度。建立地方保护主义或市场监督执法不作为的追责机制,加大打击不正当市场竞争行为的力度,保护"特色"知名扶贫产业的合法权益。

"发展生产脱贫一批"的精准扶贫措施对实现乡村产业振兴、有效衔接精准扶贫与乡村振兴战略具有重要意义。地方政府以产业扶贫项目为抓手推进扶贫产业开发时,除了需要承受市场风险之外,还必须承受来自相邻地方政府的竞争。缺乏产权、调控和监督等约束制度,产业扶贫府际竞争极易陷入无序的竞争状态,模仿跟随、不计成本、搭便车和抢占公共资源等不正当竞争策略横行,使扶贫产业陷入无法持续的困境之中。因此,笔者认为只有加强制度建设,强化产业扶贫府际部分中的产权保护、宏观调控和市场监督,才能发挥产业扶贫府际竞争的积极效应,抑制消极效应。

第十四章 产业精准扶贫、监管博弈与治理对策

特色产业扶贫是指利用贫困地区特有的生物、环境和文化等资源,由中央或上级政府提供专门项目通过转移支付予以支持或补贴,由地方政府组织实施监督,由特定的扶贫企业承担项目开发特色产业进行扶贫的活动①。实施特色产业扶贫项目对于提高扶贫绩效,保持贫困地区可持续发展,防止返贫具有非常重要的意义②。农业农村部为促进特色产业扶贫,推出了特色产业扶贫专门项目,制定了一系列规范特色产业扶贫项目实施的规章制度。但是,在特色产业扶贫项目实施过程中,出现了部分扶贫企业和地方政府合谋,虚报特色产业项目套取项目资金、虚假投入骗取项目补贴或者私分截留项目经费等违规行为,不仅严重降低了国家特色产业扶贫项目资金的使用效率,扰乱了国家特色产业扶贫的大政方针,而且严重损害了国家特色产业扶贫的公信力,使特色产业扶贫陷入形式主义、官僚主义和寻租的泥潭之中③。笔者在长期跟踪调查黄金茶产业扶贫过程中,发现上级政府为支持做大做强黄金茶产业,安排了多个产业扶贫项目,地方政府在申请和实施黄金茶产业扶贫项目时,有时与扶贫企业合谋,有时则严格执行上级政府指令。为解释这个问题,本章通过对上级政府、地方政府和扶贫企业之间博弈关系的研究,分析特色产业扶贫项目实施过程中三方复杂的利益关系,探求制约地方政府与扶贫企业之间合谋行为的有效路径,为上级政府制定有效的治理对策和措施提供依据。

---

① 郭晓鸣,虞洪.具有区域特色优势的产业扶贫模式创新——以四川省苍溪县为例[J].贵州社会科学,2018(05):142-150.
② 李沛珂.产业扶贫要特色还要持久[N].兰州日报,2018-03-06(007).
③ 田雪青.特色产业扶贫现状调查研究——以吕梁市L县为例[J].中国集体经济,2017(26):126-127.

第一节 产业精准扶贫政府监管的文献综述

关于特色产业扶贫项目监管问题,国内外研究主要集中在三个方面。

一、分析特色产业扶贫项目实施的可行性和必要性

党的《十九大报告》指出,要全面建成小康社会、破解发展不平衡不充分的矛盾,实施精准扶贫。为此,需要大力推进产业扶贫,建立精准扶贫的长效动力机制,贫困地区分充分利用资源优势和区域优势,开发特色产业,建立绿色可持续发展机制[1];开发特色产业必须坚持产业融合、提质增效、品牌创新的发展理念,集聚生产要素,促进政府、企业和农户的共生。为此,需要加强要素供给和制度供给,政府要提供专门项目予以支持或进行补贴[2];贫困地区集中在拥有较好环境资源的西部地区,政府以专门项目或提供补贴支持扶贫企业开发特色扶贫产业,一定要立足优势发展资源,充分利用本地成熟的发展模式和产业资源,做好产业结构调整优化与区域战略产业选择[3]。

二、分析特色产业扶贫项目类型及地方政府在实施过程中的动机与作用

特色产业扶贫项目类型可以专有程度不同进行划分[4]。项目资金大致有三种使用方式:一是直接补贴给从事特色产业的农户;二是直接补贴给开发扶贫特色产业的扶贫企业,根据其投入或销售额按比例进行补贴;三是由地方政府掌握,根据扶贫特色产业开发需要实施补贴[5]。直接补贴给农户和扶贫企业的项目资金专有化程度高,地方政府主要负责核实补贴条件和发放补贴资金。由地方政府掌握的项目资金,专有化程度较低,地

---

[1] 陈健.习近平新时代精准扶贫思想形成的现实逻辑与实践路径[J].财经科学,2018(07):48—58.

[2] 袁树卓,刘沐洋,彭徽.乡村产业振兴及其对产业扶贫的发展启示[J].当代经济管理,2019,41(01):30—35.

[3] 涂锐.我国西部地区环境资源型产业扶贫模式研究[J].改革与战略,2017,33(04):92—94,102.

[4] 周雪光.项目制:一个"控制权"的理论视角[J].开放时代,2015(02):82—102,5.

[5] 王春萍,郑烨.21世纪以来中国产业扶贫研究脉络与主题谱系[J].中国人口·资源与环境,2017,27(06):145—154.

方政府可以灵活使用,但必须用于特色产业开发①。地方政府面临着扶贫任务和财政收支不平衡的双重压力。一方面,要努力完成上级政府规定的扶贫任务;另一方面,还需要增加财政收入,缓解财政困难。在贫困地区,地方政府财政收入的大多数来自中央或上级政府以各种扶贫项目实施为条件的转移支付,财政困难的地方政府有挪用项目资金的强烈动机②。

三、分析上级政府、地方政府和扶贫企业在特色产业扶贫项目实施监管中的策略选择问题

上级政府一般以项目审计和验收等方式对特色产业扶贫项目的实施情况进行监督管理,防止项目资金被截留、私分或挪作他用,确保项目达到预期的经济社会效益目标。受行政体制、监督资源和技术的限制,上级政府大多采用随机抽查的方式进行监管,或者采取审查项目终结报告的纸面或会议等方式进行监管③。对于地方政府和扶贫企业违规实施特色产业扶贫项目的行为,上级政府一般采用一定期限内不得再次申报同类型扶贫项目、限期整改或清退违规挪用的资金等惩罚措施,很少使用罚款、退回项目资金或其他行政刑事惩罚措施④。根据扶贫项目类型的不同,扶贫企业对待特色产业扶贫项目的态度不同,对政府监管的策略也不同。特色鲜明,市场需求旺盛,发展前景较好的扶贫特色产业,扶贫企业的投入有较为丰厚的回报,扶贫企业更倾向于积极实施扶贫特色产业项目来强化其竞争优势,与地方政府保持正常的行政管理关系;特色不够鲜明,发展前景堪忧的扶贫特色产业,扶贫企业的投入具有较大的不确定性,扶贫企业更倾向于与地方政府合谋,虚报或夸大扶贫特色产业的开发价值,套取、截留或私分特色产业扶贫项目资金⑤。地方政府在扶贫任务与财政困难的双重压力之下,会根据特色扶贫产业的市场需求或价值等情况选择不同的策略。特色扶贫产业市场前景好,有利于完成扶贫任务和增加财政收入,与扶贫

---

① 胡振光,向德平.参与式治理视角下产业扶贫的发展瓶颈及完善路径[J].学习与实践,2014(04):99-107.
② 闫东东,付华.龙头企业参与产业扶贫的进化博弈分析[J].农村经济,2015(02):82-85.
③ 高连成,张泽武,景涛,吴国礼.甘肃省精准扶贫涉农扶贫资金精准监管研究[J].甘肃理论学刊,2018(05):90-95.
④ 刘晓青.财政扶贫资金使用管理现状分析及对策研究——以河南省信阳市3个贫困县为例[J].财政监督,2018(17):68-73.
⑤ 刘任平,刘兰星.精准扶贫中的龙头企业模式及其运行措施[J].企业改革与管理,2018(04):207,224.

企业保持正常的行政管理关系是最优策略；特色扶贫产业市场前景不佳，不利于完成扶贫任务和增加财政收入，但与扶贫企业合谋有利于解决财政困难问题，是相对较优的策略①。因此，有学者认为，上级政府、地方政府和扶贫企业之间在特色产业扶贫项目实施过程中的最优策略，具有很大的不确定性。其中，特色扶贫产业的市场前景是关键决定因素，上级政府的监管与惩处力度以及地方政府的财政收支等情况也是重要的决定因素②。

第二节 产业精准扶贫监管的主体关系

在特色产业扶贫监管过程中，扶贫项目来源单位一般为上级政府，组织实施和监督单位为地方政府，项目实施单位为扶贫企业，三方都会考虑如何利用现有资源给自己带来最大收益，由于目标差异，难以实现三方的需求统一，三方关系如下。

作为项目来源单位，上级政府对特色产业扶贫项目实施的监管责无旁贷。一方面，上级政府为特色产业扶贫项目的申报与实施提供政策依据，明确特色产业扶贫项目实施的目标和细则；另一方面，上级政府为特色产业扶贫项目提供资金支持，提高扶贫企业实施特色产业扶贫项目的积极性和竞争力。但是，上级政府在特色产业扶贫项目监管过程中，存在着监管能力不足、监管范围有限和监管效率低下等问题。在现有行政体制下，充分利用地方政府的监管力量和资源是提高特色产业扶贫项目实施效果的有效途径。

作为项目组织实施和直接监管单位，地方政府对承担特色产业扶贫项目的扶贫企业有直接的监管责任。一方面，地方政府对上级政府指定了承担单位的特色产业扶贫项目，需要接受上级政府委托或指令进行监管；另一方面，地方政府对自己有权决定承担单位的特色产业扶贫项目，有职责直接进行监管。无论何种类型的监管，地方政府都需要接受上级政府的行政监督和审计监督，以确保扶贫企业能够有效利用项目资金，开发或促进特色扶贫产业，加快地方扶贫进程。

---

① 刘磊,吴理财.地方政府利益治理的动力机制及治理效应——以鹤峰县"扶贫项目民营主负责制"为例[J].福建农林大学学报(哲学社会科学版),2018,21(03):63-68,74.

② 张培源,林源聪.对产业扶贫中政府、企业、贫困户三方博弈关系的分析[J].中外企业家,2017(06):4-6.

作为项目承接单位,扶贫企业有责任运用好特色产业扶贫项目资金,开发或促进特色扶贫产业。一方面,开发或促进特色扶贫产业需要大量的资金、人力和物力投入,利用扶贫项目资金可以提升扶贫企业的竞争力,实现扶贫企业利润与扶贫效果的双赢;另一方面,如果特色产业市场需求不旺或竞争不规范,扶贫企业就可能得不偿失,可能会选择与地方政府合谋向地方政府寻租,虚假或夸大投资特色扶贫产业,套取或私分特色产业扶贫项目资金。

综合分析可知,在特色产业扶贫项目监管过程中,上级政府、地方政府和扶贫企业之间存在着复杂的利益博弈关系。在一定程度上,地方政府与扶贫企业之间可能发生合谋行为,上级政府明确特色产业扶贫项目的验收标准、地方政府的监管职责、提高自身监管能力,对于提升特色产业扶贫项目的实施效率具有重要意义。

第三节 产业精准扶贫监管的两两博弈

一、基本假设

假定参与博弈的上级政府、地方政府和扶贫企业都是理性的,上级政府以社会整体利益最大化为诉求,地方政府以地方利益和组织利益最大化为诉求,扶贫企业以追求利润最大化为最优目标。

1. 上级政府行动集合 $\alpha = (\alpha_1, \alpha_2) = $(监督地方政府,不监督地方政府),扶贫企业的行动集合 $\beta = (\beta_1, \beta_2) = $(合谋,不合谋),地方政府的行动集合 $\varepsilon = (\varepsilon_1, \varepsilon_2) = $(接受合谋,拒绝合谋)。

2. 扶贫企业为实施特色产业扶贫项目投入成本越高,获项目补贴资金越多。上级政府直接监管扶贫企业时,扶贫企业投入一定的成本可以获得收益为 D_c,包括投资所获得的利润和项目补贴收入;上级政府指令或委托地方政府监管时,扶贫企业为实施特色产业扶贫项目投入一定的成本可以获得收益为 D_d,包括投资所得和项目补贴收入。如果 $D_c = D_d$,则说明地方政府监管到位,双方没有合谋活动;如果 $D_c > D_d$,则说明地方政府与扶贫企业之间有合谋行为,地方政府获得合谋收益 V_s,上级政府的直接损失为 $D_c - D_d$。

3. 由于地方政府与扶贫企业合谋行为的隐蔽性,上级政府在监管两者行为时,有一定的发现概率,大致区分为两种情况,即 $\gamma = (\gamma_1, \gamma_2) = ($发现违规,未发现违规$)$。假设上级政府发现两者合谋的能力系数为 $\delta(0 \ll \delta \ll 1)$,监督成本 K_g,地方政府和扶贫企业被惩罚的代价分别为 F_g、F_c。

4. 扶贫企业寻求合谋的概率为 P_1,不寻求合谋的概率为 $1-P_1$;上级政府对合谋的监督概率为 P_2,不监督的概率为 $1-P_2$;地方政府接受合谋的概率为 P,拒绝合谋的概率为 $1-P$。

二、博弈分析

(一)扶贫企业与地方政府间的博弈

扶贫企业与地方政府间的博弈支付矩阵如表 14-1 所示。在博弈过程中,地方政府合谋收益 $V_s > 0$,扶贫企业的合谋收益 $D_c - D_d - V_s > 0$,据此可以求出混合博弈策略的 Nash 均衡解:$P_1^* = \dfrac{F_c}{F_c + D_c - D_d - V_s}$,$P^* = \dfrac{F_g}{F_g + V_s}$。扶贫企业以 P_1^* 的概率寻求合谋,地方政府以 P^* 的概率接受合谋。扶贫企业寻求合谋的概率与上级政府对扶贫企业的惩罚力度和扶贫企业的合谋收益有关,地方政府接受合谋的概率与上级政府对地方政府受惩罚力度与地方政府的合谋收益有关。

表 14-1 扶贫企业与地方政府间的博弈支付矩阵

扶贫企业	地方政府	
	接受合谋(P)	拒绝合谋($1-P$)
合谋(P_1)	$D_c - D_d - V_s$;V_s	$-F_c$;0
不合谋($1-P_1$)	0;$-F_g$	0;0

(二)上级政府与地方政府间的博弈

上级政府与地方政府间的博弈支付矩阵如表 14-2 所示。上级政府与地方政府间的混合博弈战略的 Nash 均衡解为:$P_2^* = \dfrac{K_g}{F_g}$,$P^* = \dfrac{V_s}{F_g}$,上级政府以 P_2^* 的概率对地方政府进行监督,地方政府以 P^* 的概率接受合谋。上级政府对地方政府进行监督的概率与上级政府的监督成本、地方政府被惩处的力度有关;地方政府接受合谋的概率与合谋所获取的收益、被惩罚的力度有关。

表 14-2　上级政府与地方政府间的博弈支付矩阵

地方政府	上级政府	
	监督(P_2)	不监督($1-P_2$)
合谋(P)	$V_s - F_g$ $D_c - D_d + F_g - K_g$	V_s $-(D_c - D_d)$
不合谋(1-P)	0 ; $-K_g$	$0;0$

（三）上级政府与扶贫企业间的博弈

上级政府与扶贫企业间的博弈支付矩阵如表 14-3 所示。上级政府与扶贫企业间的混合博弈战略的 Nash 均衡解为：$P_2^* = \dfrac{K_g}{F_c}$，$P_1^* = \dfrac{D_c - D_d - V_s}{F_c}$，上级政府以 P_2^* 的概率对地方政府进行监督，扶贫企业以 P_1^* 概率寻求合谋。上级政府对扶贫企业进行监督的概率与上级政府的监督成本、扶贫企业被惩处的力度有关；扶贫企业寻求合谋的概率与合谋所获取的收益、被惩罚的力度有关。

表 14-3　上级政府与扶贫企业间的博弈支付矩阵

扶贫企业	上级政府	
	监督(P_2)	不监督($1-P_2$)
合谋(P_1)	$D_c - D_d - V_s - F_c$; $D_c - D_d + F_c - K_g$	$D_c - D_d - V_s$ $-(D_c - D_d)$
不合谋($1-P_1$)	0 ; $-K_g$	$0;0$

第四节　产业精准扶贫监管的三方博弈

一、三方博弈的策略组合

在上级政府监督或不监督的博弈策略下，地方政府与扶贫企业可以选择合谋与不合谋的博弈策略。在上级政府监督的博弈策略下，受监督能力的限制，发现违规并给予惩处或未发现违规存在一定的概率，对地方政府与扶贫企业的合谋或不合谋博弈策略产生不同的影响，三方博弈的支付矩阵如表 14-4 所示，具体的博弈组合策略如下。

1. 上级政府监督时,如果发现违规,地方政府和扶贫企业合谋支付分别为 V_s-F_g 和 $D_c-D_d-V_s-F_c$,那么上级政府的支付为 $D_c-D_d+F_g+F_c-K_g$;如果未发现违规,地方政府和扶贫企业的合谋支付分别为 V_s 和 $D_c-D_d-V_s$,那么上级政府的支付为 $-(D_c-D_d)-K_g$。

2. 上级政府监督时,如果地方政府和扶贫企业不寻求合谋和接受合谋,那么无论是发现或不发现违规,支付都是一致的,地方政府、扶贫企业和上级政府分别是 0、0 和 $-K_g$。

3. 上级政府不监督,如果地方政府和扶贫企业合谋的支付分别为 V_s 和 $D_c-D_d-V_s$,那么上级政府的支付为 $-(D_c-D_d)$;如果地方政府和扶贫企业不合谋的支付分别为 0 和 0,那么上级政府的支付也为 0。

表 14-4 三方博弈的支付矩阵

地方政府扶贫企业	上级政府		
	监督(P_2)		不监督($1-P_2$)
	发现违规(δ)	未发现违规($1-\delta$)	
合谋(P_1)	V_s; $D_c-D_d-V_s-F_c$; $D_c-D_d+F_g+F_c-K_g$	V_s; $D_c-D_d-V_s$; $-(D_c-D_d)-K_g$	V_s; $D_c-D_d-V_s$; $-(D_c-D_d)$
不合谋($1-P_1$)	0; 0; $-K_g$	0; 0; $-K_g$	0; 0; 0

二、三方博弈的模型求解

1. 在给定扶贫企业参与合谋概率 P_1 的前提下,上级政府进行监督的收益函数为:

$$E_1 = P_1[F_g+F_c-(D_c-D_d)-K_g]\delta + P_1[-(D_c-D_d)-K_g](1-\delta) \\ +(1-P_1)(-K_g)+(1-P_1)(-K_g)(1-\delta) \quad (14-1)$$

上级政府不进行监督的收益函数为:

$$E_2 = P_1[-(D_c-D_d)]+0(1-P_1) \quad (14-2)$$

当上级政府的监督与不监督收益函数相等时,双方达到博弈均衡状态,$E_1=E_2$。

第一行是 V_s-F_g;不是 V_s。

$$P_1[F_g + F_c - (D_c - D_d) - K_g]\delta + P_1[-(D_c - D_d) - K_g](1-\delta)$$
$$+ (1-P_1)(-K_g) + (1-P_1)(-K_g)(1-\delta)$$
$$= P_1[-(D_c - D_d)] \tag{14-3}$$

整理得到：$P_1\delta F_g + P_1\delta F_c - K_g = 0$

解得均衡概率值为：$P_1^* = \dfrac{K_g}{\delta(F_g + F_c)}$

当扶贫企业寻求合谋的概率 $P_1 > P_1^*$ 时，上级政府应当要选择进行监督，避免特色产业扶贫项目落空，项目资金被套取；当扶贫企业寻求合谋的概率 $P_1 < P_1^*$ 时，上级政府的最优策略是不进行监督。

2.在给定上级政府监督概率 P_2 的前提下，地方政府参与合谋与不参与合谋的预期收益函数分别为：

$$E_3 = P_2(V_s - F_g)\delta + P_2 V_s(1-\delta) + (1-P_2)V_s \tag{14-4}$$
$$E_4 = 0 \tag{14-5}$$

当地方政府同意合谋与不参与合谋的收益相等时，双方达到博弈均衡状态，设定 $E_3 = E_4$，可以得出：

$$P_2(V_s - F_g)\delta + P_2 V_s(1-\delta) + (1-P_2)V_s = 0 \tag{14-6}$$

上级政府进行监督的最优均衡概率为：

$$P_2^* = \dfrac{V_s}{\delta F_g}$$

如果上级政府选择监督的概率 $P_2 > P_2^*$，那么地方政府的最优策略是拒绝合谋；如果上级政府选择监督的概率 $P_2 < P_2^*$，那么地方政府的最优策略是接受合谋，截留或私分特色产业扶贫项目资金；如果上级政府的监督概率 $P_2 = P_2^*$，那么地方政府可以随机选择合谋或拒绝合谋的策略。

3.在给定上级政府监督概率 P_2 的前提下，扶贫企业参与合谋与不参与的预期收益函数分别为：

$$E_5 = P_2(D_c - D_d - V_s - F_c)\delta + P_2(D_c - D_d - V_s)(1-\delta)$$
$$+ (1-P_2)(D_c - D_d - V_s) \tag{14-7}$$
$$E_6 = 0 \tag{14-8}$$

当扶贫企业参与合谋与不参与合谋的收益相等时，双方达到博弈均衡状态，设定 $E_5 = E_6$，可以得出：

$$P_2(D_c - D_d - V_s - F_c)\delta + P_2(D_c - D_d - V_s)(1-\delta) + (1-P_2)$$
$$(D_s - D_d - V_s) = 0 \tag{14-9}$$

上级政府进行监督的最优均衡概率为：

$$P_2^* = \frac{D_c - D_d - V_s}{\delta F_c}$$

如果上级政府选择监督的概率 $P_2 > P_2^*$，那么扶贫企业的最优策略是不合谋；如果上级政府选择监督的概率 $P_2 < P_2^*$，那么扶贫企业的最优策略是参与合谋，截留或私分特色产业扶贫项目资金；如果上级政府的监督概率 $P_2 = P_2^*$，那么说明两种策略的收益没有区别，扶贫企业可以随机选择参与合谋或不参与合谋的策略。

三、三方博弈的结果分析

从三方博弈模型求解获得的最优均衡概率可以分析出，影响地方政府与扶贫企业合谋行为，以及上级政府对两者进行监督的主要影响因素有以下两种。

1. 地方政府与扶贫企业合谋的影响因素。地方政府与扶贫企业合谋的均衡概率为 $P_1^* = \frac{K_g}{\delta(F_g + F_c)}$，其中影响均衡概率的有 K_g、F_g、F_c 和 δ 等四个因素。

降低均衡概率需要增大分母或减小分子的数值，这意味着，为了降低地方政府与扶贫企业间的合谋行为，上级政府需要降低监督成本，或者通过技术手段提高监督能力，提高发现违规行为的概率。同时，上级政府应当要加大对扶贫企业和地方政府违规合谋的惩罚力度，尤其是地方政府的违规行为，需要主要负责人负行政直至刑事责任。

2. 上级政府监督合谋行为的影响因素。上级政府监督地方政府和扶贫企业合谋行为的均衡概率并不一致。上级政府监督地方政府合谋的均衡概率为 $P_2^* = \frac{V_s}{\delta F_g}$，影响均衡概率大小的有 V_s、F_g 和 δ 等三个因素。这意味着，为了降低上级政府的监督概率，需要减少地方政府能够获取的合谋收益，或者强化上级政府的监督能力，提高发现违规合谋行为的概率，同时要加大对地方政府的惩罚力度，不能因为合谋行为是地方政府的组织行为，就减轻甚至免除其责任。

上级政府监督扶贫企业合谋行为的均衡概率为 $P_2^* = \frac{D_c - D_d - V_s}{\delta F_c}$，影响均衡概率大小与 D_d、D_c、V_s、F_c 和 δ 等五个因素有关。这意味着，为了降低上级政府监督概率，需要降低合谋给扶贫企业带来的收益减小额，或者强化上级政府的监督能力，提高发现违规合谋行为的概率，并且加大对扶贫企业违规合谋的惩罚力度。除此之外，地方政府如果要求更多的合谋收益就会有降低合谋概率的作用。

第五节　结论与讨论

上级政府的扶贫专项资金对推动扶贫特色产业发展有重要作用，然而地方政府与扶贫企业可能基于地方或组织利益及利益最大化原则而采取合谋行为，滥用产业扶贫专项资金，导致扶贫专项资金的目的落空。通过三方博弈分析发现，特色产业扶贫项目中的合谋行为与上级政府监督的能力系数、监督成本和对地方政府与扶贫企业的惩罚力度等因素有关。另外，扶贫特色产业的"特色"不显著，市场需求不旺盛，使扶贫企业的投入达不到相应的收益水平，也是扶贫企业寻求合谋的重要影响因素。而地方政府受GDP政绩考核与地方财政压力的影响，也有接受合谋的潜在动机。为提高特色产业扶贫项目的实施效果，努力消除项目实施过程中的合谋行为，需要采取以下政策措施。

首先，要加强特色产业扶贫项目的申报、评估与审批工作，进一步完善特色产业扶贫开发项目的审核制度。要对扶贫特色产业中的"特色"进行重点审查，包括资源特色、环境特色和文化特色等，提出明确的认定标准和程序；要对扶贫特色产业的市场需求与可持续发展能力等条件进行审查，要对预期能够实现的经济或社会效益等指标提出明确的要求，未达要求的项目不能获批，不能在审核过程中设立指标，确保一定数量的产业扶贫项目获得通过。

其次，要加强特色产业扶贫项目的资金转移支付与审计工作，进一步完善特色产业扶贫项目开发补贴制度。要明确特色产业扶贫项目资金的拨付与使用渠道，确保项目资金做到专款专用；要明确特色产业扶贫项目资金的预算项目，规定项目资金不能使用的方式，限定可以使用方式的额度或比例；要明确特色产业扶贫项目资金使用或批准的审计规则，加强对地方政府和扶贫企业的审计工作。

再次，要加大对特色产业扶贫项目实施过程中合谋行为的惩罚力度，进一步完善特色产业扶贫项目开发的激励和惩罚制度。要明确对扶贫企业开发特色产业的补贴规则，合理设定补贴比例；要将地方政府组织实施或监督特色扶贫产业项目的工作纳入政府绩效考核范围，明确地方政府可以自由使用或支配的资金数额或比例;要明确对扶贫企业和地方政府在特色产业扶贫项目实施过程中合谋行为的惩罚规则,加大对扶贫企业和地方政府的惩罚力度。

本章在完全信息静态条件下,建立了上级政府、地方政府和扶贫企业间合谋与监管的博弈模型,分析了三方各自的最优策略选择。笔者认为,如何在不完全信息条件下建立博弈模型进行分析有待进一步的研究。

第十五章 结论与政策建议

第一节 全文主要结论

一、产业精准扶贫质量的提升机制

在产业精准扶贫过程中,存在一些质量问题。概括而言,主要分为两个方面:一是扶贫产业的增长质量问题。扶贫产业开发主要由政府投资,经济增长过度依赖投资,在市场需求不旺时,容易在供给侧造成产能过剩、成本过高和资源浪费。为维持经济增长,政府必须持续投入,维持扶贫产业发展;二是扶贫产业的发展质量问题。扶贫产业开发以政府为主导,政府以扶贫产业项目为抓手,引导企业、新型农业经营主体和农户相互合作,共同投入资源开发扶贫产业,开发过程中容易出现利益冲突,扶贫产业增长收益在企业、新型农业经营主体分配不均,导致政府、企业、新型农业经营主体之间相互不信任,难以维持合作关系,无法发挥扶贫产业的扶贫功能,不能保证扶贫产业的可持续发展。

本书主要研究产业精准扶贫的发展质量问题,而不是增长质量问题。发展质量问题在产业精准扶贫过程中经常被忽视,扶贫产业开发不同于普通产业开发,除了要注重开发效率之外,更要注重发挥扶贫功能。要通过培育扶贫产业,发展贫困地区的经济,带动贫困人口就业,提高贫困人口的就业技能,提升贫困地区的人力资源水平,为脱贫注入长期动力。在这个意义上,本书将产业精准扶贫质量定义为扶贫产业开发的共享水平,从开发质量、合作质量、开发绩效、合作绩效和参与意愿等五个维度进行评价。其中,开发质量是指扶贫产业年度总产值和贫困农户参与度;开发绩效是指扶贫产业的公共性、稳定性和有效性;合作质量是指扶贫产业的问题共识、共享动机和参与能力;合作绩效是指扶贫产业的扶贫目标、扶贫满意和社会影响;参与意愿是指贫困农户参与扶贫产业开发的意愿。

提升产业精准扶贫质量主要从两个方面着手:一是加强质量构成要

建设。主要从开发质量、合作质量、开发绩效、合作绩效和参与意愿等五个维度,提升构成要素质量,提升产业精准扶贫质量;二是消除影响质量的不利环境因素。主要包括剩余控制权冲突、风险转化、政府困境、商标争议、品种困境、府际争议、监管博弈等因素。消除这些因素的不利影响,就有助于提升产业精准扶贫质量。

二、产业精准扶贫质量提升的促进因素

在产业精准扶贫质量的构成性方面,主要包括开发质量、开发绩效、合作质量、合作绩效和参与意愿等五个维度。其中,开发质量由扶贫产业年度总产值和贫困农户参与度等两个指标构成;开发绩效由扶贫产业的公共性、稳定性和有效性等三个目标完成程度来衡量;合作质量由扶贫产业的问题共识、共享动机和参与能力等三个指标构成;合作绩效由扶贫产业的扶贫目标、扶贫满意和社会影响等三个指标构成;参与意愿是指贫困农户参与扶贫产业开发的意愿。

研究表明,政府、企业和农户相互之间的信任、支持等社会资本,对扶贫产业的开发质量有显著影响;政府、企业和农户之间的连带关系强度,比如交往频率、互惠性交往次数等对扶贫产业的合作质量有显著影响;政府、企业与农户的自我中心网结构和三者之间的整体网结构对扶贫产业的开发绩效有显著影响;项目治理、资源依赖和社会资本等三个因素对合作绩效有显著影响;政府、企业和农户之间的跨域治理模式对合作绩效有显著影响;农户的认知水平、产业生产技术和扶贫项目精准度等因素对农户参与扶贫产业意愿有显著影响。

三、产业精准扶贫质量提升的阻碍因素

影响产业精准扶贫质量的不利环境因素,主要包括剩余控制权、风险转化、政府困境、商标争议、品种困境、府际争议和监管博弈等因素。研究发现,在产业精准扶贫过程中,政府、企业和农户相互之间为实施扶贫项目而签订的协议书,因契约的不完全性而存在剩余控制权冲突,影响产业精准扶贫质量提升;因扶贫产业市场波动频繁,政府、企业和农户相互之间权利义务关系不清晰,存在剩余控制权冲突,导致扶贫产业风险向政治、责任和信任风险转化,影响产业精准扶贫质量提升;因扶贫产业集中于特色农产品,地理标志商标对差异化竞争和维持竞争优势非常重要,但相邻地方

政府间对地理标志商标的争议,影响产业精准扶贫质量提升;因特色农产品的"特色"很大程度上是特殊"品种"造就的,在现行法律制度下,地方特色品种的保护存在诸多困境,影响产业精准扶贫质量的提升;相邻地方政府为发展扶贫特色产业,采取跟随、不计成本、搭便车和抢占等策略相互竞争,影响产业精准扶贫质量提升;在实施扶贫项目过程中,地方政府和企业可能存在合谋行为,上级政府不同的监管措施或策略对产业精准扶贫质量有重要影响。

第二节 提升产业精准扶贫质量的政策建议

一、促进扶贫产业增长和发展的有机融合

从经济增长的角度而言,促进扶贫产业增长,应当从改善扶贫产业结构入手,认真分析本地区的资源禀赋和要素结构,找准自身经济发展水平定位,培育选择有比较优势的乡村产业,做好相关基础设施的建设工作,甄别有自生能力的企业或新型农业经营主体,通过产业项目、政府补贴或税收优惠等多种措施,引导其开发有比较优势的扶贫产业,提高扶贫产业的竞争优势,保证扶贫产业的可持续发展。从宏观上而言,国家要对扶贫产业进行宏观调控,分析扶贫产业的总需求,根据总需求来调整扶贫产业结构,对扶贫产业进行供给侧结构性改革,减少高能耗、高成本和高资源消耗的扶贫产业,多培育创新好、生态好和资源消耗少的扶贫产业,践行新发展理念,持续提升扶贫产业质量。

但是,扶贫产业增长不等同于产业精准扶贫质量,扶贫产业增长是产业精准扶贫质量的重要构成部分之一。产业精准扶贫重在扶贫,仅仅促进扶贫产业增长,并不是产业精准扶贫质量的核心构成部分。扶贫产业发展,即本书着重探讨的产业精准扶贫质量,将关注点集中在扶贫产业的共享水平上,只有贫困农户广泛积极参与扶贫产业开发,获得收益进而摆脱贫困,企业履行扶贫开发社会责任,也能获得扶贫产业开发利润,政府实施扶贫产业项目完成脱贫攻坚任务,才能有效提升产业精准扶贫质量。

为了促进产业精准扶贫质量提升,需要促进扶贫产业增长与发展的有机融合。为此,一方面,政府要根据"有效市场+有为政府"理念,选准扶贫产业,甄别需要政府支持的有自生能力的企业,投入项目资源予以支持。

与此同时,上级政府要加强宏观调控,从供给侧调整扶贫产业结构,促进扶贫产业增长;另一方面,要处理好政府、企业和农户之间的相互关系,提高共享水平,建立公平的利益分享或联结机制,消除影响合作关系的不利因素,促进扶贫产业发展。只有扶贫产业增长和发展协同提升,才能有效提升产业精准扶贫质量,实现扶贫产业可持续发展,贫困农户分享扶贫产业的增长利益,永久摆脱贫困。

二、构建政企农新型产业精准扶贫关系

产业精准扶贫是政府以扶贫项目驱动、以企业开发扶贫产业带动贫困农户参与且面向市场的扶贫行动。政府的"科层制"体制,要求地方政府必须执行上级政府的产业扶贫政策,落实产业扶贫项目,企业为营利性组织,参与扶贫产业开发不仅为了履行社会责任,也为了能够盈利,贫困农户受社会层级和自身能力限制,参与扶贫产业开发的意愿参差不齐。如何激励政府、企业和农户三方主体,共同参与扶贫产业开发,确保三方同心同力,对提升产业精准扶贫质量有重要意义。

为此,笔者认为需要从以下几个方面构建政府、企业和农户新型产业精准扶贫关系。

(一)重构政府、企业和农户之间的社会网络关系

根据本书的研究,在实施扶贫产业项目时,受政府、企业和农户之间的社会网络关系影响,项目资源分配存在不公平现象,贫困农户与扶贫产业的利益联结关系不太紧密,贫困农户对政府和企业实施产业扶贫心存疑虑,不太信任。这些现象可从社会资本、连带关系,以及网络结构与开发质量、合作质量和合作绩效因果关系的实证分析中获得证实,这说明乡土社会的"差序格局"对产业精准扶贫质量产生了不良影响。为此,政府要重构政府、企业和农户之间的社会网络关系,修订扶贫产业项目实施的相关制度,提高扶贫产业项目实施程序的公正性、公开性和公平性,改善连带关系强度不均、网络结构过于聚焦和信任程度不够等问题,确保政府、企业和贫困农户之间的社会关系和谐,利益关系清晰公正。

(二)要重构政府、企业和农户之间的资源依赖关系

根据本书的研究,在实施扶贫产业项目时,政府和企业在合作过程中,过分依赖彼此之间的社会网络关系,忽视扶贫产业开发所需要的资源依赖关系,部分企业在参与扶贫产业开发时,自身并无比较优势,导致扶贫产业

开发质量受损,影响农户参与扶贫产业开发的信心和意愿。为此,需要修订扶贫产业项目实施的相关制度,政府在选择合作企业时,不仅要考虑企业与政府的社会网络关系,还要考察企业所拥有的资源与地区自然资源是否具有相互依赖性。除此之外,还要考察当地贫困农户所拥有的人力或物质资源,与政企合作开发的扶贫产业是否具有资源依赖性。唯有如此,才能在资源依赖的基础上,巩固政府、企业和农户之间的社会网络关系,增进彼此间的信任、互惠和合作。

三、消除产业精准扶贫质量的不利因素

在产业精准扶贫中,除了可以通过重构社会网络关系和资源依赖关系来提升产业精准扶贫质量之外,通过消除影响政府、企业和农户之间稳定合作的外部环境因素,也可以达到提升产业精准扶贫质量的目的。根据本书研究,影响政府、企业和农户稳定合作的外部环境因素,主要与扶贫产业项目、政府间关系、地理标志商标和动植物品种等制度或契约有关。消除产业精准扶贫质量的不利环境因素,应当从完善上述制度或契约着手。

首先,要明确政府、企业和农户在产业精准扶贫中的权利义务边界。在实施扶贫产业项目时,因项目协议约定的权利义务关系模糊,存在大量剩余控制权待分配,极易引发政府、企业和农户之间的权力争夺或责任推卸,导致市场、责任和信任风险相互转化,政府面临治理困境,影响政府、企业和农户之间利益分配和合作的稳定性。为此,我们需要修订产业扶贫项目的相关制度,制定产业扶贫项目实施的示范合同,明确约定彼此间的权利义务关系,尤其是政府在产业精准扶贫中的行为边界,必须通过法律制度明确规定,以约束或控制政府权力。与此同时,我们要通过法律制度规定相应的制裁措施,防止政府在产业精准扶贫中不作为,推卸产业扶贫责任。

其次,要明确地方政府之间、上下级政府之间的权责关系。在产业精准扶贫过程中,地方政府之间的恶性竞争、上下级政府在扶贫产业项目实施中的事权与财权不明等,是影响政府、企业和农户之间利益分配和合作稳定性的重要因素。为此,我们要在地方政府之间建立产权、调控和监督等约束机制,维持地方政府间产业扶贫的正当竞争,防止恶意竞争损害扶贫产业可持续发展。要重构上下级政府在产业扶贫上的事权与财权关系,合理分配权责,在增加地方政府产业扶贫职责时,要同步增加地方政府产

业扶贫的财政自主权。

再次,要完善扶贫产业知识产权保护的相关制度。在产业精准扶贫中,特色种养产业是扶贫产业的主流。特色种养产业的特色一般依赖原产地或动植物品种来维系。只有维持扶贫产业的特色,才能维持扶贫产业发展的稳定性,才能在政府、企业和农户之间建立利益分配公平、稳定的合作关系。为此,我们要完善地理标志商标制度,统一地理标志商标的管理机构,明确商标管理人、注册人和使用人之间的权利义务边界,减少扶贫产业的地理标志商标争议。除此之外,我们还要完善动植物新品种制度,从维持产业"特色"的角度,明确动植物的适种(养)区域,规定特殊的繁殖利用方式,增加权利保护范围,在特色扶贫产业开发建立规范的市场竞争关系。

四、加强产业精准扶贫与乡村产业振兴有机衔接

脱贫攻坚是党的十九大为决胜全面建成小康社会明确的三大攻坚战之一。其中,产业精准脱贫是"五个一批"脱贫措施中的首要措施。乡村振兴战略是党的十九大作出的重大战略决策,乡村产业振兴是其主要内容之一。2018年,中央一号文件首次要求做好脱贫攻坚战与乡村振兴战略的有机衔接工作。2018年8月,《中共中央、国务院关于打赢脱贫攻坚战三年行动的指导意见》中明确指出,要统筹衔接脱贫攻坚与乡村振兴战略。2018年9月,中共中央、国务院印发的《乡村振兴战略规划(2018—2022)》指出,要把打好精准脱贫攻坚战作为实施乡村振兴战略的优先任务,推动脱贫攻坚与乡村振兴有机结合、相互促进。2019年,中央一号文件进一步提出,要做好脱贫攻坚与乡村振兴的衔接,对摘帽后的贫困县要通过实施乡村振兴战略巩固发展成果,接续推动经济社会发展和群众生活改善。李克强总理在2019年政府工作报告中指出,坚持农业农村优先发展,加强脱贫攻坚与乡村振兴统筹衔接,确保如期实现脱贫攻坚目标,农民生活达到全面小康水平。这意味着,随着2020年全面完成脱贫攻坚任务,党和政府在农村工作的重点也逐渐转向了脱贫攻坚与乡村振兴的有机衔接,在产业开发方面,则是要重视产业精准扶贫与乡村产业振兴的有机衔接。

产业精准扶贫与乡村产业振兴在完成时间、目标任务、重点要求、实施对象和贫困瞄准等方面存在诸多差异。在完成时间上,产业精准扶贫为2013—2020年,乡村产业振兴为2018—2050年;在目标任务上,为实现贫困地区农民平均可支配收入增长幅度高于全国平均水平,确保我国现行标

准下的农村贫困人口实现脱贫目标,贫困县全部摘帽,解决区域性整体贫困是产业精准扶贫的目标任务。实现农业农村现代化,农业强、农村美、农民富是乡村产业振兴的目标任务;在重点要求上,产业精准扶贫要求贫困人口稳定增收,乡村产业振兴要求产业兴旺;在实施对象上,产业精准扶贫为建档立卡贫困人口,乡村产业振兴为全部农村人口;在贫困瞄准上,产业精准扶贫为绝对贫困,乡村产业振兴为相对贫困。这意味着,提升产业精准扶贫质量的政策措施过渡到乡村产业振兴存在着许多需要逾越与克服的体制机制障碍。

产业精准扶贫与乡村产业振兴尽管存在诸多差异,但是,在价值诉求、现实需求和具体内容等方面还在存在着许多相似性,在某种程度上,甚至是完全相同的。在价值诉求上,产业精准扶贫和乡村产业振兴都以解放生产力、发展生产力、消灭剥削、消除两极分化和最终达到共同富裕等作为根本价值目标;在现实需求上,产业精准扶贫和乡村产业振兴都面临着产业项目支持政策撤离后产业发展可持续性差的困境,都需要国家专项资金的长期资助;在具体内容上,产业精准扶贫与乡村产业振兴都以开发发展乡村产业为基本任务,以提高乡村发展内生动力为导向。这意味着,产业精准扶贫与乡村产业振兴具备有效衔接的必要性和现实可行性,应当加强两者的有效衔接。

附 录

案例一:黄金村走出的黄金路:产业扶贫中的合作治理

案例主体

摘要:湘西土家族苗族自治州保靖县黄金村,因其独特的地理气候环境,生长着一些古老、珍稀的地方茶树品种,物候期早,制成的茶叶口感独特、品质优异。然而,长期以来,由于交通不便、技术落后、资本和人力资源缺乏等原因,这种独特的地方资源没有转化为保靖县产业扶贫的经济资源。一次偶然的机会,保靖县农业局农艺师张湘生与湖南省茶叶研究所退休研究员彭继光之间的非正式合作,开启了以保靖县政府与湖南省茶叶研究所为主的多个单位跨组织合作研究开发保靖黄金茶的序幕,引领当地农户独自、结成合作社或自办企业种植、生产和销售保靖黄金茶,走出了一条产业扶贫合作治理的成功之路。

关键词:保靖黄金茶 合作治理 产业扶贫

一、引言

一种养在深山人不识、品质优异却产量稀少的茶叶,如何演变成湖南省家喻户晓、深受消费者喜爱的高档名优绿茶?一种地处武陵山片区苗寨的特异茶树资源,如何发展成为湘西土家族苗族自治州保靖县的支柱扶贫产业?一株400年茶龄的古老不育茶树,如何开枝散叶、长满山坡成为农民的致富树?一个年逾古稀、退休茶叶研究员在深山村落里的偶然发现,如何结出湖南省茶叶研究所科研、推广和开发的累累硕果?一种特异的地方茶树资源,保靖县农业局农艺师与湖南省茶叶研究所退休研究员之间的非正式合作,保靖县政府与湖南省茶叶研究所等组织之间的多次合作,形成了以保靖县政府为核心的产业扶贫多组织合作治理新模式,使保靖县黄金茶这种特异地方茶树资源,转化为保靖县的扶贫支柱产业,新增产值

13.6亿元;转化为当地农民脱贫奔小康的致富树,使5万多农民脱贫致富;转化为多家茶业企业的主要盈利来源,成为湖南省四大主推绿茶之一,累计新增利润29965.57万元;转化为湖南省茶叶研究所2016年湖南省科技进步一等奖,多名科技人员获得政府奖励,获得国家科技进步奖的申报资格。①

二、缘起:保靖县农艺师与省茶叶所研究员的非正式合作

湖南省湘西土家族苗族自治州保靖县地处武陵山区,属于集中连片特困地区,是国家扶贫攻坚的主战场。湘西土家族苗族自治州保靖县葫芦镇黄金村的黄金茶历史悠久,据《保靖县志》记载:"县内茶叶历史悠久。清嘉庆年间,传说某道台巡视保靖六都,路经冷寨河(现为黄金村),品尝该地茶叶后,颇为赞赏,赏黄金一两。后人遂将该地茶叶取名'黄金茶',该地改名为'黄金寨'(现黄金村),现尚有百龄以上半乔木型中叶茶株。"②

保靖黄金茶品质独特,在当地小有名气。黄金村村民从零星散落在村里的茶树上采摘鲜叶,进行简单的加工,制成自用的干茶。有时候,村民也将自制的干茶作为礼品赠送给客人,由于栗香浓郁、滋味鲜爽醇厚,逐渐被保靖当地民众视为茶之珍品,随之也带来了大量的市场需求。为了满足市场需求,也为了带动村民脱贫致富,黄金村村民在村支书向发友的带领下,收集茶果进行繁殖来扩充茶园面积,希望提高黄金茶的产量。但是,茶果的发芽率和成活率非常低,根本满足不了需要。后来,村民从益阳等地引入茶树品种进行栽培,但是却发现,茶叶口感远不如黄金茶。村民意识到,黄金茶的独特品质主要由茶树品种决定的,与当地的地理气候条件相关性较弱。

1993年,湘西土家族苗族自治州保靖县农业局的农艺师张湘生获知了黄金村育苗失败的消息。张湘生是一名茶叶农技人员,1982年本科毕业于湖南农业大学茶学专业,毕业后被分配至保靖县农业局经作站从事农技服务工作,有较为丰富的茶叶育种、栽培和加工的专业经验。受保靖县农业局的委派,张湘生实地走访了黄金村,品尝了村民自制的黄金茶,感觉品质非常优异。她告知村支书和村民,茶苗除了通过收集茶果繁殖之外,还可以通过扦插等无性方式来繁殖,而且现在市场上的茶苗主要是通过扦

---

① 资料来源:湖南省茶叶研究所2016年湖南省科技进步奖申报书。
② 保靖县征史修志领导小组.保靖县志[M].北京:中国文史出版社,1990.

插来繁殖的。但是,相对于收集茶果繁殖茶苗,扦插繁殖的技术含量比较高,不经过手把手的传授,仅凭口头教学很难掌握。经过多方协调,张湘生向保靖县农办申请了 4000 元的农发资金,用于保靖黄金村古茶树的育种繁殖工作。经过三年的努力,张湘生不仅从 24 株黄金村古茶树单株中分离出了多个品质表现优异的品种,而且毫无保留地将扦插繁殖技术手把手传授给当地村民,为扩充黄金村的茶园面积打下了基础。

在解决了黄金村古茶树不育的技术问题之后,黄金村的茶园面积处于缓慢增长的状态。在农艺师张湘生的指导下,黄金村村民在村支书向发友的带领下,1994 年试验性地扦插了 0.25 公顷茶苗,1997 年扦插了 0.53 公顷,2003 年扦插了 1.43 公顷。到 2003 年年底,全村已经发展扦插无性系黄金茶园 20 公顷,还有 20.33 公顷为黄金茶群体种茶园、从外地引进的茶树品种茶园,品质相对较差。2003 年年底,全村年产高档黄金绿茶 1000 多公斤,均价达到每公斤 400 元,产值不菲,茶叶已经成为村里的支柱性产业。保靖县政府、农业局没有大力推广种植黄金茶,村民石远树投资兴办了"保靖县换金茶叶公司",除了自建 6.67 公顷黄金茶无性系茶园之外,还鼓励村民发展无性系黄金茶园,农户每发展 1 亩新黄金茶园,补贴 100 元,还从银行贷款 500 元作为农户生产生活周转资金,三年投产后农户交新叶或干茶偿还。作为黄金茶苗扦插的资源,黄金村的古茶树受到了村民的严密保护(邻县古丈茶叶总厂厂长彭玉璋,想花 500 元租用黄金村古茶树作为扦插源的母本,被村民拒绝了),禁止向村外农户出售扦插的黄金茶苗。

1995 年,一次偶然的机会,张湘生认识了湖南省茶叶研究所即将退休的研究员彭继光。彭继光是湖南湘西土家族苗族自治州龙山县人,1960 年毕业于湖南农学院(现湖南农业大学)茶学系,与张湘生是同一所大学的系友,分配到湖南省茶叶研究所从事茶叶生化、加工、技术推广与开发工作,1995 年底正式退休。因老家在湘西龙山,彭继光长期活跃在湘西土家族苗族自治州各县(市)的茶叶科技工作中,在湘西土家族苗族自治州茶业界颇有影响力。张湘生将彭继光邀请至家中,请他品尝黄金茶,极力向他推荐黄金茶。彭继光在第一次品尝黄金茶之后留下了深刻的印象,他说:"保靖黄金茶白毫少,但它绿中透黄的汤色、悦鼻悠长的清香、鲜嫩醇爽的滋味,特异的品质令我终生难忘!参加过省内、国内各类名优茶评比会数十次,所见形美质优的著名茶叶不下百种,我感觉,香味能与保靖黄金茶齐肩的罕见。"

作为一名茶叶研究员,彭继光对保靖黄金茶特异的品质充满了好奇,他想知道,黄金茶内质为什么如此完美?是品种原因,还是生态环境的原因呢?其主要的品质化学成分含量究竟怎样?尽管已经退休,彭继光还是多次自费到保靖县黄金村去考察,想探明黄金茶优异品质的关键因素。2001年,彭继光来到黄金村,用当地黄金茶、福鼎大白茶和从桃江引进的安化茶制成绿茶拼配审评比较,确定保靖黄金茶质优主要是品种优良和生态环境好;2004年,彭继光再次自费来到黄金村,扦取土壤和制取茶样,分析土壤中的营养成分,分析保靖黄金茶中的茶多酚、水浸出物和氨基酸的含量,并在《茶叶通讯》上发表论文;2005年4月,彭继光在黄金村制作黄金茶样,请湖南省茶叶检测中心和中科院生态研究所免费进行氨基酸组成分析,发现保靖黄金茶1号氨基酸含量达7.47%,是国家级良种福鼎大白茶的1倍以上。

确定保靖黄金茶品质优异的主要原因是茶树品种之后,张湘生代表保靖县农业局向湖南省农业厅申请茶树种质资源认定,想获得黄金茶的品种证书,既可以作为保靖县农业局及张湘生的科研成果,更重要的是,还可以获得推广种植黄金茶的合法种质资源。但是,根据《中华人民共和国种子法》等相关法律法规的规定,只有经过法定部门的品种认定之后,种质资源才能成为商品被推广应用。茶树品种认定一般需要经过复杂的程序(具体流程见附录1-1),选育一个品种至少需10~15年,甚至更长时间。第一,要广泛收集茶树种质资源,建立茶树资源圃;第二,要对各收集的资源进行鉴定、评级,选拔优良单株,再经过扩繁,成为新品(株)系;第三,要对选育的新品(株)系进行品比试验、区域试验,鉴定品种的适应性、适制性和抗逆性等;第四,经过专家评议通过的,进行品种登记,成为受法律保护的茶树新品种。

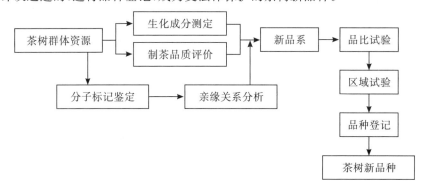

图 1-1 茶树新品种认定流程示意图

保靖黄金茶属于地方群体资源,遗传多样性丰富,个体间品质差异比较大。农艺师张湘生经过三年的驻村工作,选出了多个品质各异的黄金茶树品种。如果要获得茶树新品种证书,就需要经过上述复杂的程序,这明显超出了保靖县农业局和农艺师张湘生的能力范围。2005年初,在彭继光的积极协调下,湖南省农作物种子管理站同意保靖县农业局以地方茶树群体性资源申报种质资源认定,不需要经过品比试验和区域试验,获得的种质资源不能推广到种质资源地之外的地区应用。彭继光亲自制作汇报材料,指导保靖县农业局向评议专家汇报。最后,保靖县农业局申报的"珍稀地方茶树种质资源——保靖县黄金茶"通过了现场评议,获得了种质资源认定证书。但是,现场评议专家也建议,保靖县黄金茶从群体资源中分离出的新品种,还是需要根据《中华人民共和国种子法》等相关法律规定,进行品比、区域试验之后,才能获得新品种登记。

三、转机:保靖县农业局与湖南省茶叶研究所的初次合作

2005年5月21日,在协助保靖县农业局进行保靖黄金茶群体品种认定工作之后,彭继光研究员向湖南省茶叶研究所的主要负责人汇报了保靖黄金茶的研究开发工作。他认为,保靖黄金茶是经长期自然选择形成的有性群体品种,是湘西地区自然生古老的珍稀茶树品种资源,与当地引进的其他茶树品种相比,具有明显的资源特点和优势,主要表现在:(1)在品种特性上,由于生殖生长弱而营养生长旺盛,适宜茶树作为叶用作物的特点;(2)春茶萌芽早,比其他优良茶树品种早7~15天。芽头密度大,芽叶粗壮,产量高;(3)制茶品质好,无论是外形,还是内质,明显优于其他茶树品种,氨基酸含量特别高,提供了黄金茶独特的鲜爽滋味;(4)抗逆性强。保靖黄金茶为当地自然繁育品种,具有抗寒、抗高温、抗病虫害的优良特征;(5)无性繁殖能力强,扦插成活率高[①]。

保靖县农业局有意在全县推广种植黄金茶,发展黄金茶产业,推动国家级贫困县的产业扶贫工作。但是,保靖县农业局面临着一些技术和资源方面的困难,希望湖南省茶叶研究所能够提供帮助,共同研发,促进保靖黄金茶的产业发展。湖南省茶叶研究所向其主管单位湖南省农科院汇报了保靖黄金茶的基本情况,获得了湖南省农科院主管科研负责人的支持,同

---

① 粟本文,黄怀生.保靖黄金茶[M].长沙:中南大学出版社,2017:15-16.

意院内立项支持保靖黄金茶的研究开发项目。

经过双方协商,2005年5月27日,保靖县与湖南省茶叶研究所初步达成了《"保靖黄金茶"研究开发合同书》。这是一份科研合作协议书,双方约定的研究内容为:

1. 保靖黄金茶新品种选育;
2. 保靖黄金茶新品种(系)栽培技术;
3. 保靖黄金茶系列品种(系)制茶特性及深加工技术;
4. 保靖黄金茶系列品种(系)产业开发。

在研究合作中,保靖县农业局承担的主要责任为:

1. 承担保靖县内品比试验实施;
2. 承担现场评议的组织及所需经费;
3. 承担保靖黄金茶产业化开发的协调;
4. 承担本省区试点、县内品比试验所需黄金茶苗木。

作为专门的茶叶科研机构,湖南省茶叶研究所承担的主要责任为:

1. 负责新品种选育设计,并组织新品种选育的区域试验工作;
2. 负责课题的常规检测、样茶审评及所需费用;
3. 负责对甲方的技术培训和指导;
4. 指导课题研究、各项技术资料的整理、分析和总结;
5. 负责保靖黄金茶种质资源库等的技术指导;
6. 编写项目计划、课题实施方案。

对于黄金茶研究开发所形成的技术成果,合同约定"双方共同享有"。对于署名权,合同约定"选育出的黄金茶系列新品种及其他研究成果的主要完成单位及人员由甲、乙双方交替排序。共同署名发表论文、报告等"。双方还约定,"未经双方协商一致,任何一方不得对外公开本研究课题的相关研究资料,不得利用保靖黄金茶系列品种苗木及其他繁殖材料在保靖县外扩繁苗木[①]"。除此之外,双方还约定了违约金为1万元,合同有效期为10年。

2005年6月16日,湖南省农科院正式批复同意了保靖黄金茶的科研立项。但是,双方的合作进展相当缓慢,除2006年在湘西土家族苗族自治州古丈县对先期已经选育的黄金茶1号、2号进行引种试验外,双方的研

---

① 资料来源:保靖县农业局与湖南省茶叶研究所签订的《"保靖黄金茶"研究开发合同书》。

究开发合作没有实质性进展。保靖县黄金茶的种植面积在双方合作的两年间,没有发生任何变化:2005 年为 406 公顷,2006 年还是 406 公顷;产量还有所减少,从 60 吨减少到 59 吨;受市场价格变化的影响,产值有所提高,从 774 万元提高到 905 万元[①]。

四、升级:保靖县政府与湖南省茶叶研究所的正式合作

2007 年年初,湖南省茶叶研究所领导班子换届,原所长升任湖南省农科院院长助理,提拔了一个副所长担任所长。新所长上任之后,提出了科技兴茶"五个一"工程的统筹规划;同年,湘西土家族苗族自治州委、州政府提出了"利用 10 年时间,开发百万亩中高海拔山地资源,解决百万人口脱贫致富"的发展战略。在保靖县制定的"十一五"规划中,明确提出要使保靖黄金茶高效茶园面积达到 3 万亩,产值达到 2 亿元以上,为县财政创造创税 1200 万元以上,茶农种植黄金茶亩产值达到 7000 元以上,解决 5 万名农民工就业的总目标[②]。

经过保靖县政府与湖南省茶叶研究所的充分协商,双方在 2005 年"研究开发合同书"的基础上,重新达成了《"保靖黄金茶"研究与产业化开发合作协议书》。这份协议书与第一份的差别在于,明确提出是"科研"和"产业化开发"等两个方面的合作,其中保靖县政府的主要责任为:

1. 负责办理每年 500 万~1500 万株茶苗定植的组织宣传发动工作;

2. 申请办理并管理好"中华人民共和国原产地证明商标""地理标识";

3. 成立"保靖黄金茶产业化开发领导小组",并选配 1 名县领导担任领导小组组长;

4. 负责制订《保靖黄金茶十年发展规划》并组织实施《保靖县黄金茶产业化开发五年实施方案》;

5. 在农业局设立二级事业机构——保靖茶叶局;

6. 力争"捆绑"相关涉农资金支持保靖黄金茶项目建设;

7. 承担保靖县内品比实施及其他相关活动的经费、所需黄金茶苗木和协调工作;

8. 成立保靖县茶业协会。

---

① 粟本文,黄怀生.保靖黄金茶[M].长沙:中南大学出版社,2017:5.
② 资料来源:保靖县政府与湖南省茶叶研究所签订的《"保靖黄金茶"研究与产业化开发合作协议书》。

作为乙方的湖南省茶叶研究所,主要承担以下责任:

1. 争取项目资金或垫资每年繁育 50~150 亩良种茶苗,提供 500 万~1500 万株茶苗并按成本价(0.2 元每株)赊销,在保靖县内发展保靖黄金茶生产基地,种植户 3 年受益后从鲜叶销售收入中逐步偿还;

2. 建设 2 个 20 亩的科技示范万元田;

3. 负责新品种选育、课题常规检测和研究、技术培训与指导、建立保靖黄金茶种质资源库;

4. 按整村推进实施全方位茶叶科技与管理咨询及实用技术培训,实现茶叶标准化、高效化、清洁化生产,提高茶叶产业化水平;

5. 对农民实施无偿科技服务;

6. 对企业的服务,根据工作量,采取协商方式收取成本费用;

7. 为黄金茶产业化开发出谋划策,提供人才支撑并指导实施;

8. 派出两名常驻专职人员,一人挂职保靖县科技副县长,一人担任省派驻保靖县科技特派员;

9. 必要时出资组织甲方到外地学习茶叶产业化开发经验;

10. 协助申请并管理"原产地证明"和"地理标识";

11. 协助制定《保靖黄金茶十年发展规划》并指导实施《保靖黄金茶产业化开发五年实施方案》。

对于研究、开发所产生的技术成果,合同约定:"双方共同享有;主要完成单位及人员由甲乙双方交替排序,共同署名发表论文、报告等";对于双方联合申报的项目资金,合同约定:"在保靖县内专款专用,申报的第一主体单位为项目资金的使用单位,另一方为监督使用单位";双方还约定了保密条款,即"未经双方协商一致,任何一方不得利用保靖县黄金茶系列品种(品系)苗木及其他繁殖材料在保靖县外扩繁苗木";双方还特别约定,"通过联合申报项目,在葫芦镇建设茶叶高科技示范园 200 亩,并在环白云山、吕洞山的不同生态区域各办 5 个区试点,每个点不少于 20 亩;通过联合申报项目,解决 2005 年所签订协议所需的相关费用"①。合同约定的有效期限为 10 年。

在合同签订之后,双方都采取了积极的行动履行协议。保靖县政府成立了"保靖县黄金茶产业化开发领导小组",由 1 名副县长担任领导小组组

---

① 资料来源:保靖县政府与湖南省茶叶研究所签订的《"保靖黄金茶"研究与产业化开发合作协议书》。

长;在省政府批复之前,在农业局设立了临时性的保靖县茶叶局,协助组建了保靖县茶业协会,选举产生了理事长、常务理事、理事和秘书长等。湖南省茶叶研究所派出了2名科技人员,分别担任保靖县科技副县长、湖南省驻保靖县科技特派员。

2007年12月,湖南省茶叶研究所向湖南省科技厅、农业厅申报了"湘西黄金茶特异种质资源创新与利用研究"的课题,最终获得了30万元的项目经费;2008年,湖南省茶叶研究与湖南湘丰茶业有限公司达成协议,成立"保靖县黄金茶有限公司",注册地为保靖县,湖南省茶叶研究所投入98万元,占股49%,湖南湘丰茶业公司投入102万元,占股51%(湖南湘丰茶业有限公司注册资本5000万元,湖南省茶叶研究所为该公司股东之一,湖南省茶叶所负责人为该公司董事之一,入股资金110万元,占股比例2.2%)。湖南省茶叶研究所派出的两名科技人员兼任保靖黄金茶有限公司经理、副经理。湖南湘丰茶业有限公司未向保靖县黄金茶有限公司派出经理人员,仅行使股东权利。保靖县黄金茶有限公司成立之后,筹资300万元,在黄金村兴建黄金茶育苗基地、现代化加工厂和技术创新中心。保靖县政府作了大量的宣传发动工作,在乙方湖南省茶叶研究所进驻保靖县葫芦镇黄金村建设育苗基地的过程中,提供了大量的保障性服务,在施工遭到黄金村村民极力反对的情况下,作了大量的说服教育工作,使黄金村村民接受了保靖县政府与湖南省茶叶研究所合作推进保靖黄金村产业化的决策。

2008年4月,保靖黄金茶有限公司制作的保靖黄金茶在2008年全国绿茶高峰论坛上被评为金奖。2008年,保靖黄金茶有限公司在黄金村扦插黄金茶苗3.6公顷,到2009年底,共出圃黄金茶苗550万株。2009年2月,保靖县委、县政府出台《关于进一步加强黄金茶产业发展的意见》(保发〔2009〕2号),提出六个工作重点:(1)扩大基地规模。2009-2012年,每年新扩黄金茶园5000亩;(2)建设优质茶苗繁育基地。建立黄金茶母本园200亩,标准化苗圃100亩;(3)完善基础设施。新修5条35公里茶园路,硬改4条66公里骨干道路;(4)培植龙头企业。引进规模企业直接到产业区投资建厂,建立龙头企业与茶农利益共同体;(5)发展生态旅游茶业。建设百里民俗旅游观光高效生态茶海,发展休闲生态农业;(6)推广科技生产。强化标准化生产,走科技兴茶之路。

同时,提出四项政策保障措施:(1)健全补助机制,加快基地建设进程。

按技术规范新建黄金茶园,验收合格的每亩补助 1000 元,其中种苗补助 600 元/亩(茶苗由县茶叶办按 0.2 元/株统一组织),肥料补助 400 元/亩。购置茶叶机械享受农业机械购置补贴政策;(2)扶持龙头企业,加快工业化进程。积极开展茶业产业战略合作,引进龙头企业直接在产业区内新建加工厂或提质改造原有加工厂,优先安排产业化项目和技改项目,优先安排农业用地。对达到食品质量安全市场准入制要求的企业,采取以奖代补方式进行奖励,获得 QS、ISO2000、HACCP 认证的分别一次性奖励 1 万元;(3)实施品牌战略,加快市场化进程。全力打造"黄金茶"品牌,实施保靖黄金茶地理标识规范化管理。凡在保靖县开发茶叶产品的注册企业,产品获得金奖的一次性奖励 0.5 万元,获得省著名商标或省名牌产品的一次性奖励 2 万元,获得国家驰名商标或中国名牌产品的一次性奖励 5 万元,达到绿色茶叶食品标准并获得使用标识的补助 0.5 万元,达到有机茶叶食品标准并获得使用标识的补助 1 万元;(4)加强组织领导,完善社会化服务。

在保靖县委、县政府的政策引导下,黄金茶园的种植面积从 2008 年年底的 566 公顷,增长至 2011 年的 2400 公顷,实现种植面积的跨越式大发展。黄金茶产量从 80 吨增长到 122 吨,增长近三分之一,产值增长更快,从 1630 万元增长到 3200 万元,增长接近一倍[①]。

2009 年 5 月 20 日,以湖南省茶叶研究所为主要申报单位的"特早生高氨基酸茶树新品种黄金茶 1 号",通过了省农作物种子局的现场评议,获得了"黄金茶 1 号"的种质资源认定,2010 年 3 月正式颁发证书。同月,保靖黄金茶被中国绿色食品发展中心认证为 A 级绿色食品。2009 年 10 月,保靖县因发展黄金茶而荣获"中国茶叶百强县"的荣誉称号。12 月,保靖黄金茶获得国家农业部颁发的中华人民共和国产品地理标志登记证书,2010 年 4 月正式获准在产品上使用。同时,保靖县黄金茶有限公司的工程技术中心正式建成。2010 年 5 月,工程技术中心相继研制出了黄金绿茶、红茶和白茶等系列新产品,丰富了保靖黄金茶的产品线。到 2010 年底,保靖县黄金茶园面积已经发展到 2.5 万余亩,实际有效采摘面积约 1 万亩[②]。

五、强化:保靖县政府与湖南省茶叶研究所的深入合作

根据黄金茶产业的发展趋势,保靖县政府制定了保靖黄金茶的 10 年

---

① 粟本文,黄怀生.保靖黄金茶[M].长沙:中南大学出版社,2017:138.
② 粟本文,黄怀生.保靖黄金茶[M].长沙:中南大学出版社,2017:139.

发展规划,提出到 2020 年,要使保靖县黄金茶园面积达 8 万～10 万亩,产值达到 10 亿元以上,每年为县财政创造利税 4000 万元,解决 5 万名农民工就业问题,使保靖县成为中国绿茶大县①。要实现规划目标,需要建设更多的茶苗繁殖茶园,需要更多的茶业企业参与,需要推广种植更多的茶园面积,需要更好的产业技术、人力资源和外来资本的支持。

2011 年 3 月,经过保靖县政府与湖南省茶叶研究所的充分协商,双方在 2007 年合作协议书的基础上,修订了《保靖黄金茶研究与产业化开发合作协议书》,调整了双方的权利义务关系。

保靖县政府的主要责任为:

1.负责制订并组织实施《保靖黄金茶十年发展规划》,重点做好前五年实施方案;

2.2011—2015 年,统筹收购保靖黄金茶良种茶苗,尽快扩大保靖黄金茶种植规模;

3.保靖县政府出资,每年安排一定的资金进行保靖黄金茶品牌宣传,举办新闻发布会或参加全国大型茶叶展会;力争申请湖南省著名商标;

4.整合相关涉农资金项目和资金支持保靖黄金茶产业建设;

5.扶持龙头企业发展,优先安排产业化项目和技改项目,优先安排育苗基地和种植基地用地等;

6.优化投资环境,逐步改造和完善保靖黄金茶产业开发相关的基础设施建设;

7.进行保靖黄金茶标准化种植、生产,制定茶苗、产品等一系列标准,在精品示范区创建保靖黄金茶工程技术创新中心,建设试验基地;

8.政府依法支持湖南保靖黄金茶有限公司建设,加快黄金茶产业基地、加工、市场、人才和品牌建设;

9.加大人才培养力度,建设保靖黄金茶技术、管理、销售三支队伍。

湖南省茶叶研究所的主要责任为:

1.负责争取项目资金或垫资,建设规模性良种茶苗基地,提供所需茶苗;

2.负责特色黄金茶新品种选育,保靖黄金茶古茶种质资源库的技术指导;

---

① 资料来源:2011 年 3 月保靖县政府与湖南省茶叶研究所达成的《保靖黄金茶研究与产业化开发合作协议书》。

3. 制定茶苗、种植、加工及产品等标准，组织实施茶叶科技、管理培训，提供咨询及服务，实现茶叶标准化、高效化、清洁化生产，提高茶叶产业化水平；

4. 负责保靖黄金茶新产品研究、生产及开发，有义务将新工艺、新技术免费传授给保靖县黄金茶种植农户；

5. 积极开拓保靖黄金茶产品市场，协助进行品牌建设；

6. 在协商一致的情况下，由湖南省茶叶研究所出资，每年组织一次保靖县政府代表到保靖县境外学习茶叶产业化开发的成功经验；

7. 协助制订和实施《保靖县黄金茶十年发展规划》；

8. 提供全方位的人才支撑并协助实施；

9. 派出两名专职人员驻保靖，一人挂职保靖县科技副县长，另一人担任湖南省派驻保靖县科技特派员。

对于研究开发的技术成果的知识产权归属，共同申报的项目的署名规则，项目资金的使用规则以及黄金茶苗木的保密防扩散条款等，都与2007年的协议保持一致。除此之外，在其他具体事项中，出现了两个不同的条款：一是引入国内大公司加入合作的条款，即："为了保靖黄金茶产业发展的需要，适时引进国内茶叶龙头企业进行公司化合作，具体事宜由三方协议商定。"二是引入了违约责任条款，即："若单方违约，由违约方向守约方补偿所造成的直接经济损失，具体由双方协商解决或依法解决。"[①]

与2007年的县所协议相比，2011的县所补充协议出现了一些新的特点。第一，黄金茶苗的供给、购买和付款方式发生了变化。在补充协议中，由保靖县政府出资统筹收购黄金茶苗，不再由保靖县黄金茶有限公司采取向农户赊销的方式供给黄金茶苗；第二，合作从以扩大黄金茶种植面积为重点，向扩大黄金茶种植面积和加强黄金茶营销并重转变。在补充协议中，保靖县政府不仅安排了一定的资金鼓励保靖县内的黄金茶企业开展营销活动，而且湖南省茶叶研究所也需要积极开拓保靖黄金茶产品市场，协助进行品牌建设；第三，保靖县政府对黄金茶产业发展的支持力度明显加大。在补充协议中，明确提出要"整合"（原来是"捆绑"）相关涉农项目资金支持黄金茶产业建设，扶持龙头企业的发展，优先安排产业化项目和技改项目，优化投资环境，改造和完善基础设施，加大人才培养力度。

---

① 资料来源：2011年3月保靖县政府与湖南省茶叶研究所达成的《保靖黄金茶研究与产业化开发合作协议书》。

2012年，在双方的共同努力下，保靖黄金茶获批了湖南省著名商标，并且荣获中国中部（湖南）国际农博会金奖，使保靖黄金茶的知名度大增。湖南省茶叶研究所采取了积极有效的营销措施，将保靖黄金茶纳入其直属企业——湖南天牌茶业有限公司的产品系列中进行销售。湖南天牌茶业有限公司主要生产销售湖南省著名绿茶"高桥银峰"系列和"湘波绿"系列，"高桥银峰"系列价格在500～1000元/斤，"湘波绿"系列价格在500元/斤以下。湖南省茶叶研究所将保靖黄金茶纳入湖南天牌茶业有限公司的产品系列之后，将其定位为高端产品，价格在1000元/斤以上，最高价格达到2880元/斤。通过湖南天牌茶业有限公司原有的销售渠道，湘西保靖黄金茶有限公司的高端绿茶产品迅速扩张到长沙市场，获得了良好的市场收益和口碑，扩大了保靖黄金茶的市场知名度。2012年5月26日，"特早生高氨基酸茶树新品种黄金茶2号"，通过了省农作物种子局的现场评议，获得了"黄金茶2号"的种质资源认定，2013年5月正式颁发证书（见图表8）。

2013年，保靖县委、县政府制定了《关于进一步推进保靖黄金茶产业发展的意见》（保发〔2013〕1号），成立由县委书记任组长的保靖黄金茶产业建设领导小组，计划到2015年末，全县建成高标准生态型保靖黄金茶基地面积6667公顷以上，可采摘面积3330公顷以上，年产值4亿元以上，实现税收1000万元以上。为了落实保靖县〔2013〕1号文件，保靖县政府推出了一系列的保障措施：第一，每年落实20万元茶叶产业培训经费，每个茶叶村至少要有3～5名茶叶农民技术人员，涉茶乡镇农技综合服务站至少要有1～2名茶叶技术员；第二，整合扶贫开发、发改、财政、农业、水利、林业、科技、国土资源、人社等方面的项目资金支持保靖黄金特色产业发展和特色产业园建设，每年整合2000万元以上，按1200元/亩投入茶叶基地建设；第三，在保靖黄金茶原产地、主产区兴建茶叶加工园，加大招商引资力度，大力引进和培育茶叶加工企业，集中培育2户销售收入过5000万元，力争过亿元的茶叶龙头企业；5户销售收入过千万元的茶叶龙头企业。加大对现有茶叶加工企业的支持力度，引导企业提升工艺水平，提高管理能力，增强市场竞争力。

保靖县政府2009年至2013年4年间，共"捆绑"涉农资金2亿多元，用于支持保靖黄金茶的种植、开发和营销补贴。保靖县的黄金茶企业和合作社数量迅速增加，到目前为止，保靖县现有黄金茶企业30余家，茶叶专业合作社56个。其中，国家级示范社1个，省示范社8个，州级合作社13

个,县级合作社20个,助推了黄金茶产业的发展。到2013年,保靖黄金茶的种植面积达到3127公顷,总产量达到162吨,产值达到8500万元。在种植面积、产量快速增长的同时,因广受消费者喜爱,保靖黄金茶的价格不仅没有下跌,反而一路上涨,2880元每斤的高档保靖黄金茶更是供不应求[①]。

六、功成:保靖县政府和湖南省茶叶研究所的重组合作

在经过两年的快速增长之后,保靖县黄金茶的种植面积进入了停滞状态,2013年的种植面积没有增长,继续维持在3127公顷。但是,随着可采茶园的增加,黄金茶年产量有所增加,达到180吨,总产值达到10000万元[②]。离保靖县委县政府制定的《关于进一步推进保靖黄金茶产业发展的意见》(保发〔2013〕1号)设定的目标(至2015年,保靖县黄金茶的种植面积要达到6667公顷,2户销售收入过5000万元,力争过亿元的茶叶龙头企业等)还有不小的差距。作为合作的一方——湖南省茶叶研究所遭遇了政策、制度和资金等方面的难题,合作推进黄金茶产业发展进入了瓶颈期。

2013年,国家启动了事业单位改革,隶属于湖南省农业科学院的湖南省茶叶研究所有可能会被划为公益一类。根据国家法律法规规定,公益一类的事业单位业务活动的宗旨、目标、内容、分配方式和标准等由国家确定,不得开展经营活动,其经费由国家财政予以支撑。履行职责依法取得的收入或基金要上缴国库或财政专户,实行"收支两条线"管理。湖南省茶叶所通过保靖黄金茶有限公司所实施的开发经营活动,受到了国家法律或政策的限制。除此之外,湖南省茶叶研究所的直属企业湖南天牌茶业有限公司,受自身实力的限制,在营销保靖黄金茶方面也进入了瓶颈期,无法继续扩大销售规模。

在保靖黄金茶产业开发遭遇瓶颈之后,湖南省茶叶研究所的保靖黄金茶科研项目并没有中止。在科研人员的努力下,保靖黄金茶项目获得了一系列科研成果。2013年12月,湖南省农业厅印发《保靖黄金茶茶园建设技术规程》(HNZ041-2013)、《保靖黄金茶茶园管理技术规程》(HNZ042-2013)、《保靖黄金茶茶树(1号、2号)种苗繁殖技术规程》(HNZ043-2013)、《保靖黄金茶1号种性规范》(HNZ044-2013)等4个保靖黄金茶技

---

① 粟本文,黄怀生.保靖黄金茶[M].长沙:中南大学出版社,2017:5.
② 粟本文,黄怀生.保靖黄金茶[M].长沙:中南大学出版社,2017:5.

术规范。2014年2月,湖南省质量技术监督局发布"保靖黄金茶 毛尖工夫红茶"(DB43/T862-2014)和"保靖黄金茶 毛尖绿茶"(DB43/T863-2014)两个保靖黄金茶省级地方茶叶产品标准,有力推进了"保靖黄金茶"地标产品的标准化生产进程。2015年7月,"特早生高氨基酸茶树新品种黄金茶168号",通过了省农作物种子局的现场评议,获得了"黄金茶168号"的种质资源认定,2016年6月正式颁发证书(见图表9)。

2013年初,在保靖黄金茶研究与产业开发的新发展阶段,保靖县政府、湖南省茶叶研究所开启了新的合作谈判。保靖县政府建议,在保靖县黄金茶有限公司的基础上,引入其他茶业公司作为股东,增资扩股,提高保靖黄金茶有限公司的实力,争取早日实现年产过亿的目标。经过协商,双方同意隆平茶业公司和湘西自治州和谐茶业有限公司作为股东加入保靖黄金茶有限公司,同时保靖县政府也作为股东加入保靖县黄金茶有限公司(隆平茶业公司由隆平高科、步步高、老百姓大药房、大汉集团、美林控股、天下凤凰等六家知名企业共同出资组建而成,注册资金5000万元,是一家集生产、销售、科研、生态观光,以及线上线下旗舰店于一体的"平台型、品牌综合运营型"企业)。经过多次协商,2013年3月,五方最终达成一致,由隆平茶业公司注资310万元,入主保靖黄金茶有限公司,占股比例达51%,湘西自治州和谐茶业有限公司注资117.5万元,成为保靖黄金茶有限公司的第二大股东,保靖县政府的投资98万元,成为第三大股东,湖南省茶叶研究所和湖南湘丰茶业有限公司都抽回了一定数额的投资,分别为出资57万元和27.5万元,成为保靖黄金茶有限公司的小股东,基本上退出了保靖黄金茶有限公司的生产、经营和销售活动。

在保靖县政府与湖南省茶叶研究所的合作重组之后,随着新合作伙伴的加入,带来了雄厚的资本支持和销售渠道优势,保靖黄金茶重新起航,再次获得了快速发展的机会。到2015年末,保靖县黄金茶的种植面积达到了4533公顷,黄金茶年产量达到300吨,总产值达到22000万元[1]。虽然与保靖县确定的发展目标还有一定的差距,但是却突破了黄金茶产业开发的瓶颈,实现了跨越式发展。2016年1月,以湖南省农业科学院茶叶研究所、保靖县政府等为主要申报单位的湖南省科技进步奖励项目《特异茶树种质资源黄金茶创新与利用》,获得了湖南省科技进步一等奖,同时获得了

---

[1] 粟本文,黄怀生.保靖黄金茶[M].长沙:中南大学出版社,2017:5.

七、余声：湘西州政府黄金茶产业开发的新战略

保靖县政府与湖南省茶叶研究所等机构相互合作，共同研究开发保靖黄金茶，将地方的特异资源转化为经济优势，引领扶贫产业开发，促进地方经济发展，实现了政治、经济和社会效益的和谐统一。保靖黄金茶的成功开发，引起了湘西土家族苗族自治州委、州政府的重视。湖南省茶叶研究所的区域试验表明，保靖黄金茶1、2和168号，在湘西土家族苗族自治州除保靖县之外有良好的适种性，生产制作的黄金茶在品质口感上没有明显差异，具有非常好的推广适应性。为了将保靖县黄金茶的产业优势转化为湘西土家族苗族自治州的产业优势，实现更好的经济与社会效益，湘西土家族苗族自治州委、州政府作出决策，决定将保靖县的黄金茶产业，扩展为湘西土家族苗族自治州的黄金茶产业。为了实现这一新战略，湘西土家族苗族自治州委、州政府启动"湘西黄金茶"地理标识证明商标的申报工作；湘西土家族苗族自治州委、州政府也要求保靖县政府同意将黄金茶苗引种到湘西土家族苗族自治州的其他县市，促进湘西黄金茶产业的共同发展。

思考题：

（1）促成保靖县农业局与湖南省茶叶研究所初次合作的原因是什么？

（2）保靖县农业局与湖南省茶叶研究所初次合作为什么进展缓慢？

（3）促成保靖县政府与湖南省茶叶研究所合作不断深入的原因是什么？

（4）保靖县政府与湖南省茶叶研究所之间的合作为什么会重组？

案例分析

本案例为我国公共管理中的一次重要实践，以国家支持集中连片特困地区进行产业扶贫为政策背景，通过作者实地访谈、调研获得的关于"保靖黄金茶"扶贫产业开发的一手资料为主，以保靖县政府与湖南省茶叶研究所近20年的合作历程为素材，以地方政府产业扶贫合作治理为主线，深入分析当代中国地方政府合作治理模式与现有治理理论的碰撞与交融。通过案例分析，使读者能够准确掌握合作治理的相关理论知识，深入了解当代中国地方政府合作治理的实践，并在此基础上，引导读者对当代中国地方政府以合作治理推进地方经济发展的问题进行深入思考。

（上接正文）国家科技进步奖的申报资格。

一、为何合作:地方政府合作治理的理论基础

合作治理是指为了制定或实施公共政策或者管理公共项目或资产,由一个或更多的公共部门在正式、一致导向和审慎的集体决策中直接参与到非公共部门或利益相关者的一种治理安排[①];又或者是指安排或调整公共政策决策与管理的过程与结构,使人们积极地跨越公共部门的边界、政府层级(和/或)公共、私人和市民的界限,实现以其他方式无法实现的公共目的[②]。从定义上来分析,合作治理强调以下两点:一是仅凭一个公共部门无法实现特定的公共目的;二是公共部门、非公共部门或私人有必要跨越组织边界共同决策或管理。

科层、市场和网络是学界普遍承认的三种组织治理结构[③]。网络包括政策网络、公共服务网络和网络式治理等三种基本类型。政策网络是指多个利益相关者为制定或实施公共政策而形成的治理结构;公共服务网络是指公共部门、非公共部门为共同输送公共产品、服务或价值而形成的治理结构;网络式治理是指公共部门运用协商、合作和协作等方式实现组织目标的治理结构[④]。网络是合作治理中的一个重要问题,合作治理强调多个组织的共同决策或管理,网络强调多个组织共同决策或管理形成的治理结构或方式。目前,解释合作治理和网络的理论主要有社会资本理论、资源依赖理论和交易成本理论。

(一)社会资本理论

"社会资本"从经济学的"资本"概念演变而来,目前没有统一的定义,大致包括以下几个不同的方向:首先,强调"社会资本"是个人或组织在社会网中的结构要素,如弱连带、强连带或"结构洞"等,这些结构要素有利于

---

① Ansell, Chris, and Alison Gash. Collaborative Governance in Theory and Practice[J]. *Journal of Public Administration Research and Theory*, 2008, 18(04): 543—571.

② Emerson, Kirk, Tina Nabatchi, and Stephen Balogh. An Integrative Framework for Collaborative Governance[J]. *Journal of Public Administration Research and Theory*, 2011, 22(01): 1—29.

③ Powell W. Neither Market nor Hierarchy: Network Forms of Organization[J]. *Research in Organizational Behavior*, 1990(12): 295—336.

④ Provan K G, Isett, K R & Milward H B. Cooperation and Compromise: A Network Response to Conflicting Institutional Pressures in Community Mental Health[J]. *Nonprofit and Voluntary Sector Quarterly*, 2004, 33(03): 489—514.

个人或组织实现既定目标①;其次,强调"社会资本"是个人或组织凭借其在社会网中结构位置而能够获取资源的机会或能力,比如获取信息、权力或经济资源等的机会或能力②;再次,强调"社会资本"是个人或组织在社会网中长期互动而形成的信任、规范,从而有利于个人或组织之间相互协调地行动,提高社会效率③。

"社会资本"具有不同的定义,也与合作治理或网络的关系复杂。作为解释变量,"社会资本"可以用来解释合作治理或网络的形成或发展过程、合作成功或失败的原因与网络中的结构位置等;作为被解释变量,合作治理或网络可以解释"社会资本"的来源、强弱或有效性等。"社会资本"在信任、规范的意义上作为解释变量时,与交易成本理论相互补充,可以解释合作治理或网络形成成功的原因。个人或组织在社会网中长期互动而形成的信任和规范,有助于降低个人或组织间合作的交易成本,促进相互之间的合作。

(二)资源依赖理论

资源依赖理论认为,组织不仅需要适应环境,还需要积极面对环境,按照自身优势来控制环境,而不是作为环境力量的被动接受者④。资源依赖理论包含四个基本假设:首先,组织最重要的任务是保持生存;其次,为了生存,组织需要资源,但组织内部无法生产所有资源,必须到环境中的其他组织获取必要资源;再次,对资源的需要构成了组织的外部依赖,资源稀缺性和重要性决定了组织的依赖程度;最后,组织必然会与环境发生交互作用,面对资源获取的不确定性和依赖性,组织必须持续改变自身结构和行为模式,降低依赖程度⑤。

资源依赖理论的核心,是组织需要通过获取环境中的资源来维持生存,没有一个组织是自给的,都要与环境进行交换。组织资源具有极大的

---

① Powell W. Neither Market nor Hierarchy: Network Forms of Organization[J]. *Research in Organizational Behavior*,1990(12):295-336.

② Lin, Nan, Karen S Cook, and Ronald S Burt, eds. *Social Capital: Theory and Research*[M]. New Brunswick, NJ: Transaction Publishers,2001.

③ Putnam, Robert, Robert Leonardi, and Raffaella Y Nanetti. *Making Democracy Work: Civic Traditions in Modern Italy*[M]. Princeton, NJ: Princeton Univ. Press,1993.

④ Jeffrey Pfeffer, Gerald Salancik Harper & Row. *The External Control of Organizations: A Resource Dependence Perspective*[M]. Stanford University Press, 2003.

⑤ Battisti, Martina. Below the Surface: The Challenges of Cross-Sector Partnerships[J]. *Journal of Corporate Citizenship*,2009(35):95-108.

差异性,且不能完全自由流动,很多资源无法在市场上通过交易获得。为了获取资源,组织必然会与环境内控制着资源的组织进行互动,从而导致资源依赖性。因为存在这种依赖性,组织会陷入外部控制与内部自治的紧张之中。完全的资源依赖会导致组织被完全控制,部分的资源依赖会产生多种形式的合作治理,比如协作、战略联盟、垂直整合或水平扩展等,以克服组织资源约束和战略决策空间。

(三)项目式治理

项目式治理是当前中国政府运作的一种特定形式,一般在财政体制常规分配渠道之外,按照上级政府的意图,自上而下以专项资金的形式进行资源配置的制度安排①。项目式治理下的资金分配主要体现为专项转移支付。所谓专项化,是指转移支付中,有相当一部分被政府部门指定了专门用途,戴上了各种项目"帽子",以严格体现资金拨付部门的意志②。到2012年,专项转移支付占中国整个财力性转移的42%③。

项目式治理的运作过程可以概括如下:首先,上级政府通过项目引诱地方政府参与其政策意图的落实推动;其次,地方政府整合各种项目资源达到地区内的发展目标;再次,基层政府或其他实体通过积极参与项目而获得资源④。项目式治理改变了上下级政府的组织形态,由传统科层制向"委托—代理"制转变。根据项目专有性和参与选择权等两个维度,可以将项目式治理划分为四种类型,即科层制、上级指定、双边契约和即时市场。不同的项目式治理类型,政府间博弈策略有较大差异,比如,在科层制中,项目专有性强且参与选择权低,地方政府避免追究责任的激励较大;在即时市场中,项目专有性低并且参与选择权较大,地方政府"跑项目"的激励较大。

(四)晋升锦标赛

晋升锦标赛是一种行政治理模式,一般由上级政府设计、多个下级政府的行政官员参与的一种晋升竞赛,优胜者将获得晋升。上级政府决定竞赛标准,参与者主要为各级地方政府行政首长或者事业单位主要负责人。

---

① 周雪光.项目制:一个"控制权"的理论视角[J].开放时代,2015(02):82-102,5.
② 周飞舟.财政资金的专项化及其问题 兼论"项目治国"[J].社会,2012,32(01):1-37.
③ 史普原.政府组织间的权责配置——兼论"项目制"[J].社会学研究,2016,31(02):123-148,243-244.
④ 折晓叶,陈婴婴.项目制的分级运作机制和治理逻辑——对"项目进村"案例的社会学分析[J].中国社会科学,2011(04):126-148,223.

晋升锦标赛能够发挥激励效果至少需要满足五个条件:第一,上级政府拥有集中的人事权力,可以决定晋升标准,根据下级政府官员绩效决定是否晋升;第二,存在可衡量、客观的竞赛指标,比如,GDP增长率、财政收入或脱贫人口等;第三,政府官员业绩可分离和可比较;第四,政府官员能够影响最终考核绩效;第五,参与者不容易达成共谋①。

中国特有的国情适合采用晋升锦标赛:第一,中国是中央集权的国家,上级政府有权任命下级政府官员;第二,中国各级地方政府相似度较高,绩效具有可比性;第三,地方政府掌握资源较多,政府官员影响绩效的能力比较大;第四,地方官员共谋的可能性非常低。中国地方政府晋升锦标赛的激励效果有逐层放大的趋势,越到基层激励效果越明显,除此之外,中国政府官员处于一个相对封闭的就业市场,有较强的"锁住"效应,如果晋升不了实际上就意味着提前退休。

二、"四位一体":地方政府产业扶贫合作治理的解释框架

中国地方政府主导的产业扶贫合作治理,处在国家支持集中连片特困地区产业扶贫的政策背景下,与其他形式合作治理具有显著不同的特征,上述理论很难作出令人满意的解释,我们需要提出一个综合性的理论解释框架。

(一)社会资本视角下的地方政府产业扶贫合作治理

在社会资本理论中,地方政府合作治理参与者之间的信任和规范,是一种非常重要的社会资本,有利于降低合作风险、减少合作不确定性和提高合作效率,有助于产业扶贫合作治理的顺利推进;地方政府与非政府合作者之间的网络结构要素,如"桥""中心度""结构同型"等可以作为信任、规范等社会资本来源的解释变量。但是,社会资本理论无法解释地方政府与非政府合作者实施产业扶贫合作治理的动机,也很难解释地方政府究竟会选择哪些非政府合作者实施产业扶贫合作治理。

(二)资源依赖视角下的地方政府产业扶贫合作治理

在资源依赖理论中,地方政府与非政府合作者之间的资源专有性、差异性和依赖长期性等特征,可以在一定程度上解释地方政府如何选择非政府合作者作为合作对象。地方政府一般会选择拥有本地区产业扶贫急需

---

① 周黎安.晋升博弈中政府官员的激励与合作——兼论我国地方保护主义和重复建设问题长期存在的原因[J].经济研究,2004(06):33—40.

资源的非政府合作者进行合作,非政府合作者也会选择拥有其发展急需资源的地方政府进行合作。在资源依赖理论中,组织合作的动机是生存,组织将如何维系生存作为组织的第一要务。但是,在地方政府产业扶贫合作治理中,地方政府没有生存危机。在非政府合作者中,有很大一部分实体,比如国有企业、事业单位或非营利性组织等,也没有生存危机。因此,资源依赖理论也很难解释地方政府与非政府合作者实施产业扶贫合作治理的动机。

(三)项目式治理视角下的地方政府产业扶贫合作治理

在项目式治理中,国家提供产业扶贫的专项资金,资金专有程度比较高,资金拨付部门一般会对产业扶贫项目的实施情况进行专项监督检查。接受专项扶贫资金的地方政府有按要求完成项目任务的行政压力;除此之外,国家还提供了一些资金专有程度较低的扶贫项目,地方政府使用项目资金的自由度较大,可以部分保障地方政府的财政宽松度,缓解地方政府的财政收支压力。同时,国家鼓励各种类型的组织或个人参与产业扶贫项目,如科技部的"星火计划"项目,鼓励科研院所申报项目,促进集中连片贫困地区的扶贫产业开发。项目式治理可以合理解释地方政府与非政府合作者实施产业扶贫合作治理的动机。但是,项目式治理很难解释地方政府如何选择非政府合作者的问题,也很难解释合作成败或合作保持稳定的原因。

(四)晋升锦标赛视角下的地方政府产业扶贫合作治理

在晋升锦标赛中,地方政府的竞赛指标主要是 GDP 增长率或者扶贫效果等,科研机构或高校的竞赛指标主要是项目级别、论文档次和科技进步奖项等,国有企业的竞赛指标主要是盈利能力或税后利润等。晋升锦标赛的制度设计在一定程度上能够解释地方政府与非政府合作者实施产业扶贫合作治理的动机。地方政府行政首脑、科研院所或高校负责人或科研人员、国有企业主管等,都有参与产业扶贫合作治理的激励,一旦合作成功,参与者可以各取所需,提高职位晋升的竞争力。但是,晋升锦标赛与项目式治理一样,很难解释地方政府如何选择非政府合作者的问题,也很难解释合作成败和合作保持稳定的原因。

(五)地方政府产业扶贫合作治理的综合性理论解释框架

为了合理解释地方政府与非政府合作者实施产业扶贫合作治理的动机、合作对象选择,以及合作成败或保持稳定的原因,我们有必要在分析上述四种理论的前提下,提出一个综合性的理论解释框架。在这个综合性的理论解释框架中,可以解释在特定环境条件下,地方政府与非政府合作者为什么会合作(合作动机)、选择与谁合作(合作对象)、合作为什么会成功(合作绩效)。

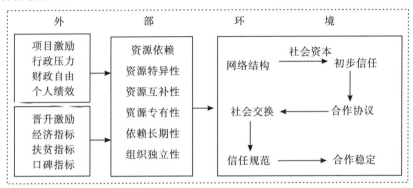

图 1-2　地方政府产业扶贫合作治理综合性理论解释框架

在综合性的理论解释框架中,外部环境是指政治、经济、社会和文化等方面的外部条件。外部环境构成了地方政府产业扶贫合作治理的支持和限制性条件,即有些外部环境条件有利于产业扶贫合作治理,有些外部环境条件不利于产业扶贫合作治理。在地方政府产业扶贫合作治理中,影响最大的外部环境条件是国家的扶贫政策。从 20 世纪以来,我国先后经历了解决绝对贫困→集中连片贫困地区产业扶贫→精准扶贫政策的转变,扶贫政策的变化,会对地方政府与非政府合作者实施产业扶贫合作治理的过程产生重大影响。

在综合性的理论解释框架中,地方政府与非政府合作者会受到项目与晋升的"双重激励"。在项目激励中,地方政府有完成扶贫专项资金项目的行政压力,有获取扶贫项目提高地方财政自由度的激励,合作参与者有参与扶贫项目获得利益或绩效的激励;在晋升激励中,产业扶贫合作治理带来的地区经济增长、脱贫人口增加和群众满意度提升等指标,有利于提高地方政府首脑职位晋升的竞争力。对某些合作参与者而言,比如科研院所,积极参与地方政府产业扶贫合作治理,可以带来项目数量、质量和科技进步奖的增长,有利于提升负责人职务晋升的竞争力。

在综合性的理论解释框架中,地方政府与非政府合作者的相互选择由资源依赖程度决定。第一,在地方政府产业扶贫合作治理中,地方政府必须拥有特异资源,且该资源在同类资源中有明显竞争优势;第二,地方政府与非政府合作者之间的资源具有互补性。地方政府拥有特异资源和权力资源,合作者拥有地方政府所需要的科技、人才与商业资源,且其也需要地方政府的特异资源和权力资源;第三,地方政府与非政府合作者之间的资源具有专有性。地方政府的特异资源和权力资源,非政府合作者的科技、人才与商业资源都具有不可替代性;第四,地方政府与非政府合作者之间的资源依赖具有长期性。资源依赖程度无法通过一次性市场交易解决,必须依靠长期的互动来解决;第五,地方政府与非政府合作者之间具有相对独立性。不会因为资源高度依赖性而导致地方政府与非政府合作者之间的合并或垂直整合。

在综合性的理论解释框架中,政府与非政府合作者之间的网络要素,比如"桥""强/弱连带""合作历史"等,能够积累初步信任,促进合作协议的达成。但是,由于合作协议以意向性协议为主,法律约束力较低(即可诉讼并申请法院强制执行的效力),任何一方预先实施的合作行为,都存在着很大的不确定性,一旦他方不积极响应,先行方就会陷入被动境地。合作者之间频繁的社会交换,可以破解合作协议履行的僵局。一方试探性地履约行为,如果获得了他方的积极回应,就会增加先行方的信心,促使其进一步履行合作协议。循环往复地互动,会逐渐养成深度信任。信任达到一定程度,会促进共识规范的形成。信任和共识规范有助于保持合作的稳定性,除非合作环境发生显著变化。

三、成功之道:黄金茶产业扶贫合作治理的理论解释

(一)网络连带和结构促进初步合作

两个没有任何合作历史的组织——保靖县农业局和湖南省茶叶研究所,为什么会在保靖黄金茶研究开发项目上达成初步的合作协议呢?分属两个组织的高级农艺师张湘生和资深退休研究员彭继光之间的网络连带关系,以及在各自单位中所处的结构位置,促成了两个组织之间的初步合作。

张湘生和彭继光之间的网络连带关系,包括网络位置、关系强度和关系质量等几个方面。从网络位置来看,两人"桥接"了保靖县农业局和湖南省茶叶研究所,然后再将其他合作参与者联系在一起;从关系强度来看,张湘生和彭继光于1997年就相互认识,此后的8年间,两人一直保持紧密联系,关系强度比较高;从关系质量来看,两人都毕业于湖南农业大学茶学专

业,是校友关系,都长期从事茶叶科研工作,有共同的专业方向和专业技术话语体系,关系质量比较高。

张湘生和彭继光在各自单位的结构位置,包括正式的科层结构位置和非正式的网络结构位置。从正式的科层结构位置来看,张湘生20世纪80年代初期本科毕业之后,长期在保靖县农业局经济作物站从事科研工作,职称为高级农艺师,在保靖县农业局拥有较强的技术话语权。彭继光是20世纪60年代的本科毕业生,湖南省茶叶研究所退休资深研究员,与单位领导保持着正常的联系;从非正式的网络结构位置来看,张湘生为高级农艺师,专门研究保靖黄金茶已经有10余年,在保靖县农业局很有影响力。彭继光研究员曾经担任过湖南省茶叶研究所副所长,尽管已经退休,但在单位还有较大的影响力。

张湘生和彭继光之间的网络连带关系,培养了两人间的高度信任。两人在各自单位的结构位置,对单位领导决策有一定的影响力。两人间的高度信任,伴随着网络连带关系传递到各自单位,促进了保靖县农业局与湖南省茶叶研究所之间的初步合作。

(二)低度激励和信任导致初步合作进展不大

在2005年初达成初步合作协议之后,保靖县农业局和湖南省茶叶研究所之间的合作进展非常小,除了在湘西土家族苗族自治州古丈县建设一个区域试验点之外,没有其他实质性进展。原因主要在于激励和信任的缺位。

1.合作协议的法律约束力较弱。在合作协议中,尽管约定了双方在黄金茶研究开发中各自应当承担的责任,但是,协议内容并不具体,没有明确的任务时间表。更重要的是,除了黄金茶的"保密条款"之外(不得将黄金茶茶苗引种至保靖县以外,否则承担违约责任1万元),双方没有约定任何明确的违约责任。从法律上来判断,该份合作协议因缺乏明确的要约与承诺,法律约束力较弱(违约可向法院申请救济,可要求赔偿或强制履行协议),仅仅是一份合作意向书,合作内容还需双方在合作过程中协商决定。因此,任何一方不积极履行合作协议,都不用承担相应的法律责任(违反黄金茶"保密条款"除外)。这导致双方单位都缺乏积极履行合作协议的法律压力。

2.合作组织的激励程度较低。从项目激励上来看,在2005年,尽管国家已经启动了项目式治理,但是财政转移支付资金的比例比较低,县级政府能够获得的专项资金项目比较少,作为合作一方的保靖县农业局,能够获得或支配的专项资金项目更少。对于科研院所而言,2005年也处于一个节点阶段,国家投入的研发资金有增加的趋势,但是还没有达到大量增加的地步,科研院所能够获得的项目资金比较少。这就意味着,双方合作基本上不会带来项目上的增长,也不会带来财政或科研经费的增加。在合作的两年间,保靖县农业局没有获得保靖黄金茶开发方面的项目和资金,湖南省茶叶研究所向其主管单位湖南省农科院申请了1项科研课题,获得项目经费30万元,主要由课题负责人支配。

从晋升激励来看,双方合作的内容以新品种选育、栽培和加工技术为主(即以科研合作为主),产业开发是附属内容。从保靖县农业局负责人的角度来考虑,合作内容的实现对其政绩提升没有实际意义。在县级政府职能部门绩效考核中,科技成果的数量或质量并不是其核心指标。从湖南省茶叶研究所负责人的角度来考虑,尽管科研成果是绩效考核主要指标之一,但当时的湖南省茶叶研究所正处在所领导班子换届的关键时期,当任所长已经任满接近两届,面临着转岗或升迁,黄金茶合作研究可能产生的科技成果对其激励不大。

3.合作组织的信任程度不高。在达成初步合作协议之后,在双方合作的两年间,互动次数非常少,除了湖南省茶叶研究所的科研人员到保靖收集过黄金茶种质资源之外,正式的组织互动只有一次,发生在保靖县之外并且与保靖县有一定竞争关系的古丈县,湖南省茶叶研究所的项目负责人将黄金茶引种至古丈县进行区域试验。这意味着,在初步合作协议达成之后,双方的社会交换行为非常少,即一方履行合作协议,他方根据情况进行协助或配合的行为非常少。缺乏频繁的社会交换行为,合作协议法律约束力较弱,使合作各方都嵌入到特定网络结构中,信任还是需要依靠张湘生和彭继光来维持,合作组织之间的信任程度不高。

(三)"四位一体"决定正式合作成功

2006年年底,湖南省茶叶研究所完成所领导班子换届,提拔一位副所长担任所长,原所长升任省农科院院长助理。新所长上任以后,与保靖县政府主要负责人协商,在2005年合作协议的基础上,达成了新的合作协议,合作对象由保靖县农业局换成了保靖县政府。2007年合作协议出现了一些新内容,包括:互派人员建立专门性协调机构、"捆绑"涉农资金支持黄金茶项目、繁育并赊销黄金茶苗、宣传发动农民种植黄金茶以及黄金茶品牌推广和品种选育等。但是,从法律上而言,这份协议与2005年合作协议没有实质性区别,同样缺乏法律强制力,任何一方违约或不履行合作协议,基本上没有法律风险。然而,与 2005 开始的合作相比,2007—2013 年的合作却非常成功,不仅保持了合作的稳定性,而且取得了显著的政治、经济和社会效益,其原因主要在于:

1.合作治理的外部环境好。2001 年,国务院颁布并实施《中国农村扶贫开发纲要(2001—2010 年)》,将扶贫开发的重点从贫困县转向贫困村,同时明确指出城乡间人口流动是扶贫的重要途径,劳动力转移培训、整村推进、产业扶贫作为三项重大扶贫措施在全国普遍推广。2007 年,新型农村合作医疗开始建立,贫困地区的扶贫开发开始重视对弱势群体的保护,形成了保障性扶贫的制度基础。2011 年,国务院颁布并实施了《中国农村扶贫开发纲要(2011—2020 年)》,指出我国面临的扶贫工作挑战由过去的普遍性、绝对贫困转变为现在的以收入不平等为特点的转型性贫困。这一时期,我国扶贫开发的主战场转向了 14 个集中连片特困地区。2007 年和 2011 年是两个关键时间节点,随着扶贫政策的推进,国家财政专项扶贫资金快速增加且主要用于集中连片特困地区。除此之外,国家各部委也开始鼓励各类组织参与扶贫开发工作。比如,科技部的"星火计划"项目,鼓励科研院所将科技成果推广运用到特困地区,助力地方产业扶贫工作。

2.合作组织的激励水平高。保靖县政府和湖南省茶叶研究所在黄金茶研究开发合作方面拥有较高的激励水平。在项目激励方面,随着国家扶贫政策和科技政策的变化,国家通过专项资金支持扶贫的力度加大,国家各部委落实扶贫政策推出了各种类型的扶贫项目。湘西土家族苗族自治州保靖县地处武陵山区,是国家重点支持的 14 个集中连片特困地区之一,国家各部委指定了大量的扶贫项目,保靖县政府有完成项目接受监督检查的行政压力;国家各部委还允许保靖县以特色产业申报新项目获得财政转移支付,允许项目实施单位提留部分管理费用用于奖励或鼓励项目实施人。湖南省茶叶研究所可以申报省重大科技专项、"星火计划"项目等,获得大量的科研经费和科研项目,缓解了运行经费紧张的问题。考虑到新项目申请与结题率直接挂钩,湖南省茶叶研究所也有尽快完成项目的压力。研究开发黄金茶,为双方申报或完成扶贫或科研项目提供了一个良好的机会。在合作协议中,双方约定各自申报的项目不占相互的指标,就可以看出这一点。另外,合作协议中约定的"捆绑"或"整合"涉农资金支持黄金茶项目,可以看作保靖县政府缓解扶贫项目监督检查行政压力的措施之一。

在晋升激励方面,最重要的竞赛指标为 GDP 增长率、脱贫率和群众满意率等。保靖县相对于湘西土家族苗族自治州其他市、县,在经济发展或扶贫开发方面没有任何优势,吉首市是湘西土家族苗族自治州委、州政府所在地,区位优势明显,凤凰县、古丈县和龙山县都有丰富的旅游资源,有明显的经济发展优势。黄金茶项目提供了一个引入外来投资、科技和人力资源的机会,可以促进保靖县经济增长率和脱贫率的显著提高(经济增速连续多年在湘西自治州保持前列)。在科研院所中,最重要的竞赛指标为科研成果数量、科研成果转化率和科研成果奖励级别等。湖南省茶叶研究所参与黄金茶项目研究开发,可以获得多个茶树新品种认定(黄金茶 1 号、2 号和 168 号),提高茶树良种转化率(黄金茶 1 号、2 号被推广到省内多地种植),实现湖南省科技进步奖的突破(获得 2016 湖南省科技进步一等奖)。

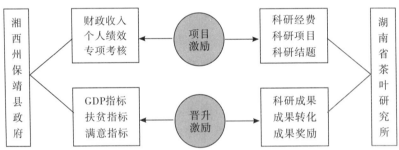

图 1-3 保靖县政府与湖南省茶叶研究所黄金茶产业开发激励示意图

3.合作组织的资源依赖性强。保靖县政府与湖南省茶叶研究所在黄金茶研究开发项目上的强资源依赖性决定了合作对象的相互选择。保靖县政府拥有特异的黄金茶地方群体种质资源,有宣传、协调和解释等方面的政治动员资源,有税收、奖励和财政等方面政府补贴资源。但是,要发展黄金茶产业,保靖县政府还需要茶叶育种、栽培和加工等方面的科研资源,规划、培训和营销等方面的人力和商业资源。湖南省茶叶研究所拥有省内一流的茶叶科研资源,拥有完善的茶叶育种、栽培和加工人力资源的培训体系,自办和参股其他茶业企业,有丰富的商业资源。但是,作为省内专门的茶叶科研机构,湖南省茶叶研究所要在政绩上取得突破,在育种方面需要特异的茶树品种资源,在茶树良种转化方面需要良好的推广渠道,在科技奖励方面需要科技成果转化的高经济、社会效益指标。

保靖县政府与湖南省茶叶研究所的资源特异性、互补性、专有性和依赖长期性等决定了合作对象选择的合理性。在资源特异性方面,黄金茶群体种质资源在氨基酸含量、成熟期和抗病性等方面拥有绝对优势,不仅在鲜爽滋味方面完胜同类品种,而且成熟期早,有巨大的市场价值;在资源互补性方面,保靖县政府拥有黄金茶群体品种资源、政治动员和政府补贴资源,湖南省茶叶研究所拥有科研、培训和商业资源,资源具有良好的互补性;在资源专有性方面,保靖县政府对保靖黄金茶群体种资源有专属的管辖权。湖南省茶叶研究所拥有在省内不可替代的综合性茶叶科研资源和商业资源;在依赖长期性方面,从黄金茶群体种资源中选育良种并推广种植至少需要5~10年的时间;对当地茶企和农户进行栽培、加工和销售等技能的培训,提高黄金茶产业开发的人力资源水平,是一个长期的过程。

保靖县政府与湖南省茶叶研究所之间的相互独立性,可以保证合作不会演变成组织之间的垂直或横向整合。湖南省茶叶研究所为湖南省农科院主管的科研事业单位,保靖县政府作为地方政府,两个组织的单位性质完全不同,注册地不同,不存在相互整合兼并的可能性。

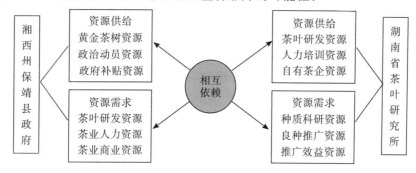

图1-4 保靖县政府与湖南省茶叶研究所黄金茶产业开发资源依赖示意图

4.合作积累的社会资本多。合作协议法律约束力较弱,内容比较模糊,可能会使合作陷入僵局。如果湖南省茶叶研究所垫资繁育的黄金茶茶苗农户不采纳,或者农户种植茶苗后却在采摘期不以鲜叶偿还,就面临着亏损的风险。如果保靖县政府宣传发动农民种植黄金茶、申请保靖黄金茶地理标志、成立黄金茶产业开发领导小组、"捆绑"涉农资金支持黄金茶产业和协助黄金茶新品种登记,湖南省茶叶研究所不予回应或回应不充分,那么保靖县政府就会陷入非常尴尬的境地。解决这个问题的关键必须依赖信任与规范,以及双方积累的社会资本。

258　产业精准扶贫的质量提升研究

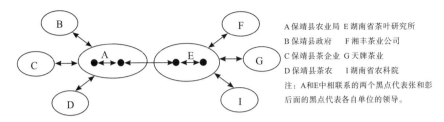

图 1-5　保靖县黄金茶产业开发合作治理的网络关系图

首先,社会嵌入破解了合作僵局。在保靖县政府与湖南省茶叶研究所达成并履行正式合作协议之前,保靖县农业局高级农艺师张湘生与湖南省茶叶研究所退休研究员彭继光之间就有七八年的非正式合作,这促成了保靖县农业局与湖南省茶叶研究所之间的初步合作。在初步合作中,湖南省茶叶研究所向主管单位湖南省农科院申请了 30 万元的项目研究经费,支持湖南省茶叶研究所的科研人员扎根保靖县黄金村,初步建立了保靖黄金茶的种质资源圃。湖南省茶叶研究所的前期合作行为获得了保靖县农业局与当地村民的积极反馈。尽管初步合作进展不大,但 10 余年的合作经历,使保靖县政府和湖南省茶叶研究所嵌入到以黄金茶为媒介的社会网络结构中,超越了一次性交易关系(arm-length relationship)中的信任程度,提高了合作预期的稳定性,有助于遏制合作中的投机行为,打破了合作协议履行的僵局。

其次,社会交换积累了深度信任。在合作协议法律约束力较弱的前提下,湖南省茶叶研究所调用自己的社会资本(嵌在社会网络中可供组织调用的资源),与湖南湘丰茶业有限公司共投资 200 万元成立保靖县黄金茶有限公司,在保靖县黄金村建立黄金茶茶苗繁育基地和黄金茶现代化加工厂。这说明,湖南省茶叶研究所不仅对保靖黄金茶种质资源充满了信心,认可其科研、推广和开发价值,而且以实际行动表达了对保靖县政府的信任,率先打破了合作协议履行的僵局。保靖县政府积极回应湖南省茶叶研究所的合作行为,在其建设黄金茶繁育基地和加工厂受到当地村民阻挠时,及时组织政府部门工作人员,对当地村民进行宣传教育与说服工作,消除了合作过程中的障碍。在湖南省茶叶研究所的黄金茶茶苗繁育成功之后,保靖县政府适时推出了保靖黄金茶产业发展的指导性意见,对种植黄金茶的农民进行补贴,对保靖黄金茶品牌推广活动进行奖励。在湖南省茶叶研究所垫资推广黄金茶茶苗遭遇资金困难之后,保靖县政府更新了保靖黄金茶产业发展的指导性意见,由保靖县政府统一购买黄金茶茶苗之后向农民提供,对推广保靖黄金茶的营销行为进行政府补贴,扩大保靖黄金茶的市场规模,提高其知名度。在互动中,湖南省茶叶研究所的行为基本上都是履行合作协议的行为,保靖县政府的行为则不具有特定性,面向保靖县境内所有的茶业企业和农户,也是回应湖南省茶叶研究所的履约行为。这并不是直接的市场交易行为或履行协议行为,而是一种社会交换行为,一方先行投入资源的行为,并不期待得到他方的即刻回报,而是在合适的时机等待他方提供合适的回报。长期的社会交换,合作各方深深嵌入保靖黄金茶开发的社会网络结构中,积累了高度的信任,形成了保靖黄金茶开发合作的共识规范(内容确定性、履行责任感远超合作协议书),保证了合作治理的稳定性。

(四)内外条件变化致使合作重组

2013年,保靖县政府与湖南省茶叶研究所的合作出现了新动向,引入了新合作组织,上市公司隆平高科的所属企业——隆平茶业有限公司与另一个湘西土家族苗族自治州的大型茶企——和谐茶业加入了合作,湖南省茶叶研究所基本退出了保靖黄金茶产业开发合作,但保留了保靖黄金茶的科研合作。在重组的合作框架中,保靖县政府出资加入了保靖县黄金茶有限公司,成为保靖县黄金茶有限公司的股东之一,这是以前合作框架中所没有的特征。合作重组与达成新合作框架的原因主要在于:

首先,合作环境发生了显著变化。在政策层面上,随着国家事业单位改革方案的出台,公益一类事业单位不能再从事营利性活动,由国家财政全额保障其运行经费。2013初,湖南省茶叶研究所提出了争取划入公益一类事业单位的计划,开始逐步退出经营性活动。在经济层面,经过七八年的产业开发,保靖黄金茶的品牌知名度、消费者认可度和美誉度都有了显著提高,但是遇到了进一步快速发展的瓶颈,很难实现保靖县政府提出的2020年远期规划目标。在政府运行层面,保靖县政府首脑进入了轮岗期,原主要负责人或被提拔或交流到湘西自治州其他部门,新来的政府首脑提出了更高的发展目标。

其次,资源依赖程度有所减弱。在保靖黄金茶产业实现大发展之后,保靖县政府的资源需求发生了较大的变化。在保靖黄金茶开发初期,保靖县政府依赖湖南省茶叶研究所的科研资源和商业资源,来保证保靖黄金茶的良种性、适种性和可推广种植性,为保靖县培训保靖黄金茶种植、加工和营销方面的人才,借助于湖南省茶叶研究所在省内的地位提高保靖黄金茶的知名度等。在保靖黄金茶产业实现大发展之后,保靖县政府对湖南省茶叶研究所的资源依赖程度明显降低,保靖黄金茶1号、2号相继选育成功,获得了湖南省农业厅的种质资源证书,县内种植和加工黄金茶的企业和合作社呈爆炸式增长,黄金茶种植和加工技术也被广泛普及。实现保靖黄金茶开发的2020年远期规划目标,保靖县政府现在急需大公司的商业资源。湖南省茶叶研究所对保靖县政府的依赖程度也在降低,根据2013年的数据,保靖黄金茶研发成果已经完全满足了申报省科技进步奖的经济、社会效益指标的要求。

再次,合作重组的信任程度不够。在合作重组过程中,湖南省茶叶研究所与湖南湘丰茶业有限公司出售了保靖县黄金茶有限公司的大部分股份,成为小股东,基本不再参与生产经营活动。保靖县政府通过保靖县茶业办投资保靖县黄金茶有限公司,成为公司股东之一。隆平茶业成为公司的大股东,完全掌控了公司的生产经营决策权。新的合作结构说明,保靖县政府与隆平茶业、和谐茶业公司之间有较强的资源依赖性,保靖县政府依赖对方的商业资源,隆平茶业和和谐茶业公司依赖保靖县政府的种质资源和政治资源。同时也说明,保靖县政府与隆平茶业、和谐茶业等新合作对象之间的信任程度不高,无法达成"社会交换"式的合作结构,而采用了利益"相互锁定"式的合作结构。

四、弦外之音:保靖黄金茶产业应该向湘西土家族苗族自治州扩展吗?

随着保靖黄金茶产业开发的成功,其越来越大的影响力引起了湘西土家族苗族自治州委、州政府的重视。从2014年开始,湘西土家族苗族自治州委、州政府开始启动在全州推广种植保靖黄金茶的工作,并且启动"湘西黄金茶"地理标志和商标的申报工作。湘西土家族苗族自治州委、州政府推广湘西黄金茶的工作,遭到了保靖县政府和当地群众的强烈反对,尤其是在注册"湘西黄金茶"地理标志和商标的事项上,产生了较为严重的争议。这引发了一个与本案例有关但有点偏题的问题,基于一个县的特异资源而开发成功的产业,有必要在上级政府的引导下向其他县级区域扩张吗?这个问题留给读者自己去解答。

案例二：不完全契约理论下的产业扶贫委托

案例主体

摘要：湘西土家族苗族自治州保靖县黄金村有一种名为黄金茶的古老茶树资源，有开发为特异名优绿茶的潜力。保靖县政府为解决研发能力不足的问题，委托湖南省茶叶研究所研发黄金茶，带动黄金茶产业发展，实现产业扶贫目标。为此，双方先后签署了四份黄金茶研发协议书，履约时间近10年。从首次签约的形同虚设，到再次签约的大获成功，再到第三次签约的争议不断，最终到第四次签约的兼并重组终止委托，本案例提供了一个从不完全契约理论视角观察产业扶贫委托中政府与企业或组织关系的机会，对理解政府与市场、政府与企业之间的边界或权利配置等问题有一定的参考价值。

关键词：保靖黄金茶　不完全契约　产业扶贫委托

一、引言

湘西土家族苗族自治州保靖县，地处武陵山区，是国家14个集中连片贫困地区之一。保靖县葫芦镇黄金村，生长着一种古老的茶树资源，制成的绿茶栗香浓郁，滋味鲜爽醇厚，在当地小有名气，是当地村民赠送亲朋好友的佳品。

黄金村村长"向老大"，为带领村民脱贫致富，组织村民开发黄金茶产业，然而，几次尝试都以失败告终，还欠下不少债务。"向老大"将情况反映到保靖县农业局，希望政府能够予以支持。"向老大"认为，黄金茶品质特殊，有优于省内任何一种名优绿茶的潜质，但是，开发黄金茶却面临着一些困难：首先，品种繁育困难。黄金茶属于地方群体品种，散居在田间地头，由于不育无法通过茶果繁殖，虽然可以通过扦插等无性繁殖技术繁育，但村民不会；其次，品质不稳定。黄金茶属于群体品种，不同茶树制成的茶叶品质差别较大；再次，制茶技术不佳。当地村民用燃烧的松枝来烘干茶叶，导致茶叶有烟味，尽管当地村民喜好这种味道，但外地消费者难以接受。

为解决黄金村面临的实际困难，保靖县农业局派出1名茶学专业的资深农技师张湘生长驻黄金村。经过几年的努力，张湘生用扦插技术解决了黄金茶的繁育问题;通过品种比较实验,筛选了3个品质优异黄金茶品种(分别命名为黄金铃木1号、2号和168号),解决了群体品种品质不稳定的问题。但是,由于黄金茶由农户在家自己制作,没有形成产业化、规模化生产,张湘生解决不了黄金干茶有烟味的问题。

"向老大"再次提出要将黄金茶产业化,扩大种植和生产规模,但是,仍然面临着几个棘手的问题:第一,无性繁育茶苗需要大量的人力、物力和财力;第二,种植、加工和销售黄金茶,需要技术指导和市场渠道。"向老大"向保靖县农业局请求支援,但作为主管农业的政府部门——保靖县农业局也无能为力。保靖县黄金村的产业扶贫陷入了窘境:明明守着一座"金山银山",却无法变现,实现脱贫致富。

一次偶然的机会,保靖县政府与湖南省茶叶研究所开始合作,研究黄金茶的品种选育、加工技术和制茶特性,开发黄金茶产业,带动村民脱贫致富。为此,双方在10余年的合作研发期间,共签署了4份黄金茶研发协议,为我们观察地方政府在产业扶贫委托中如何处理与扶贫企业或组织的关系,提供了一次绝佳的机会。

二、形同虚设的第一份黄金茶研发协议

2005年的某一天,农艺师张湘生经人介绍,认识了湖南省茶叶研究所退休研究员彭继光。张湘生极力向彭继光推荐黄金茶。经过品尝,彭继光认定这是他有生以来喝过的最好的绿茶,决定向单位领导推荐,与保靖县农业局共同研发黄金茶。在张彭两人的引荐下,保靖县农业局与湖南省茶叶研究所签订了第一份黄金茶研究开发合同书。

对于合同目的,这份合同书是这样表述的:"充分利用保靖黄金茶珍稀资源,将资源优势转化为经济优势,推进黄金茶产业化的发展步伐。"很明显,签订第一份黄金茶研发协议的主要目的,就是要加快黄金茶产业化的发展步伐,早日将资源优势转化为经济优势,繁荣黄金茶产业,助推扶贫工作。

对于合同内容,表述比较模糊,有属于科研工作的,比如,保靖黄金茶"新品种选育、栽培技术、制茶特性和深加工技术",也有属于开发工作的,比如实施黄金茶新品种"产业开发"。但是,合同在表述上,将所有的合同内容称为"研究内容",似乎在逻辑上存在一些问题,这可能反映了缔约双方对研发协议的态度差异,保靖县农业局注重开发,希望将资源优势转化

为经济优势,而湖南省茶叶研究所注重研究,希望将资源优势转化为技术成果。合同中对双方责任的约定也体现了这一点。在保靖县农业局方面,包括了提供研究与开发两方面服务的责任,而在湖南省茶叶研究所方面,则只包括了提供研究服务的责任。

对于研究开发的技术成果,合同约定"共同享有",并约定成果排名采用两单位"交替排名"的规则,但对排位次序未作出约定。考虑到保靖县黄金茶不育主要依赖扦插等无性繁殖技术繁育的特性,合同约定合同双方都不得将黄金茶树枝条等系列材料带到保靖县外扩繁,以免丧失资源优势与由此而来的经济优势。为此,合同还约定了1万元的违约金,防止缔约双方,主要是湖南省茶叶研究所,将黄金茶繁殖材料带到保靖县外扩繁。

根据《中华人民共和国种子法》的规定,只有取得种子主管部门的种子认定证书,种子才能成为商品,在市场上销售和推广。在合同签订之前,保靖县农业局已经取得了黄金茶群体品种的认定证书。由于认定的是群体品种,该品种只能在保靖县内销售、推广和应用。种子繁育权并不是一项法定权利,能否获得这项权利,主要取决于种子的繁育方式。有些种子是杂交种子,必须每年采用相关技术专门制种,使用者不能自己留种(留种不育),发明者可以通过出售繁育技术获利,获得繁育技术者可以通过制种销售获利;有些种子不是杂交种子,使用者可以自己留种,种子出售者对使用者的留种行为不享有法定权利。黄金茶可以自己留种,也就是说,购买黄金茶茶苗者,可以自己用扦插技术繁育茶苗,而不用在法律上承担任何侵权责任。保靖县农业局当时正处于矛盾状态:想自己开发,但缺乏研发能力;想合作开发,又担心丧失资源优势。

保靖县农业局与湖南省茶叶研究所虽然签订了这份黄金茶研究开发协议书,但是,这份协议书基本上停留在"纸面上",形同虚设,缔约双方都没有认真对待,也没有认真履行过这份合同。一个典型的表现是,从合同签订的2005年始,到下一份合同签订的2007年止,除了湖南省茶叶研究所派出的两位科技人员去过保靖县黄金村进行资源采集工作之外,缔约双方没有任何实质性的履约行为。

三、大获成功的第二份黄金茶研发协议

2007年9月14日,保靖县政府与湖南省茶叶研究所签订了第二份黄金茶研发协议。在这份协议中,原缔约方保靖县农业局被替换为保靖县政

府,解决了第一份协议中"研究"与"开发"分离的状况,并在协议中明确约定,双方合作的范围包括"科学研究"和"产业开发"两个方面。在这份协议签订之前,保靖县政府制定了"十一五"规划,明确提出黄金茶高效茶园面积要达到 3 万亩,产值达到 2 亿元以上,为县财政创造税收 1200 万元以上,茶农种植黄金茶亩产值达到 7000 元以上,解决 5 万个农民工就业的总目标。

对于合同目的,协议明确规定要"出大成果和形成知名品牌"。为此,保靖县政府需要"办理每年 500 万～1500 万株茶苗定植的组织宣传发动工作";需要"申请办理并管理好中华人民共和国原产地证明商标";需要成立专门的领导协调机构;需要"捆绑相关涉农资金支持保靖黄金茶项目建设"等。湖南省茶叶研究所则需要"每年繁育 50～150 亩良种茶苗,提供 500 万～1500 万株茶苗(0.2 元每株)";需要"建设两个 20 亩的科技示范万元田";需要实施科研和技术培训与服务工作;派出专人负责研发工作等。除此之外,其他内容与第一份黄金茶研发协议基本上保持了一致。

这份协议的履行情况非常好。湖南省茶叶研究所向省科技厅申报了科技项目,获得 30 万元的项目经费支持;与湖南湘丰茶业有限公司共投资 102 万元,在保靖县设立了保靖黄金茶有限公司,负责黄金茶产业开发;派出两名科技人员,分别挂职担任保靖县科技副县长、湖南省驻保靖县科技特派员,同时兼任保靖黄金茶有限公司的经理和副经理。保靖县政府在保靖县农业局单独设立了茶叶局,专门负责黄金茶产业开发工作;派出一名副县长,专职协调黄金茶研发工作;调用扶贫项目资源,对黄金茶苗种植者进行补贴;大力支持保靖黄金茶有限公司成为龙头企业,修建直达公路,改善交通条件,优先安排产业化项目和技改项目,优先安排农业用地。对达到食品质量安全市场准入制要求的企业,采取以奖代补方式进行奖励,对获得各种品牌奖励荣誉的给予奖励等。

在缔约双方的共同努力下,黄金茶园的种植面积从 566 公顷,增加至 2011 年的 2400 公顷,实现种植面积的跨越式大发展。黄金茶产量从 80 吨增长到 122 吨,增长近三分之一,产值增长更快,从 1630 万元增长到 3200 万元,增长接近一倍。"黄金茶 1 号"获得了种质资源认定,成为受法律保护的种质资源;保靖黄金茶被中国绿色食品发展中心认证为 A 级绿色食品。与此同时,保靖县因发展黄金茶而获得"中国茶叶百强县"的荣誉称号,保靖黄金茶也获得了农业部颁发的中华人民共和国产品地理标志登记证书。

四、陷入争议的第三份黄金茶研发协议

黄金茶产业的发展趋势,让保靖县政府看到了做大做强的希望。新一届领导班子制定了黄金茶的10年发展规划:到2020年,保靖县黄金茶园面积达8万~10万亩,产值达到10亿元以上,每年为县财政创造税收4000万元,解决5万个农民工就业问题,使保靖县成为中国绿茶大县。按照这个规划,从2011年开始,黄金茶产业年增长率只有达到30%以上,才能实现预期目标。

为此,保靖县政府与湖南省茶叶研究所签订了第四份黄金茶研发协议,签署日期为2011年3月12日。与第三份协议相比,第四份协议修改了黄金茶苗的销售方式,约定由保靖县政府"统筹收购保靖黄金茶良种茶苗,尽快扩大保靖黄金茶种植规模"。但是,协议并没有约定收购价格,也没有约定收购数量和付款方式。湖南省茶叶研究所需要争取项目资金或垫资建设黄金茶苗繁育基地,满足黄金茶园扩张需要。第三份协议约定保靖县政府"捆绑涉农资金支持黄金茶产业",第四份协议明确约定由保靖县政府"整合涉农项目和资金支付黄金茶产业发展",提出支持"保靖黄金茶有限公司的建设"。第四份黄金茶研发协议还约定由保靖县政府每年举办茶叶博览会,推荐保靖黄金茶,争取省内获得名优产品标志,在恰当的时候,引入上市公司等著名茶业企业,培育龙头企业。除此之外,第四份协议与第三份协议并没有实质性差别。

这份协议的履行情况不佳,缔约双方陷入长期的争议之中。保靖黄金茶有限公司繁育的黄金茶苗被禁止对外销售,只有在接受政府指令之后,才能销售给指定的对象,公司需要时刻与政府保持沟通联系,才能满足政府要求。在沟通过程中,双方经常发生争议。保靖县政府使用扶贫项目资金收购黄金茶苗,然后发放给需要扩充茶园的农户,保靖黄金茶有限公司需要申报产业扶贫项目,才能获得销售黄金茶苗的营业收入,缔约双方就黄金茶苗价格和产业扶贫项目资金数量不断进行博弈。事实上,这份协议签订之后的两年内,保靖县黄金茶园面积基本上保持不变,保靖县黄金茶有限公司繁育的茶苗数量相当少,根本就无法满足政府快速扩张茶园面积的需要。

五、终止委托的第四份黄金茶研发协议

在两年争议不断的履约期间,保靖县黄金茶的种植面积几乎没有增长,维持在 3127 公顷。2013 年,保靖县委、县政府制定了《关于进一步推进保靖黄金茶产业发展的意见》(保发〔2013〕1 号)的红头文件,提出至 2015 年,保靖县黄金茶的种植面积要达到 6667 公顷,发展 2 个销售收入过 5000 万元,力争过亿元的茶叶龙头企业等发展目标。湖南省茶叶研究所是一家省属科研事业单位,在事业单位未改制之前,属于非全额财政保障事业单位,可以自己设立经营性企业从事营利性活动。尽管湖南省茶叶研究所有独资的茶叶企业(天牌茶业有限公司),但其主业是茶叶科研,茶业经营是副业。就茶业经营的实力而言,其与专业类茶业公司还存在较大差距,以其目前的实力而言,根本就不可能满足保靖县政府发展黄金茶产业的要求。

2013 年 3 月,保靖县政府与湖南省茶叶研究所签订了第四份黄金茶研发协议。这份协议是一份兼并重组协议,除缔约双方外,还引入了一个上市公司的专业子公司(隆平茶业)和一个专业茶业公司(湘西和谐茶业)。在这份协议中,隆平茶业出资 310 万元,占股 51%,和谐茶业出资 117.5 万元,保靖县政府出资 98 万元,湖南省茶叶研究所出资 57 万元,湘丰茶业出资 27.5 万元,重组了保靖黄金茶有限公司。在随后的一年里,湖南省茶叶研究所和湘丰茶业向隆平茶业转让了全部股份,退出了保靖黄金茶有限公司的投资和经营管理活动。

隆平茶业公司由隆平高科、步步高、老百姓大药房、大汉集团、美林控股、天下凤凰等 6 家知名企业共同出资组建而成,注册资金 5000 万元,是一家集生产、销售、科研、生态观光,以及线上线下旗舰店于一体的"平台型、品牌综合运营型"企业。隆平茶业背靠上市公司隆平高科,实力雄厚,茶业产业体系完整,有实现保靖县政府开发黄金茶产业目标的潜力。

在保靖黄金茶有限公司重组两年之后,至 2015 年末,保靖县黄金茶的种植面积达到了 4533 公顷,黄金茶年产量达到 300 吨,总产值达到 22000 万元。虽然没有实现保靖县政府预期的发展目标,但是,跨越了发展停滞不前的阶段,重新走上了快速发展的道路。然而,值得重视的是,在近几年的发展中出现了一些令人难以理解的乱象。比如,在市场行情较好时,保靖黄金茶有限公司很难收购到足够的鲜叶制作干茶,即使保靖县政府采取

强制措施禁止外来茶商收购也不能阻止茶叶鲜叶外流;在市场行情不好时,保靖黄金茶有限公司必须收购茶农的鲜叶,即使出现亏损也是如此。近几年,保靖黄金茶有限公司经营状况逐渐恶化,有退出黄金茶市场的可能。

六、尾声

在退出保靖黄金茶的投资与经营管理之后,湖南省茶叶研究所的科研工作并没有停止,先后于2016年获得了"黄金茶2号""黄金茶168号"的种质资源认定,获得了正式证书。2016年1月,以湖南省农业科学院茶叶研究所、保靖县政府等为主要申报单位的湖南省科技进步奖励项目《特异茶树种质资源黄金茶创新与利用》,获得了湖南省科技进步一等奖,同时获得了国家科技进步奖的申报资格。应当说,在黄金茶开发合作失败之后,黄金茶的研究工作是成功的。

思考题:
(1)第一份黄金茶研发协议为什么会形同虚设呢?
(2)第二份黄金茶研发协议为什么会大获成功呢?
(3)第三份黄金茶研发协议为什么会争议不断呢?
(4)第四份黄金茶研发协议为什么会终止委托呢?

案例分析

本案例以国家精准扶贫政策和乡村振兴战略为背景,通过作者调研,以湘西土家族苗族自治州保靖县黄金茶产业开发为例,以保靖县政府委托湖南省茶叶研究所实施产业扶贫为素材,以黄金茶产业扶贫委托协议的签署、履行、修改和终止为主线,以不完全契约理论为依据,深入分析地方政府与第三方机构在产业扶贫委托中"剩余控制权和剩余索取权"的最优配置问题。通过案例分析,使读者能够准确掌握不完全契约的相关理论知识,了解当代中国地方政府产业扶贫的实践,并在此基础上,引导读者对当代中国地方政府以产业扶贫推进乡村振兴战略的问题进行深入思考。

一、不完全契约理论

不完全契约理论源于科斯。在《社会成本问题》和《企业的性质》这两篇论文中,科斯讨论了组织与市场的边界问题,认为缔约者之间的交易费用是决定组织最优边界的关键因素。具体而言,在市场活动中,如果通过市场交易获得产品或服务的交易费用过高,组织倾向于通过纵向或横向一体化的方式收购或兼并交易方,将其整合纳入组织中,通过组织管理来降低交易费用。但是,由于组织管理也存在成本,组织规模不可能一直扩张,当组织管理成本与市场交易费用达到均衡时,组织边界达到了最优状态。科斯定律的创造性在于,提出了"交易费用"的概念,解决了古典经济学中将市场假定为在"真空"中运行的问题,并以此为依据,提出了组织最优边界的理论模型,将组织的本质设定为一系列契约的组合,奠定了契约经济学和信息经济学等新制度经济学派的理论基础。但是,科斯定律的麻烦在于,学者都能够理解交易费用的意思,也认可其解释力,并经常在论文中引用,却很难具体化"交易费用"的含义。

为了解决这个问题,威廉姆森引入了"资产专用性"的概念,来解释何种情况下市场交易费用会比较高,作为具体化"交易费用"概念的一种尝试。所谓"资产专用性"是指用于特定用途后被锁定很难再用作他用性质的资产,若改作他用则价值会降低,甚至可能变成毫无价值的资产。他认为,一共有五类专用性资产,即地理区位、人力资产、物理资产、完全为特定协约服务和名牌商标资产等[①]。资产专用性越高,资产在不同行业间转换的费用或成本就越高,就会增加行业的进入壁垒和垄断程度。但是,与此同时,专用性强的资产一旦形成,所有者拥有的谈判"筹码"会减少,面临着被其他人"敲竹杠"的风险。比如,生产特定产品的机器设备,如果无法在本行业发挥作用,那么在转换行业时,所有者的谈判筹码非常少,可能不得不以极低的价格出售。"资产专业用性"概念解释了交易费用的起源,并能够根据专用性程度估算交易费用的大小,设计不同的交易契约,形成不同的治理结构。根据这个理论,如果资产专用性导致的交易费用过高,组织就会以纵向或横向一体化的方式进行合并或兼并,以组织管理来替代交易谈判,直到管理成本与交易费用达到均衡,形成最佳的组织边界为止。但是,资产专用性理论对组织治理结构的多样性缺乏解释力。

格罗斯曼和哈特在资产专用性的假定下,提出了不完全契约理论,进一步发展完善了科斯定律。第一代不完全契约理论由三个部分构成:首先,解释了契约为什么是不完全的。哈特认为,至少有三种情况会导致契

---

① Williamson O. *The Economic Institutions of Capitalism:Firms,Markets,Relational Contracting*[M]. New York:Free Press,1985.

约不完全：一是人们在签订契约时无法预测到所有可能情况，从而导致契约的不完全性；二是人们无法用完美准确的语言将契约内容表述得毫无争议而导致契约的不完全性；三是无法向法院或其他第三方争议解决机构证实契约内容而导致的契约不完全性。其次，分析了契约的权利结构。哈特认为，契约中的权利由两个部分构成，一是约定明确的权利，即所谓"特定权利"；二是约定不明确或隐含的权利，即所谓"剩余控制权"。一般情况下，有约定的从约定，但由于契约的不完全性，事前没有约定的事项总是会出现，这时剩余控制权就显得特别重要。拥有剩余控制权的一方，会拥有谈判优势，也有更大的事前专用性投资激励，而没有剩余控制权的一方正好相反，事前专用性投资激励会减少。从提高效率的角度而言，剩余控制权应当分配给投资重要的一方，以避免被另一方"敲竹杠"[1]。

再次，格罗斯曼、哈特和莫尔共同提出了一个完整的不完全契约理论模型（简称 GHM 模型）。从契约的不完全性出发，将契约划分为 0、1 和 2 期，分别对应契约的缔约、修订和履行期。在缔约的 0 期，各方在契约中明确规定，资产具体使用方法需要极大的成本，基本上无法实现。在这种情况下，谁拥有剩余控制权，谁就拥有谈判优势。在修订契约的 1 期，会出现契约不完全性显现的自然状态，各方必然会进行谈判以修订契约，拥有剩余控制权的一方，将会充分运用自己的谈判优势，将不完全的契约修订得对自己更为有利。在履行契约的 2 期，契约得到执行，各方获得各自的收益。

从最优产权配置角度而言，GHM 模型的结论如下：第一，如果卖方的投资决策无弹性，那么卖方合并买方是最优结构，如果买方的投资决策无弹性，那么买方合并卖方合并是最优结构；第二，如果卖方的投资缺乏生产效率，那么卖方合并买方是最优结构，如果买方的投资缺乏生产效率，那么买方合并卖方合并是最优结构如果卖方；第三，如果卖方和买方资产相互独立，不合并是最优结构；第四，如果卖方和买方资产互补，相互合并是优结构；第五，如果买方的关系专用性投资不可或缺，卖方合并买方是优结构，如果卖方的关系专用性投资不可或缺，买方合并卖方是最优结构；第六，如果买卖双方的关系专用性投资都不可或缺，那么任意一种合并都是最优结构。

---

[1] Grossman S J, Hart O. The Costs and Benefits of Ownership: A theory of Vertical and Lateral Integration[J]. *Journal of Political Economy*, 1986, 94(04): 691-719.

除了通过纵向或横向一体化配置最优产权结构的机制之外,提高不完全契约效率的机制还包括自我实施与第三方实施机制。自我实施机制强调契约各方的自觉性,通过契约各方的信任、信誉与耐心等机制达到契约实施的目的。自我实施机制中最重要的方式之一是报复,主要通过终止合作关系造成资产专用性投资损失与损害商业信誉来实现;第三方实施机制指国家或者法律机关通过立法或者司法程序来弥补由于契约不完全所造成的无效率。第三方实施机制是否有效率在很大程度上依赖于国家的立法、司法体制的完善程度。

二、不完全契约、行政权力与产业扶贫委托

不完全契约理论主要适用分析于市场主体间的交易关系或组织关系,通过纵向或横向一体化机制,市场主体能够在市场交易与组织管理之间达到最优均衡状态,克服契约不完全性带来的效率损失。随着不完全契约理论的成熟与影响力日益扩大,其也被逐渐用于分析政府的治理活动。在新公共服务运动背景下,政府与企业或非政府组织合作,签订合作协议,共同治理公共问题。政府与企业或非政府组织间的合作治理关系,既有明文规定的显性契约予以约定,也存在大量无法明文规定的隐性契约,契约的不完全性与市场主体相比更为明显,可以使用契约不完全理论予以分析。

在地方政府产业扶贫委托契约中,显性契约一般为地方政府与企业或非政府组织签订的合作协议。比如,政府与第三方机构共同投资扶贫产业的协议、政府补贴投资扶贫产业的第三方机构的协议等。在显性契约中,地方政府与第三方机构约定的权利义务关系,尤其是权利关系,即为不完全契约理论中的"特定权利"。由于权利归属关系清晰,其所有者的专用性投资激励较强。

隐性契约比较复杂,除了市场主体间常见的隐性契约之外,如缔约方无法预见的情况出现、对缔约文字的理解存在差异或无法向法院或仲裁机构证明契约内容等,因地方政府的契约角色不同于一般的市场主体,还存在一些其他的隐性契约。地方政府在契约履行地享有属地管辖权和行政特别权,可以运用行政权力对显性契约进行干预。因此,从这个角色而言,地方政府与第三方机构之间的产业扶贫委托契约不是民事契约,而是一种行政契约。在一般的民事契约中,只要缔约方在生产、区位、所有权和品牌等专用性投资方面有"剩余控制权和索取权",就会产生较强的投资激励。

但是,在行政契约中,作为缔约方之一的地方政府享有干预契约履行的行政权力,即使他方根据资产专用性享有"剩余控制权和索取权",也面临着被地方政府剥夺的政治风险。因此,只要地方政府作为产业扶贫委托契约的缔约方,其他缔约方就有被"敲竹杠"的可能性,影响其投资专用性资产的激励强度,造成产业扶贫委托契约的履约失败。

为了控制地方政府行使行政权力而拥有的"剩余控制权和索取权",可以采用自我实施和第三方实施机制,也可以采用一体化机制。自我实施机制需要地方政府在产业扶贫委托契约履约过程中建立良好的信誉,使第三方机构对地方政府履约形成足够的信心;第三方实施机制需要当地的司机或仲裁机构保持公正,对地方政府和其他民事主体一视同仁,树立公众对司法公正的信心。一体化机制需要地方政府和第三方机构共同投资专用性资产,因国有资产的特殊性,地方政府需要加强监督,防止国有资产被侵吞或流失,而这需要大量的远高于市场主体一体化的监管成本,可能导致一体化的无效率。

除了上述三种机制之外,结构性权力形成社会资本机制,也是控制地方政府在产业扶贫委托中"剩余控制权和索取权"的有效方式之一。所谓结构性权力是指第三方机构在扶贫产业链的生产、金融、营销和知识等结构中的位置而享有的动员或支配相应资源的能力。比如,如果第三方机构对扶贫产业的研发及关键技术享有知识产权,那么其就凭借这一结构位置而享有结构性权力,不仅可以禁止地方政府使用这些技术,还可以动员使用这些技术的其他企业或组织不与地方政府合作,从而以孤立地方政府的方式防止其"敲竹杠"。也就是说,第三机构凭借其在扶贫产业链中的结构位置,拥有大量的可动员其他资源的社会资本,这些社会资本对地方政府履约行为有制约作用,对第三方机构有投资专用性资产的激励作用。

三、第一份黄金茶研发合同为何会形同虚设呢?

2005年5月27日,保靖县农业局与湖南省茶叶研究所签订了第一份《"保靖黄金茶"研究开发合同书》,合同约定的内容在案例正文中有详细叙述。这份研究开发合同的履行情况不佳,缔约双方都没有认真对待,不仅黄金茶品种选育研究没有进展,产业开业也完全处于停滞状态。黄金茶研发合同形同虚设的原因主要在于:黄金茶研究开发合同中产权界定不清晰,明确约定的特定权利非常少,作为主要投资方的湖南省茶叶研究所能够拥有的"剩余控制权和索取权"偏少且处于极度不确定的状态,严重缺乏投入专用性资产进行研发的激励。

在第一份黄金茶研发合同中,最重要的权利为黄金茶的知识产权,包括两个部分:一是所有权,包括种质资源所有权,技术成果的署名权、修改、申请登记和处分权等权利;二是收益权,即繁育、出售和推广黄金茶新品种获得经济利益的权利。在这份合同中,明确约定的特定权利为所有权。其中,种质资源所有权归保靖县农业局,技术成果权共同享有。未明确约定的权利为技术成果署名权和收益权,这两项权利对研发主要投资人——湖南省茶叶研究所而言至关重要,作为科研类事业单位,获得技术成果所有权是评价政绩的主要指标之一,在科研单位经费没有政府财政全额保障的前提下,获得技术成果收益权对科研单位而言,激励强度不亚于技术成果本身。

由于第一份黄金茶研发合同未明确约定这两项重要权利,合同在签订时就处于不完全状态,缔约人的投资激励取得于"剩余控制权和索取权"掌握在谁的手中,只有拥有"剩余控制权和索取权"的缔约方才会有足够的投资专用性资产的激励。众所周知,如果参与研发者不能就技术成果署名顺序达成共识,就无法申请新品种登记证书,也就无法获得技术成果权。考虑到技术成果对湖南省茶叶研究所的意义远大于保靖县农业局,保靖县农业局可以采取拒绝签字的方式对湖南省茶叶研究所"敲竹杠",从而获得技术成果对自身更为有利的署名顺序。因此,技术成果权的"剩余控制权和索取权"掌握在保靖县农业局手上。同时,新品种在获得技术成果权之后,仅仅是获得了可上市销售的行政许可,其能否获得足够的经济收益,取决于新品种的繁育方式。购买者自己无法留种的新品种,技术成果拥有者可以通过垄断制种材料、过程和技术而获得较大的经济收益,购买者可以自己留种的新品种,购买者自己繁育品种自用或出售都不构成侵权,新品种技术成果拥有者如果要获取较大的经济收益,就必须自己保护好品种繁育的种质资源,如果保护不善就很难获取经济收益。由于黄金茶的种质资源所有权归属于保靖县农业局,且合同明确禁止湖南省茶叶研究所私自在保靖县外繁殖。因此,收益权的"剩余控制权和索取权"也掌握在保靖县农业手上。

作为黄金茶的研发者,湖南省茶叶研究所需要投入专用性的项目资金和科技人才,黄金茶才能研发成功申请技术成果权。由于第一份黄金茶研发合同具有不完全性,关键权利的"剩余控制权和索取权"由保靖县农业局掌握,湖南省茶叶研究所必然缺乏投资激励。因此,可以推断,这份黄金茶研发合同自合同签订之日起就注定会形同虚设。两年履约的过程,也证明了这一点。

四、第二份黄金茶研发协议为何会大获成功呢?

2007年9月14日,保靖县政府与湖南省茶叶研究所签订了第二份黄金茶研发协议书。这份研发协议书的履约情况非常好,湖南省茶叶研究所为投资此项目,与湖南湘丰茶业公司共出资102万元合资成立了保靖黄金茶有限公司,专门研发黄金茶。合资成立的保靖黄金茶公司在保靖县黄金村设立了专门的黄金茶苗繁育基地,建立了现代化的茶叶加工工厂,配备了专业的管理和技术人才,整合了市场营销体系,推动了黄金茶产业快速发展,实现了黄金茶产业兴旺的目标,带动了许多贫困农户脱贫致富,产业扶贫政策的实施效果和黄金茶研发协议的履约效果都非常好。这份合同取得成功的主要原因是:将黄金茶研发的收益权以明确约定的方式授予湖南省茶叶研究所,成为湖南省茶叶研究所的"特定权利",摆脱了第一份黄金茶研发合同中收益权归属模糊的状态。将黄金茶产业扶贫项目实施权以明确约定的方式授予湖南省茶叶研究所,成为其"特定权利"。收益权和实施权成为"特定权利",为湖南省茶叶研究所投资专用性资产提供了较高激励,促进了黄金茶研发协议的顺利履行,基本实现了政府产业扶贫的政策目标。

在第二份黄金茶研发协议中,保靖县政府明确提出,"负责办理每年500万～1500万株茶苗定植的组织宣传发动工作",而湖南省茶叶研究所可以按每株0.2元销售黄金茶苗。保靖县政府以行政命令推动黄金茶种植工作,对参与种植黄金茶苗的农户进行补贴,扩大黄金茶苗的市场需求。这一条款实际上以政府公信力保证了湖南省茶叶研究所繁育黄金茶苗的收益权,按每年销售1000万株黄金茶苗计算,每年可获取营业收入200万元人民币,合同期限为10年,预期营业收入可达2000万元以上。基于此,湖南省茶叶研究所与湖南湘丰茶业有限公司共出资102万元,成立合资的保靖黄金茶有限公司,以解决科研类事业单位投资受限的体制机制问题,保证黄金茶研发协议的顺利履行。

除此之外,在这份协议中,保靖县政府提出"力争捆绑相关涉农资金支持保靖黄金茶项目建设"。众所周知,中央政府以扶贫项目实施的方式推动扶贫工作,以扶贫项目资金引导地方政府实施中央政府的扶贫政策。这些扶贫项目涉及多个方面:从教育、就业、医疗和社会保障等支持性扶贫,到农田、水利、交通和饮水等基础设施建设,包罗万象。捆绑属相关涉农资金支持黄金茶项目建设,意味着支持黄金茶产业开发所需要的人才队伍、茶园基地、交通设施和市场环境等条件建设,而这需要大量资金支持。根据这份协议的约定,保靖县政府将上述建设任务委托给湖南省茶叶研究所,并承诺了相应的扶贫项目资金支持。这相当于明确授予湖南省茶叶研究所扶贫项目实施权,以及由此带来的项目收益权。这对主要投资者湖南省茶叶研究所而言,是另一种较大的履约激励。

最后,这份研发协议还约定,保靖县政府还应当"申请办理并管理好中华人民共和国原产地证明商标和地理标识"。根据相关法律规定,对原产地证明商标进行注册保护,可以有效提高特色农产品在市场上的知名度和竞争力,有利于企业向市场推销商品,也有利于消费者选择商品,保证商品的质量。从市场竞争角度而言,原产地证明商标与普通商标具有相同的意义,商标拥有者可在一定程度上排斥同类竞争、享有垄断性收益。保靖县政府为黄金茶申请原产地证明商标和地理标识,可以保护在保靖县投资黄金茶产业的企业和个人的投资垄断性收益。尽管原产地商标和地理标识的收益权是集体性质的,但是对保靖黄金茶研发的主要投资者湖南省茶叶研究所而言,也是一种投资专用性资产的激励。

由于这份黄金茶研发协议明确授予了湖南省茶叶研究所茶苗收益权、扶贫项目实施权和原产地证明商标权等"特定权利",尽管保靖县政府在技术成果权署名方面还有"剩余控制权和索取权"。但是,这对湖南省茶叶研究所投资黄金茶研发的专用性资产而言,已经形成了足够的激励。黄金茶产业在履约期间取得的巨大成功,也在一定程度上证明了这一点。

五、第三份黄金茶研发协议为何会争议不断呢?

2011年3月12日,保靖县政府与湖南省茶叶研究所签订了第三份黄金茶研发协议书。从第二份到第三份研发协议签订的四年间,保靖县政府和湖南省茶叶研究所经历了四年履约的"黄金时期",黄金茶产业扶贫开发取得了空前成功,黄金茶成为享誉省内外的精品高端绿茶,在消费者中享有很高的声誉,成为保靖县产业扶贫的一张耀眼名片。然而,趁热打铁的第三份黄金茶研发协议,履约情况不佳,双方陷入了争议不断的状态。原因在于:保靖县政府基于区域管辖权和行政权力的"剩余控制权和索取权",限制了湖南省茶叶研究所扩大黄金茶苗销售量的可能性,以产业扶贫项目实施权为基础的"剩余控制权和索取权",提出了超越湖南省茶叶研究所研发能力的黄金茶产业发展目标,减弱了湖南省茶叶研究所投资黄金茶专用性资产的激励。为了从保靖县政府的"剩余控制权和索取权"中获得更大收益,湖南省茶叶研究所不得不与保靖县政府经常进行协商谈判,不仅增加了协议履行的交易费用,而且导致部分协议无法得到有效履行。

在第三份黄金茶研发协议中,保靖县政府修改了黄金茶苗的采购方式,规定由保靖县政府"统筹收购保靖黄金茶良种茶苗,尽快扩大保靖黄金茶种植规模"。这相当于保靖县政府强制性收购湖南省茶叶研究所投资设立的保靖黄金茶有限公司繁育的所有黄金茶茶苗,且没有明确约定收购价格。这一"霸王条款"很明显是保靖县政府行使以区域管辖权和行政权力为基础之"剩余控制权"的结果,不仅限制了黄金茶茶苗的市场交易行为,更重要的是,限制了保靖黄金茶有限公司的经营自主权,是典型的政府干预市场行为。湖南省茶叶研究所需要争取项目资金或垫资来建设黄金茶茶苗繁育基地,其能够同意这一"霸王条款",很明显与前期投入黄金茶研发的专用性资产有关。如果不同意,可能面临着前期投入无法收回成本的困境。保靖县政府对行政不完全契约中"剩余控制权和索取权"的行使,直接减弱了湖南省茶叶研究所的投资激励。

在第三份黄金茶研发协议中,保靖县政府提出了更高的黄金茶产业发展目标,具体体现在:重点支持两个年销售额超5000万元的龙头企业、争取湖南省著名品牌、黄金茶产业标准化和黄金茶人才队伍建设等。为了实现这些发展目标,保靖县政府承诺整合扶贫项目资金,对湖南省茶叶研究所投资设立的保靖县黄金茶有限公司进行各种补贴。但是,显而易见的是,产业扶贫项目补贴的"剩余控制权"掌握在保靖县政府手上,如果湖南省茶叶研究所达不到发展目标,可能就面临着很难获得相应补贴的窘境(目标实现部分的补贴也可能被政府滞留)。作为一家省级科研事业单位,尽管投资设立了茶业企业,但其主业还是茶叶研究,不是茶叶加工销售,不可能有足够的市场能力来实现保靖县政府提出的黄金茶产业发展目标。在这种情况下,湖南省茶叶研究所不可能有足够的激励,全力投资黄金茶产业研发的专用性资产。

第三份黄金茶研发协议只履行了两年多。在此期间,保靖黄金茶产业发展陷入了停滞状态,黄金茶种植面积几乎没有任何扩张,产业规模还有所萎缩,保靖县黄金茶有限公司也陷入困境当中,黄金茶茶苗滞销,研究工作停顿。事实证明,不完全契约"剩余控制权"的配置情况确实影响市场交易效率。

六、第四份黄金茶研发协议为何会终止委托呢?

2013年3月,保靖县政府与湖南省茶叶研究所签订了第四份黄金茶研发协议。这是一份合并或兼并协议,保靖县政府作为第三大股东入股保靖县黄金茶有限公司,隆平茶业和湘西和谐茶业分别投资成为第一和第二股东,湖南省茶叶研究所和湘丰茶业退出大部分股份,成为最小的两个股东。这份协议以一体化的方式终止了保靖县政府与湖南省茶叶研究所的产业扶贫委托或合作关系。原因在于:将保靖县政府纳入公司治理结构中,以横向一体化的方式整合保靖县政府基于区域管辖权和行政权力的"剩余控制权和索取权",获得保靖县政府发包产业扶贫项目的"剩余控制权",减少了交易费用,可以激励新投资者对黄金茶研发的专用性资产进行投资,保证湖南省茶叶研究所原来的投资利益不受损害。

在第三份黄金茶研发协议履行陷入僵局两年后,通过引入新的投资者,重构公司治理结构,湖南省茶叶研究所基本上退出了黄金茶产业研发活动,仅作为小股东参加股东会议,不参与保靖黄金茶有限公司的日常决策。新加入的两个投资者是专业茶业公司,拥有完整的产业体系,为了避免入股后被"敲竹杠",要求保靖县政府以投资入股的方式加入保靖县黄金茶有限公司,结成一体化的利益共同体。这种横向一体化将保靖县政府整合进入公司治理结构的机制,可以有效控制保靖县政府基于区域管辖权和行政权力的"剩余控制权和索取权",是一种效率较优的权力配置方式,是一种将政府纳入市场以避免政府干预市场运行的治理方式,可以降低交易费用,保证投资者的投资信心。

同时,保靖县政府作为股东加入保靖县黄金茶有限公司,与投资者结成利益共同体,其发包产业扶贫项目的"剩余控制权"也会向投资者倾斜,可以极大地降低投资者获取产业扶贫项目的竞争性。从投资者的角度而言,争取到保靖县政府实施产业扶贫项目的"剩余控制权",对提升保靖黄金茶有限公司的研发效率极有帮助,对实现保靖县政府建立大型黄金茶龙头企业的产业发展目标也极为有利。但是,这可能会对黄金茶市场的公平性产生不利影响,长期实行会损害黄金茶市场的竞争性,降低黄金茶产业的整体效率。

自2013年开始,在保靖县政府的保护、支持和参与下,保靖黄金茶有限公司的规模快速扩张,成为一家独大的龙头企业,带动了大批贫困农户种植、加工和销售黄金茶,整体上维持了黄金茶产业的繁荣兴旺。

产业精准扶贫质量提升研究调查问卷

为调查产业精准扶贫质量提升的促进因素和阻碍因素,课题组设计了产业精准扶贫质量调查问卷,问卷采取无记名方式填写,课题组收集的数据仅用于科学研究,不会用于其他目的,我们将竭力保护您的隐私安全,谢谢您!

您的性别是 [单选题] *
○ 男性
○ 女性

您的年龄是 [单选题] *
○ 18 周岁以下
○ 18 至 60 周岁
○ 60 周岁以上

您的政治面貌是 [单选题] *
○ 中共党员
○ 非中共党员

您的职业是 [单选题] *
○ 务农
○ 非农

您的学历是 [单选题] *
○ 初中
○ 高中
○ 专科以上

您所在的地区是 [单选题] *
○ A 县

○B 县
○C 县

在扶贫产业开发过程中,地方政府、扶贫企业或农户是否信守承诺？[单选题] *
○不守承诺
○不太守承诺
○守承诺
○较守承诺
○非常守承诺

在扶贫产业开发过程中,您是否信任地方政府、扶贫企业或农户？[单选题] *
○不信任
○不太信任
○信任
○比较信任
○非常信任

在扶贫产业开发过程中,您认为地方政府、扶贫企业或农户之间相互的资源交换是否公平？[单选题] *
○不公平
○不太公平
○公平
○比较公平
○非常公平

您对产业精准扶贫的问题共享程度的评价为：[单选题] *
○不好
○不太好
○好
○比较好

○非常好

您对产业精准扶贫的共享动机的评价为［单选题］*
○没有共享
○基本没有共享
○有共享
○共享较多
○共享非常多

您对产业精准扶贫参与能力的评价为［单选题］*
○非常弱
○比较弱
○一般
○比较强
○非常强

您是否参与了黄金茶产业开发？［单选题］*
○参与
○没有参与

您是如何参与黄金茶产业开发的？［单选题］*
○种植
○种植和加工
○种植、加工和销售

您的贫困程度为［单选题］*
○贫困线以下
○贫困线以上

您家庭的劳动力数量为［填空题］*

_____

您家的打工收入占家庭总收入的比例为［填空题］*
_____

您认为您从事的扶贫产业有无独特品质［单选题］*
○无
○一般
○非常独特

您认为您从事的扶贫产业有无市场需求［单选题］*
○无需求
○一般
○需求非常大

您认为您从事的扶贫产业的技术难度如何？［单选题］*
○无难度
○一般
○难度非常大

您认为产业精准扶贫项目的自由度如何？［单选题］*
○无自由度
○一般
○非常大

您认为产业精准扶贫项目的补贴力度如何？［单选题］*
○无补贴
○一般
○非常大

产业精准扶贫质量提升研究访谈提纲

1.请您介绍一下您在产业精准扶贫中的主要工作内容?
2.请问您如何评价产业精准扶贫的质量?
3.请问您如何定义产业精准扶贫的质量?
4.请问您认为应当从哪些方面加强产业精准扶贫质量建设?
5.请问您当前阶段阻碍产业精准扶贫质量提升的外在因素是什么?
6.请问您对提升产业精准扶贫质量有何具体建议?

参考文献

[1]陈诗一,陈登科.雾霾污染、政府治理与经济高质量发展[J].经济研究,2018,53(02).

[2]魏敏,李书昊.新时代中国经济高质量发展水平的测度研究[J].数量经济技术经济研究,2018,35(11).

[3]任保平,文丰安.新时代中国高质量发展的判断标准、决定因素与实现途径[J].改革,2018(04).

[4]吕开宇.2020年前后的高质量产业扶贫研究[J].人民论坛·学术前沿,2019(23).

[5]许汉泽,李小云.精准扶贫背景下农村产业扶贫的实践困境——对华北李村产业扶贫项目的考察[J].西北农林科技大学学报(社会科学版),2017,17(01).

[6]胡振光,向德平.参与式治理视角下产业扶贫的发展瓶颈及完善路径[J].学习与实践,2014(04).

[7]李博,左停.精准扶贫视角下农村产业化扶贫政策执行逻辑的探讨——以Y村大棚蔬菜产业扶贫为例[J].西南大学学报(社会科学版),2016,42(04).

[8]李雪,杨子刚."一村一品"农业产业化经营与对策优化[J].重庆社会科学,2018(11).

[9]白丽,赵邦宏.产业化扶贫模式选择与利益联结机制研究——以河北省易县食用菌产业发展为例[J].河北学刊,2015,35(04).

[10]钱力,张陈,宋俊秀.安徽省大别山连片特困地区扶贫绩效评价——基于三阶段DEA模型和超效率DEA模型[J].江汉大学学报(社会科学版),2018,35(05).

[11]吴雄周.精准扶贫绩效第三方评估模型与应用[J].求索,2018(02).

[12]杜永红.大数据背景下精准扶贫绩效评估研究[J].求实,2018(02).

[13]王继平,周娜,祝珊.基于绩效棱柱模型的职业院校教育扶贫绩效评价体系建构[J].职业技术教育,2018,39(25).

[14]荀关玉.欠发达地区教育精准扶贫路径创新[J].中国成人教育,2018(19).

[15]徐孝勇,曾恒源.大数据驱动下精准扶贫运行机制创新研究[J].湖北经济学院学报(人文社会科学版),2019,16(01).

[16]朱乾宇.政府扶贫资金投入方式与扶贫绩效的多元回归分析[J].中央财经大学学报,2004(07).

[17]姜爱华.我国政府开发式扶贫资金投放效果的实证分析[J].中央财经大学学报,2008(02).

[18]姜长云.推进产业兴旺是实施乡村振兴战略的首要任务[J].学术界,2018(07).

[19]刘大勇,刘登振,朱风华,翟丽潇.资源禀赋、产业扶贫与一体化制度安排研究[J].金融发展研究,2017(02).

[20]马泽波,何卫平,闫振华.滇西边境山区产业易地集中式扶贫研究——基于云南省H县的调查[J].云南行政学院学报,2018,20(06).

[21]胡伟斌,黄祖辉,朋文欢.产业精准扶贫的作用机理、现实困境及破解路径[J].江淮论坛,2018(05).

[22]朱战辉.精英俘获:村庄结构变迁背景下扶贫项目"内卷化"分析——基于黔西南N村产业扶贫的调查研究[J].天津行政学院学报,2017,19(05).

[23]周雪光.项目制:一个"控制权"理论视角[J].开放时代,2015(02).

[24]赵晓峰.精准扶贫政策的分级落实机制及其基层实践困境[J].西北农林科技大学学报(社会科学版),2018,18(06).

[25]袁树卓,殷仲义,高宏伟,刘沐洋.精准扶贫中贫困的瞄准偏离研究——基于内蒙古Z县建档立卡案例[J].公共管理学报,2018,15(04).

[26]常健,付丽媛.产业扶贫项目的风险管控[J].学习论坛,2018(10).

[27]蒋永甫.贫困户发展:精准扶贫的价值目标与现实依归[J].云南大学学报(社会科学版),2018,17(05).

[28]孙兆霞.脱嵌的产业扶贫——以贵州为案例[J].中共福建省委党校学报,2015(03).

[29]李博,左停.精细社会视角下中国农村精准扶贫的制度选择[J].中国延安干部学院学报,2016,9(03).

[30]修兴高.产业扶贫模式:运行成效、影响因素与政策建议——福建

省产业扶贫模式典型案例分析[J].福建论坛(人文社会科学版),2018(04).

[31]吴理财,瞿奴春.反贫困中的政府、企业与贫困户的利益耦合机制[J].西北农林科技大学学报(社会科学版),2018,18(03).

[32]陈昌兵.新时代我国经济高质量发展动力转换研究[J].上海经济研究,2018(05).

[33]贺晓宇,沈坤荣.现代化经济体系、全要素生产率与高质量发展[J].上海经济研究,2018(06).

[34]毛慧艳,李新运,徐银良.科技创新驱动我国经济高质量发展绩效评价及影响因素研究[J].经济学家,2019(11).

[35]王春萍,郑烨.21世纪以来中国产业扶贫研究脉络与主题谱系[J].中国人口·资源与环境,2017,27(06).

[36]闫东东,付华.龙头企业参与产业扶贫的进化博弈分析[J].农村经济,2015(02).

[37]温涛,王小华,杨丹,朱炯.新形势下农户参与合作经济组织的行为特征、利益机制及决策效果[J].管理世界,2015(07).

[38]范永茂,殷玉敏.跨界环境问题的合作治理模式选择——理论讨论和三个案例[J].公共管理学报,2016,13(02).

[39]徐瑞慧.高质量发展指标及其影响因素[J].金融发展研究,2018(10).

[40]李思蓓,游新彩.民族地区经济发展质量评价——以湘西土家族苗族自治州为例[J].吉首大学学报(自然科学版),2018,39(02).

[41]蔡玉胜,吕静韦.基于熵值法的京津冀区域发展质量评价研究[J].工业技术经济,2018,37(11).

[42]李石新,陈泓杰.农村经济发展质量的减贫杠杆效应研究[J].山东工商学院学报,2018,32(04).

[43]杨爱平.我国省内区域发展马太效应的制度探源——"国家的简单化"的理论视角[J].中山大学学报(社会科学版),2005(05).

[44]包先康.全面质量管理视域下的精准扶贫[J].安徽农业大学学报(社会科学版),2018,27(02).

[45]包先康.区域内生发展下连片贫困区精准扶贫的质量提升[J].湖南科技大学学报(社会科学版),2018,21(01).

[46]Coleman, James. *Foundations of social theory* [M]. Cambridge, MA: Belknap,1990.

[47]罗家德,叶勇助.中国人的信任游戏[M].北京:社会科学文献出版社,2007.

[48]邵云飞,欧阳青燕,孙雷.社会网络分析方法及其在创新研究中的运用[J].管理学报,2009,6(09).

[49]Lin, Nan, Karen S Cook, and Ronald S Burt, eds. *Social Capital: Theory and Research*[M]. New Brunswick, NJ: Transaction Publishers,2001.

[50]廖文伟,王丽云.寻找工作与寻找员工 将雇主引入劳动力供求市场的分析[J].社会,2005(02).

[51]黄洁,蔡根女,买忆媛.谁对返乡农民工创业机会识别更具影响力:强连带还是弱连带[J].农业技术经济,2010(04).

[52]Putnam, Robert, Robert Leonardi, and Raffaella Y Nanetti. *Making Democracy Work: Civic Traditions in Modern Italy*[M]. Princeton, NJ: Princeton Univ. Press,1993.

[53]Engbers, Trent A, Michael F Thompson, and Timothy F Slaper. Theory and Measurement in Social Capital Research[J]. *Social Indicators Research*, 2016, 132(02).

[54]Woolcock, Michael. Social Capital and Economic Development: Toward a Theoretical Synthesis and Policy Framework[J]. *Theory and Society*,1998 ,27(02).

[55]Kim, Phillip H, and Howard E Aldrich. Social Capital and Entrepreneurship[J]. *Foundations and Trends in Entrepreneurship*,2005,1(02).

[56]James E Rowe. *In Theories of Local Economic Development: Linking Theory to Practice* [M]. New York: Routledge,2009.

[57]Safford, Sean. *Why the Garden Club Couldn't Save Youngstown: The Transformation of the Rust Belt*[M]. Cambridge, MA: Harvard University Press,2009.

[58]Field, John. *Social Capital*[M]. New York: Routledge,2008.

[59]Engbers, Trent A, Barry M Rubin, and Craig Aubuchon. The Currency of Connections: An Analysis of the Urban Economic Impact of Social Capital[J]. *Economic Development Quarterly*,2016, 31(01).

[60]Woodhouse, Andrew. Social Capital and Economic Develop-

ment in Regional Australia: A Case Study[J]. *Journal of Rural Studies*, 2006, 22(01).

[61]Emerson, Kirk, Tina Nabatchi, and Stephen Balogh. An Integrative Framework for Collaborative Governance[J]. *Journal of Public Administration Research and Theory*, 2012.

[62] Bandura, Albert. *Social Learning Theory* [M]. Englewood Cliffs, NJ: Prentice Hall, 1977.

[63]Pahl-Wostl, Claudia. Transitions Toward Adaptive Management of Water Facing Climate and GlobalChange[J]. *Water Resources Management*, 2007(21).

[64]Dukes, E Franklin. What We Know about Environmental Conflict Resolution: An Analysis Based on Research[J]. *Conflict Resolution Quarterly*, 2004(22).

[65]Koontz, Tomas M, Toddi A Steelman, JoAnn Carmin, Katrina Smith Kormacher, Cassandra Moseley, and Craig W Thomas. *Collaborative Environmental Management: What Roles for Government?* [M]. Washington, DC: Resources for the Future Press, 2004.

[66]Daniels, Steven E, and Gregg Walker. *Working Through Environmental Conflict: The CollaborativeApproach* [M]. Westport, CT: Praeger, 2001.

[67]Provan, Keith G, and H Brinton Milward. A Preliminary Theory of Interorganizational Effectiveness: A Comparative Study of Four Community Mental Health Systems[J]. *Administrative Science Quarterly*, 1995(40).

[68] Ansell, Chris, and Alison Gash. Collaborative Governance in Theory and Practice[J]. *Journal of Public Administration Research and Theory*, 2008(18).

[69]Ulibarri, Nicola. Collaboration in Federal Hydropower Licensing: Impacts on Process, Outputs, and Outcomes[J]. *Public Performance & Management Review*, 2015(38).

[70] Scott, Charity. A Case Study in Collaborative Governance: Health Care Law Reform in Georgia[J]. *Conflict Resolution Quarterly*,

2011(28).

[71]Berardo, Ramiro. Bridging and Bonding Capital in Two-mode Collaboration Networks[J]. *Policy Studies Journal*, 2014(42).

[72]Dale, Aaron, and Derek Armitage. Marine Mammal Co-management in Canada's Arctic: Knowledge Co-production for Learning and Adaptive Capacity[J]. *Marine Policy*, 2011(35).

[73]Kelman, Steven, Sounman Hong, and Irwin Turbitt. Are There Managerial Practices Associated with the Outcomes of an Interagency Service Delivery Collaboration? Evidence from British Crime and Disorder Reduction Partnerships[J]. *Journal of Public Administration Research and Theory*, 2013(23).

[74]康伟,陈茜,陈波.公共管理研究领域中的社会网络分析[J].公共行政评论,2014,7(06).

[75]汤汇道.社会网络分析法述评[J].学术界,2009(03).

[76]吕涛.社会资本的网络测量——关系、位置与资源[J].广东社会科学,2012(01).

[77]Provan, K Keith G, and Patrick Kenis. Modes of Network Governance: Structure, Management, and Effectiveness[J]. *Journal of Public Administration Research and Theory*, 2008(18).

[78]Berardo, Ramiro, and John T Scholz. Self-organizing Policy Networks: Risk, Partner Selection, and Cooperation in Estuaries[J]. *American Journal of Political Science*, 2010(54).

[79]Margerum, Richard D. Evaluating Collaborative Planning: Implications from an Empirical Analysis of Growth Management[J]. *Journal of the American Planning Association*, 2002(68).

[80]Lazer, David, and Allan Friedman. The Network Structure of Exploration and Exploitation[J]. *Administrative Science Quarterly*, 2007(52).

[81]Bodin, Orjan, and Christina Prell, eds. *Social Networks and Natural Resource Management: Uncovering the Social Fabric of Environmental Governance* [M]. Cambridge, UK: Cambridge Univ. Press, 2011.

[82]Newman, Lenore, and Ann Dale. Homophily and Agency: Cre-

ating Effective Sustainable Development Networks[J]. *Environment, Development and Sustainability*,2007(09).

[83]Borgatti, Stephen P, and Pacey C Foster. The Network Paradigm in Organizational Research: A Review and Typology[J]. *Journal of Management*,2003(29).

[84]Kilduff, Martin, and Wenpin Tsai. *Social Networks and Organizations*[M]. Thousand Oaks, CA: Sage,2003.

[85]Desmarais, Bruce A, and Skyler J. Cranmer. Micro-level Interpretation of Exponential Random Graph Models with Application to Estuary Networks[J]. *Policy Studies Journal*,2012(40).

[86]Lusher, Dean, Johan Koskinen, and Garry Robins. *Exponential Random Graph Models for Social Networks: Theory, Methods, and Applications*[M]. New York, NY: Cambridge Univ. Press,2013.

[87]Margerum, Richard D. *Beyond Consensus: Improving Collaborative Planning and Management*[M]. Cambridge, MA: MIT Press,2011.

[88]周黎安.行政发包制[J].社会,2014,34(06).

[89]Emerson, Kirk, Tina Nabatchi, and Stephen Balogh. An Integrative Framework for Collaborative Governance[J]. *Journal of Public Administration Research and Theory*,2011.22(01).

[90]孔令英,郑涛,刘追.集中连片民族特困地区精准扶贫项目实践困境与原因阐释——基于南疆地区S县W村的项目案例[J].农业经济问题,2017,38(10).

[91]吕方,梅琳."复杂政策"与国家治理——基于国家连片开发扶贫项目的讨论[J].社会学研究,2017,32(03).

[92]蔡科云.政府与社会组织合作扶贫的权力模式与推进方式[J].中国行政管理,2014(09).

[93]John M Bryson, Barbara C Crosby, Melissa Middleton Stone. Designing and Implementing Cross-Sector Collaborations: Needed and Challenging[J]. *Public Administration Review*,2017, 75(05).

[94]折晓叶,陈婴婴.项目制的分级运作机制和治理逻辑——对"项目进村"案例的社会学分析[J].中国社会科学,2011(04).

[95]邢成举.压力型体制下的"扶贫军令状"与贫困治理中的政府失灵

[J].南京农业大学学报(社会科学版),2016,16(05).

[96]Granovetter, Mark. The Strength of Weak Ties[J]. *American Journal of Sociology*,1973 (78).

[97]Coleman, James S. Social Capital in the Creation of Human Capital[J]. *The American Journal of Sociology*,1988(94).

[98]Provan, Keith G, and Patrick Kenis. Modes of Network Governance: Structure, Management, and Effectiveness [J]. *Journal of Public Administration Research and Theory*,2008,18(02).

[99]Innes, Judith E, and David E Booher. Consensus Building and Complex Adaptive Systems: A Framework for Evaluating Collaborative Planning [J]. *Journal of the American Planning Association*,1999,65(04).

[100]Benington, John, and Mark H Moore, eds. *Public Value: Theory and Practice*[M]. New York: Palgrave Macmillan,2011.

[101]D Rowell, L B Connelly. A history of the Term "Moral Hazard"[J]. *Journal of Risk and Insurance*,2012,79 (04).

[102]张欣.精准扶贫中的政策规避问题及其破解[J].理论探索, 2017(04).

[103]姚迈新.对扶贫目标偏离与转换的分析与思考——政府主导型扶贫模式中的制度及行动调整[J].云南行政学院学报,2010,12(03).

[104]Krueger, Anne. The Political Economy of the Rent－Seeking Society[J]. *American Economic Review*,1974,64 (03).

[105]莫光辉.精准反腐:脱贫攻坚战的政治生态保障——精准扶贫绩效提升机制系列研究之九[J].行政论坛,2017,24(01).

[106]Burt, Ronald S. *Structural holes: The Social Structure of Competition*[M]. Cambridge MA: Harvard University Press,1992.

[107]周黎安.晋升博弈中政府官员的激励与合作——兼论我国地方保护主义和重复建设问题长期存在的原因[J].经济研究,2004(06).

[108]陈聪,程李梅.产业扶贫目标下连片贫困地区公共品有效供给研究[J].农业经济问题,2017,38(10).

[109]殷浩栋,汪三贵,郭子豪.精准扶贫与基层治理理性——对于A省D县扶贫项目库建设的解构[J].社会学研究,2017,32(06).

[110]黄承伟,邹英,刘杰.产业精准扶贫:实践困境和深化路径——兼

论产业精准扶贫的印江经验[J].贵州社会科学,2017(09).

[111]马迎贤.组织间关系:资源依赖视角的研究综述[J].管理评论,2005(02).

[112]邹宜斌.社会资本:理论与实证研究文献综述[J].经济评论,2005(06).

[113]陈家建.项目制与基层政府动员——对社会管理项目化运作的社会学考察[J].中国社会科学,2013(02).

[114]周飞舟.财政资金的专项化及其问题 兼论"项目治国"[J].社会,2012,32(01).

[115]史普原.科层为体、项目为用:一个中央项目运作的组织探讨[J].社会,2015,35(05).

[116]周黎安.中国地方官员的晋升锦标赛模式研究[J].经济研究,2007(07).

[117]杨本建,王珺.地方政府合作能否推动产业转移——来自广东的经验[J].中山大学学报(社会科学版),2015,55(01).

[118]潘小娟,余锦海.地方政府合作的一个分析框架——基于永嘉与乐清的供水合作[J].管理世界,2015(07).

[119]温珂,苏宏宇,宋琦.基于过程管理的科研机构合作创新能力理论研究[J].科学学研究,2012,30(05).

[120]何安华.土地股份合作机制与合作稳定性——苏州合作农场与土地股份合作社的比较分析[J].中国农村观察,2015(05).

[121]郭珍,吴宇哲.耕地保护制度执行过程中的"目标替代"——基于多任务代理模型的研究[J].经济学家,2016(06).

[122]王颖林,刘继才,赖芨宇.基于投资方投机行为的PPP项目激励机制博弈研究[J].管理工程学报,2016,30(02).

[123]柴国荣,徐渝,雷亮.合同双方联合角度的R&D项目激励机制优化研究[J].科研管理,2006(04).

[124]朱桂龙,黄海滨.论非项目驱动组织中项目激励管理的实现[J].科技进步与对策,2004(07).

[125]王会,赵亚文,温亚利.基于要素报酬的农户自然资源依赖度评价研究——以云南省六个自然保护区为例[J].中国人口·资源与环境,2017,27(12).

[126]薛继亮.资源依赖、混合所有制和资源型产业转型[J].产业经济研究,2015(03).

[127]李祖佩,钟涨宝.分级处理与资源依赖——项目制基层实践中矛盾调处与秩序维持[J].中国农村观察,2015(02).

[128]叶静怡,武玲蔚.社会资本与进城务工人员工资水平——资源测量与因果识别[J].经济学(季刊),2014,13(04).

[129]赵延东,洪岩璧.社会资本与教育获得——网络资源与社会闭合的视角[J].社会学研究,2012,27(05).

[130]武志伟,茅宁,陈莹.企业间合作绩效影响机制的实证研究——基于148家国内企业的分析[J].管理世界,2005(09).

[131]史传林.政府与社会组织合作治理的绩效评价探讨[J].中国行政管理,2015(05).

[132]刘和东,钱丹.产学研合作绩效的提升路径研究——以高新技术企业为对象的实证分析[J].科学学研究,2016,34(05).

[133]李永华.总书记与湘西十八洞村的故事[J].中国经济周刊,2017(35).

[134]秦富,钟钰,张敏,王茜.我国"一村一品"发展的若干思考[J].农业经济问题,2009,30(08).

[135]王岱,蔺雪芹,司月芳,余建辉.县域特色产业形成和演化机理研究进展[J].地理科学进展,2013,32(07).

[136]刘升.精英俘获与扶贫资源资本化研究——基于河北南村的个案研究[J].南京农业大学学报(社会科学版),2015,15(05).

[137]汪伟全.空气污染的跨域合作治理研究——以北京地区为例[J].公共管理学报,2014,11(01).

[138]范世炜.试析西方政策网络理论的三种研究视角[J].政治学研究,2013(04).

[139]敬乂嘉.合作治理:历史与现实的路径[J].南京社会科学,2015(05).

[140]刘鸿渊,柳秋红.欠发达地区农村特色产业发展困境与策略探析[J].农村经济,2015(12).

[141]张成福,李昊城,边晓慧.跨域治理:模式、机制与困境[J].中国行政管理,2012(03).

[142]孙早,刘李华,孙亚政.市场化程度、地方保护主义与R&D的溢出效应——来自中国工业的经验证据[J].管理世界,2014(08).

[143]王慧敏,陈蓉,佟金萍."科层-合作"制下的洪灾应急管理组织体系探讨——以淮河流域为例[J].河海大学学报(哲学社会科学版),2014,16(03).

[144]湛志伟."公地悲剧"及其治理的博弈分析[J].经济评论,2004(03).

[145]李维安,林润辉,范建红.网络治理研究前沿与述评[J].南开管理评论,2014,17(05).

[146]马胜春,黄基鑫."一带一路"战略与中国区域经济发展——2015中国区域经济学会年会观点综述[J].中国工业经济,2015(11).

[147]曹洪军,莎娜.区域环境视角下的区域经济发展模式研究——基于山东省数据的实证分析[J].中国工业经济,2011(08).

[148]赵明华,郑元文.近10年来山东省区域经济发展差异时空演变及驱动力分析[J].经济地理,2013,33(01).

[149]袁庆明.新制度经济学的产权界定理论述评[J].中南财经政法大学学报,2008(06).

[150]凌斌.肥羊之争:产权界定的法学和经济学思考——兼论《商标法》第9、11、31条[J].中国法学,2008(05).

[151]吴伟.政府管制的法经济学解释:一个文献综述[J].北京航空航天大学学报(社会科学版),2010,23(06).

[152]程瑨,郑逸芳,许佳贤,陈念东.参与式扶贫治理中的精英俘获困境及对策研究[J].农村经济,2017(09).

[153]刘华.中国地方政府职能的理性归位——中央与地方利益关系的视角[J].武汉大学学报(哲学社会科学版),2009,62(04).

[154]张晓山.实施乡村振兴战略的几个抓手[J].人民论坛,2017(33).

[155]唐任伍.习近平精准扶贫思想研究[J].人民论坛·学术前沿,2017(23).

[156]张亮,蔡维琼.茶产业扶贫模式探讨[J].福建茶叶,2017,39(10).

[157]王蝶.湖南吉首:多维推动茶业兴市[N].中华合作时报,2017-03-14(B03).

[158]蔡起华,朱玉春.社会信任、关系网络与农户参与农村公共产品供给[J].中国农村经济,2015(07).

[159]李海燕,蔡银莺.生计资本对农户参与耕地保护意愿的影响——以成都市永安镇、金桥镇,崇州市江源镇为例[J].冰川冻土,2015,37(02).

[160]王巧玲."公司+农户"模式中农户参与行为研究[D].北京:中国科学技术大学,2006.

[161]赵雪雁,路慧玲,刘霜,严江平.甘南黄河水源补给区生态补偿农户参与意愿分析[J].中国人口.资源与环境,2012,22(04).

[162]王敏.论精准扶贫中的形式主义——基本表征、生成机制与治理进路[J].现代管理科学,2018(07).

[163]朱战辉.精英俘获:村庄结构变迁背景下扶贫项目"内卷化"分析——基于黔西南N村产业扶贫的调查研究[J].天津行政学院学报,2017,19(05).

[164]梁栋,吴惠芳.农业产业扶贫的实践困境、内在机理与可行路径——基于江西林镇及所辖李村的调查[J].南京农业大学学报(社会科学版),2019,19(01).

[165]付江月,陈刚.奖惩机制下企业与贫困户在产业扶贫中的演化博弈研究[J].软科学,2018,32(10).

[166]莫光辉,张菁.基于"人本主义"视角的贫困人口扶志扶智路径创新[J].中共中央党校学报,2018,22(03).

[167]郑瑞强.贫困群众脱贫内生动力激发:行动框架拓展与实证——以内蒙古兴安盟为例[J].贵州社会科学,2019(01).

[168]黄中伟,王宇露.关于经济行为的社会嵌入理论研究述评[J].外国经济与管理,2007(12).

[169]周小虎.企业理论的社会资本逻辑[J].中国工业经济,2005(03).

[170]孟祥娟,李晓波.地理标志保护制度存在的问题其解决[J].知识产权,2014(07).

[171]孙智.我国地理标志注册保护:现状、问题及对策-基于贵州省的实证观察[J].贵州师范大学学报(社会科学版),2018(05).

[172]曹新明.我国地理标志保护制度之完善——以促进我国农业经济发展为视角[J].知识产权,2007(01).

[173]王笑冰.关联性要素与地理标志法的构造[J].法学研究,2015(03).

[174]冯术杰.论地理标志的法律性质、功能与侵权认定[J].知识产权,2017(08).

[175]威廉姆森.资本主义经济制度[M].王伟译,北京:商务印书馆,2002.

[176]卢梭.社会契约论[M].李平沤译,北京:商务印书馆,2011.

[177]贺林波,邓书彬,李赛君.地方政府产业扶贫:合作质量与网络结构——基于自我中心网的理论视角[J].华东经济管理,2019,33(06).

[178]刘磊,吴理财.地方政府利益治理的动力机制及治理效应——以鹤峰县"扶贫项目民营业主负责制"为例[J].福建农林大学学报(哲学社会科学版),2018,21(03).

[179]张培源,林源聪.对产业扶贫中政府、企业、贫困户三方博弈关系的分析[J].中外企业家,2017(06).